華夏神話到帝國的興衰榮辱

浩蕩五千年，文明的脈動！

從開天闢地到八國聯軍
驚嘆連連，精彩跌宕的中國史

◎ 從混沌到統一，見證傳說變成歷史的震撼時刻！
◎ 春秋戰國百家爭鳴，讓人熱血沸騰的思想交鋒！
◎ 盛世榮光和滄桑謝幕，一睹中華文化興衰變遷！

漫漫歷史長河，比小說更精彩的封建王朝
走進神話與史實，揭開五千年文明的神祕面紗

路古善 著

目錄

序言		005
第一章	傳說時代：文明起源與神話	007
第二章	先秦三代：華夏雛形的形成	033
第三章	春秋戰國：中原的征戰與兼併	065
第四章	大秦王朝：中國封建社會的形成	113
第五章	西漢東漢：強大的統一王朝	137
第六章	三國魏晉南北朝：南北民族大融合	175
第七章	隋朝大一統：亂世後的特殊時期	221
第八章	大唐盛世：中國歷史的輝煌篇章	241
第九章	五代十國：輝煌之後的衰落	283
第十章	宋元鼎革：燦爛文化和鐵血征伐	301
第十一章	大明王朝：封建王朝的強盛時代	341
第十二章	清王朝：天朝上國的謝幕	379

目錄

序言

中華民族的歷史源遠流長,有史記載的要從遠古傳說時代開始,歷經夏朝、商朝、西周、東周、秦朝、西漢、東漢、三國、西晉、東晉、南北朝、隋朝、唐朝、五代、遼宋夏金、元朝、明朝和清朝等王朝。各個王朝無論是從興起到強盛,還是從衰敗到滅亡,都為華夏民族的歷史寫下了不朽的篇章。

在漫長的歷史長河中,中華民族祖祖輩輩一直以不屈不撓、頑強奮進、勇於進取的精神創造出浩蕩磅礴、可歌可泣的中華文明。同時,也給後人留下了無數值得深思、借鑑的經驗教訓,讓子孫後代得以站在祖先們的「肩膀」上砥礪前行。

「貞觀之治」的締造者唐太宗李世民曾說過這樣一句話:「夫以銅為鏡,可以正衣冠;以史為鏡,可以知興替;以人為鏡,可以明得失。」這正說明了歷史的重要性。歷史就像一面鏡子,那些讀史的人不僅能從中緬懷先古,了然過往,還能獲取豐富的知識,開闊視野。

著名的西方哲學家培根也曾說過「讀史使人明智」。我想,一個博古通今的歷史愛好者必然閱歷豐富且富有智慧。正如那句話所說「歷史總是驚人地相似」,當一個人置身困境,難以擺脫的時候,不妨翻開歷史,細細品讀,也許聰明的先人早已在千百年前做出了明智抉擇。

因此,為了讓更多讀者對中國歷史有全面深入的了解,我編著了這本書。全書內容豐富,囊括了從遠古時期至明清時期的所有重大事件、重要人物和歷史概念,從政治、經濟、文化、軍事多個方面向讀者展示中華歷史的全貌。

序言

　　為保證歷史事件的準確，本書在寫作過程中重視從原始史料中獲取資訊，本書的主要內容參考了中國傳統優秀史籍，與此同時，我亦借鑑了近代史學大家呂思勉、岑仲勉、錢穆、白壽彝、唐長孺、翦伯贊等先生的史論研究，在此表示敬佩和感謝。在寫作過程中，我也大量閱讀和借鑑當代史學學者、作家如易中天、王立群等先生出版的書籍和發表的文章，本書於書末作引用說明，在此也對這些同仁表示由衷的感謝。

　　本書如有疏漏不足之處是作者力薄所致，歡迎讀者提出指正，作者衷心期待與讀者交流，共同進步。

　　在敘事上，本書用「簡潔、明瞭、準確」的串講方式，以相對通俗易懂的敘述風格，用精準、明確的文字傳達最有效的歷史資訊，使讀者能在輕鬆的閱讀氛圍下，掌握晦澀難懂的歷史知識。

　　我相信，讀者在本書的幫助下，一定能夠全面了解中華民族歷史的發展軌跡，並從中受到教益。

第一章
傳說時代：文明起源與神話

穿越五千多年的浩渺時空，我們將一同進入到神祕莫測的傳說時代。這裡既有盤古的創世神話，又有女媧的造人傳說。三皇五帝時代是中華民族的起源，也是中華文化的起點。這個時期的故事大多以神話傳說流傳於世，透過這些傳說，我們將會發現上古時代人們的生活起居、飲食習俗，尋找到中華民族的根源所在。

第一章　傳說時代：文明起源與神話

開天闢地

　　盤古是中國傳統神話體系中最為古老的神，華夏先民透過口耳相傳的方式把盤古的故事流傳下來。三國時期，吳國一位名叫徐整的文人又相對完整地記錄了盤古的故事。

　　傳說在很久很久以前，宇宙還處於混沌狀態。那時天和地並沒有分開，一位名叫盤古的巨人已經在這個混沌的宇宙中沉睡了一萬八千年。

　　有一天，這位巨人從睡夢中醒來，眼前的黑暗讓他十分不悅，於是他掄起一把巨大的斧頭劈向這片無邊無際的黑暗。

　　隨著一聲巨響，這片混沌不清的世界逐漸分開。那些清而輕的物質緩緩飄了起來，變成了天；而那些沉重而汙濁的物質，則逐漸下沉，最後變成了廣闊的地面。

盤古氏

　　雖然天地已經分開，但是盤古還是擔心它們有一天會再次合為一體。因此，他叉開巨大的雙腳，踩在廣闊的土地上，用堅硬有力的頭顱頂起天。天每增高一丈，盤古也就跟著長高一丈。不知盤古堅持了多少

年，天和地終於在他的努力下有了基本的樣子，但是盤古也累得倒了下來。

盤古累倒之後，他巨大的身體也發生了變化。他所撥出的氣體成了四季的風和天空中飄動的雲朵，他所發出的巨大聲音成了震耳欲聾的雷鳴，他那雙炯炯有神的雙眼變成了高掛天空的太陽和月亮，他的四肢成了世界的東西南北四極，他的皮膚成了廣袤無垠的大地，他的血液則變成了江河湖海，他的汗液變成了滋養萬物生長的甘甜雨露，他的頭髮和汗毛則變成了茂密的樹木和花草。

就這樣，無私的盤古不但開天闢地，還創造了萬物賴以生存的自然環境。

第一章　傳說時代：文明起源與神話

女媧造人

盤古開天闢地之後，世界上已經有了日月星辰、山川湖海和鳥獸魚蟲，但是獨獨還沒有出現人類。如此看來，這個世界不免顯得有些寂寞荒涼。直到一位偉大女神——女媧出現之後，一切才發生了改變。

傳說，這位女神在一天中能變化七十次，這天她走在原野上，望著廣闊無邊的大地，感到十分寂寞。她想到最好能在世界上新增一些具有生氣的東西，思索片刻還是一籌莫展，不知道增添些什麼才好。

當她走累了的時候，來到了附近的一個水塘旁。她蹲下身子，不經意間看到了水面中自己的倒影。無論是微笑還是故作生氣的樣子，水面中的「自己」都做出一樣的表情。她靈機一動，想到了之所以感到無趣正是因為沒有同自己類似的生物。何不創造和自己一樣的生物呢，這樣世界就變得有趣多彩了。

於是，女媧以黃土為料，以水調和。一團團黃泥在女媧的巧手下變成了一個個小泥人的模樣。當她把這些小泥人放在地面上時，這些泥人便開始動了。他們異口同聲地喊道：「媽媽！」這些小泥人為了慶祝生命的降臨，在土地上蹦蹦跳跳、吶喊歡呼，十分熱鬧愉快。

女媧看到這些由自己親手創造出的小生命，感到十分快樂，一掃之前的寂寞，變得眉開眼笑，隨後還給這些小生命取名為「人」。

後來，她繼續動手創造小人。她希望整個大地都布滿這些充滿靈氣的小人。但是大地實在太廣闊了，儘管女媧夜以繼日地工作，仍然不能創造出足夠的小人。為此，她還因為繁重的工作感到疲憊不堪。

終於，她想到一個好辦法。她找到了一根籐條，用手將這根籐條攪

入旁邊的泥潭中,然後把籐條一甩,大量的泥點從籐條上甩了下來。那些被甩落的泥點,也像此前的泥人一般,一旦著陸就成了有生命的小人。這樣,女媧造人的工作效率就大大提高了。

但是問題又出現了,被造出的人類早晚有死亡的一天,女媧也不能一直不停地去創造他們。於是女媧想出了一個辦法,她把人類分成了男人和女人。在男人和女人的結合之下,能繁衍出子孫後代。這樣,人類就由此繁衍下來,經過世世代代的繁衍,數量逐漸多了起來。

第一章 傳說時代：文明起源與神話

舊石器時代的元謀人

在距今 170 萬年以前，雲南元謀一帶還是一片亞熱帶草原和森林，這裡林木豐茂、生機盎然。在草原和森林中生存著真枝角鹿和爪獸等遠古動物，隨著時間的推移，這些動物逐漸消失，新的動物開始在這裡繁衍生息。

除了這些草食類野獸，在當時這裡還生活著中國已知最早的人類——「元謀人」。1965 年，一支地質研究小組前往雲南元謀盆地調查地質。在工作中，研究小組發現元謀縣東南上那蚌村附近的地層出露較好，化石較多，便將這裡作為了重點研究區域。

在研究探查過程中，考古人員發現了幾顆半露出地面的雲南馬牙化石，在挖掘馬牙化石時，考古人員又發現了兩枚其他化石。經過鑑別，這兩枚埋在土中的化石是兩顆人類牙齒。

當時的考古人員認為這兩顆牙齒化石可能來自原始人類或猿類的一對門齒，便將其儲存起來。到了當年 9 月分，考古人員將牙齒化石交給了地質博物館的胡承志教授，胡教授在研究鑑定後，又將牙齒化石和自己的研究結論交給了考古學家賈蘭坡先生。

胡教授認為這對門齒屬於一種新的直立人種，他將其定為直立人種元謀新亞種，也就是現在所稱的元謀人。從時間上來看，元謀人生存的時間要早於已經發現的「北京人」或「藍田人」，大約要在距今一百萬年以上。

賈蘭坡先生認可了胡教授的研究結論，並認為十分適合建立直立人種的新亞種。這個考古發現表明，元謀人是現知中國最早的人類，其生

存時代要遠早於「北京人」和「藍田人」。到了1972年，這個研究成果的公布震驚了世界考古界。

元謀人的發現不僅具有重要的科學研究意義，更具有不同尋常的歷史意義。它不僅填補了中國南方直立人考古的歷史空白，同時也為人類起源的「亞洲說」提供了有力證據，更是將中國原始人類的出現時間向前推進了一百多萬年。

與元謀人的牙齒化石一同出土的，還有一些石製品，包括尖狀器、砍砸器等。同時，在同個地層中，還發現了大量炭屑和燒焦的骨頭。這說明當時的元謀人已經可以自己製造工具，日常狩獵和採集，同時，燒焦的骨頭也說明當時他們已經可以使用火來炙烤獵物，不再過茹毛飲血的生活了。當然，關於元謀人使用火種的研究還有待深入考證，燒焦的骨頭也可能是自然火種所致。

在1984年12月，野外考察隊在元謀人化石出土地不遠，又發現了一個人類的脛骨化石。這個發現進一步證明了雲南是人類起源、演化的重要區域，同時也為中國古文明探索增添了新的篇章。

第一章　傳說時代：文明起源與神話

三皇的傳說

　　華夏子孫很早就有上古三皇的傳說，但是說法並不統一。相對主流的《尚書大傳》將燧人氏、伏羲氏、神農氏稱為「三皇」。

　　首先，燧人氏，姓風，是「三皇」之首。

　　那時候華夏還處在原始社會，隨著人口的不斷增多，很多問題都困擾著人們，此時，燧人氏作為一個智者出現了。

　　燧人氏的行為常常異於常人，人們都知道大火傷人，便繞火而行，可他卻經常獨自向有火的地方靠近。易發生火災的地區往往沒人居住，而他卻偏偏住在那裡。那些被大火燒焦的動物屍體，人們不屑一顧，而燧人氏卻嘗試著把火燒過的動物肉撕碎放進嘴裡咀嚼。透過長時間的嘗試和觀察，他終於發現了火的妙用。

　　在寒冷的冬天，人們可以靠近火堆來取暖。生腥的肉食不但難於咀嚼，而且味道不佳，而經過火烤的肉，口感和味道都有很大改善。於是，燧人氏開始號召人們把採集到的植物和捕獲到的動物放在火上烤著吃，寒冷的時候靠近有火的地方取暖。就這樣，人們在他的帶領下大大提高了生活水準。

　　但是當時的火一般都是自然形成的，再大的森林大火也有熄滅的時候，想要隨時取用便受到了極大的局限。為此，燧人氏開始了「人工取火」的研究。

　　經過這位智者多年的研究，他終於找到了「鑽木」和「砸石」取火的方式。人們將這位智者尊稱為「燧」，那些追隨他的人逐漸形成了以「燧」為首領的部落。

三皇的傳說

鑽木取火

接下來是被稱為人皇的伏羲氏。相傳伏羲氏是燧人氏之子，生於成紀，大約生活在舊石器時代晚期。傳說中，伏羲氏的形象為人首蛇身，他根據天地萬物變化的規律發明了占卜八卦之術。相傳他還創造了文字，並以此取代了「結繩記事」。

他還把線繩編織成網，用來捕鳥打獵，這種方法被流傳下來。人們學會了漁獵之術後，大大提高了生活水準。他還發明了陶壎、琴瑟等樂器，並親自創作樂曲。透過他的努力，美妙的音樂被帶進了人類的生活。伏羲氏在稱王一百一十一年後去世，大量關於他的神話傳說被華夏人民廣為傳頌。

最後一位是被稱為地皇的神農氏。他是上古時期姜姓部落的首領，被尊稱為炎帝。相傳他的形象為牛首人身，為了給人民治病，他口嘗百草，教人醫療。此外，為了獲得更多的糧食，他還發明了刀耕火種的農業技術和兩種翻土農具，他親自向人民傳授開荒種糧的方法和技巧。他還發明了人類飲食所需的陶器和炊具。

相傳，炎帝和黃帝的部落結盟，共同打敗了蚩尤。兩大部落隨著時間的推移，逐漸發展壯大，子孫後代在華夏大地上繁衍生息。

第一章 傳說時代：文明起源與神話

仰韶文化與河姆渡文化

　　在新石器文化中，仰韶文化和河姆渡文化是比較具有代表性的先民文化遺存。二者存在時間大致相同，文化特徵卻有者較大區別。仰韶文化孕育於黃河中游地區，而河姆渡文化則是長江下游以南地區的古老文化，地域上的差異在一定程度上影響了兩種文化的一些具體特徵。

　　仰韶文化最早發現於澠池仰韶村遺址。隨後，到西元 2000 年，全中國發現的仰韶文化遺址已經有 1,000 多處，遍布陝西、河南、山西、甘肅、河北等 9 個省區。

　　仰韶文化是一個以農業為主的文化遺存，當時的農業還處於鋤耕階段，主要耕作方式也是刀耕火種，這也是當時生產力較為低下的一個原因。

　　除了農業，採集和漁獵在當時也占有重要的經濟地位。在一些仰韶文化遺址中，發現了陶製網墜、骨質魚鉤等工具，一些仰韶文化遺址出土的彩繪陶器上，也經常會有魚網、魚網紋的圖案。這些都說明當時的人們經常會從事一些漁獵活動。

　　在手工業中，仰韶文化的製陶技術最能代表當時的手工業發展水準。仰韶文化在歷史分期上可以分為早、中、晚三期，由於其分布範圍廣闊，不同時期不同地區的仰韶文化，其內在差異還是很大的，由此形成了不同的文化類型。而在不同時期的仰韶文化遺址中，發現的陶器花紋和風格也互有區別。

　　早期陶器主要以紅色質地、黑色或紫色彩繪為主，而中期較為流行的陶器主要是以白色或紅色為底，再加上黑色、棕色或紅色的紋飾。一

些較為別緻的陶器，還會在黑色彩繪上加入白色鑲邊，別有一番韻味。

自 1921 年仰韶文化遺址被發現以來，當地政府和村民就主動參與遺址保護工作。但是由於一些自然因素的影響，遺址仍然出現了一些水土流失的問題。在此後幾十年時間裡，當地政府一直日常維護遺址。到了 2011 年，當地建立起了仰韶文化博物館，在保護遺址的同時，增加了陳列展示和科學研究的功能。

1973 年發現的河姆渡文化與仰韶文化大約存在於同個時期，但在具體的文化特徵上，二者卻有著較大區別。

在農業方面，河姆渡文化的農業生產主要種植稻類作物，同時也有畜牧、採集和漁獵活動。最具代表性的農具主要是耒耜，這個工具的廣泛應用得益於河姆渡文化較為先進的骨器製作技術。

在建築方面，河姆渡文化的典型建築形式是干欄式建築，這也是長江以南新石器時代的主要建築形式之一。這與中原地區仰韶文化的建築風格完全不同，主要原因則是地域氣候的影響。

在手工業方面，河姆渡遺址出土了大量陶器，在兩次考古發掘中，共出土 40 萬件之多，完整的和已復原的裝置就有 1,221 件。黑陶是河姆渡陶器的主要代表，按照種類來分，這些陶器包括釜、罐、盆、盤、缽、豆、盉、甑、鼎等多種類型。

仰韶文化和河姆渡文化都是新石器時代中國原始文化的代表，這些文化遺址的發現，深深影響著中國考古學的發展，更進一步影響著人們對中華文明起源發展歷史的認知。

第一章　傳說時代：文明起源與神話

統一中華的黃帝

　　作為遠古時代最為有名氣的人物，黃帝以統一華夏各部，征服東夷、九黎，創製房屋、車船等功績被載入史冊。在漫長的歷史長河中，還沒有哪位歷史人物能像黃帝一樣被後人所稱頌。

　　由於歷史年代久遠，又缺少有力的文獻數據，關於黃帝的故事多以傳說的形式流傳下來。在歷朝歷代的傳頌中，有些傳說逐漸佚失，有的傳說則遭到改編，現在我們看到的大多數傳說故事已經不是原來的模樣。但是從這些傳說故事中，我們依然可以勾勒出黃帝這個人物。

　　黃帝作為遠古時期的一位部落首領，在統一中華的過程中，經歷諸多戰爭。

　　《史記‧五帝本紀》中記載：「軒轅之時，神農氏世衰。諸侯相侵伐，暴虐百姓，而神農氏弗能征。於是軒轅乃習用干戈，以征不享，諸侯咸來賓從。而蚩尤最為暴，莫能伐。炎帝欲侵陵諸侯，諸侯咸歸軒轅。軒轅乃修德振兵，治五氣，藝五種，撫萬民，度四方，教熊、羆、貔、貅、貙、虎，以與炎帝戰於阪泉之野。三戰，然後得其志。」

　　從《史記》中可以看出，黃帝在部落征戰中，先是以武力征伐勢力較大的部落，隨後又要求那些勢力較小的部落紛紛歸順自己。在當時，黃帝、炎帝和蚩尤是較大的三個部落首領，在部落征戰過程中，黃帝與炎帝在阪泉展開了一場大戰，這場大戰正式拉開了中華民族大一統的序幕。

　　從當時的地域版圖來看，黃帝部落的勢力範圍主要在中原地區，炎帝部落則在太行山以西。兩個部落從距離上來看並不算太近，但在整個

部落擴張的大背景下，黃帝和炎帝之間的大戰是不可避免的。

由於是兩個實力強大部落間的對抗，這場戰爭的規模也是非常壯觀的，這一點可以在歷代史書典籍中發現。在《列子‧黃帝》中有載：「黃帝與炎帝戰於阪泉之野，帥熊、羆、狼、豹、貙、虎為前驅，雕、鶡、鷹、鳶，為旗幟。」

阪泉之戰無論在戰爭規模，還是在戰爭慘烈程度上，在當時都是史無前例的。炎帝和黃帝雙方為此次戰鬥做了充分的準備，不僅調動了本部落的力量，還聯合了其他部落參與戰鬥。

黃帝並不想要全殲炎帝部落，他深知炎帝部落擁有先進的醫藥和農耕技術，這正是自己部落長久發展所必須要的技術。為此，黃帝命令士兵不可傷害炎帝性命，只能以智勇取勝。在戰爭相持階段，炎帝始終堅守陣地不出，而黃帝則在陣地日夜操練部隊。

與此同時，黃帝還命人日夜挖掘洞穴，當洞穴挖好之時，黃帝的兵將迅速出現在炎帝兵營的後方，活捉了炎帝及許多部眾。

在阪泉之戰後，黃帝和炎帝以及兩個部落附屬的諸多部落共同組成了一個部落聯盟，整個部落聯盟都聽從黃帝的調遣。在這個階段黃帝徹底確立了自己在部落聯盟中的統治地位，此次大戰可以說是一場具有劃時代意義的大戰。

雖然統一了炎帝及其附屬部落，但在當時的中華大地上，仍然有一些部落沒有歸順到黃帝麾下。在這些部落中，蚩尤部落是力量最為強大的一支。在此後一段時間，為了征服蚩尤部落，黃帝又進行了一系列曠日持久的大戰，其中最為著名的就是「涿鹿之戰」。

第一章　傳說時代：文明起源與神話

涿鹿之戰

　　在遠古神話傳說中，蚩尤是九黎的君主，屬於東夷集團。還有傳說稱蚩尤兄弟共八十一人，類獸人，刀槍不入。從這些傳說可以看出，蚩尤與黃帝一樣，也是部落聯盟的首領，而且以蚩尤為首的部落聯盟，尤其擅長軍事作戰，其部眾都英勇善戰，武器裝備也更為先進。

　　在部落征伐時代，蚩尤部落為了獲得更適合放牧和耕種的土地，需要不斷向中原地區擴張。在其擴張過程中，炎帝部落成為他接觸到的首個勢力較強的部落。從農耕技術上來講，蚩尤部落要遜色於炎帝部落，但是在作戰能力上，蚩尤部落要遠勝於炎帝部落。

　　在蚩尤部落的進攻下，炎帝部落絲毫沒有還手的力量，最終只得撤出自己的領地，向黃帝尋求幫助。對於炎帝部落的求助，無論是從部落聯盟的角度，還是從自身部落的角度考慮，黃帝都沒有拒絕的理由。如果讓蚩尤部落繼續深入自己的領地，再反擊就顯得十分被動了。

　　在這種形勢下，黃帝聯合炎帝及其他部落一同向蚩尤發起戰爭。

　　涿鹿之戰在規模上遠勝於阪泉之戰，戰爭的慘烈程度也更高。在這場戰爭中，也留下了諸多傳誦至今的神話故事。

　　其中既有黃帝得到九天玄女的幫助，以東海神獸夔的皮製成鼓，以雷獸之骨製成槌，振作士氣的傳說，還有黃帝與蚩尤九戰不勝，蚩尤施法引來彌天大霧，黃帝命人發明指南車，破除大霧，贏得戰爭的傳說。

　　這些傳說無一例外都在描述這場戰爭的艱難與慘烈，經過多個時日的戰爭，黃帝集團最終戰勝了蚩尤集團，贏得了戰爭的勝利。至於黃帝對戰敗的蚩尤的處置，傳說故事也是眾說紛紜。

有的故事傳說蚩尤在戰敗後，率領自己的部落歸順黃帝，黃帝也正式將東夷地區納入自己的勢力範圍。有的故事傳說蚩尤兵敗被殺，其部落氏族紛紛散去，黃帝回到了自己的領地，兩大部族集團又開始和平相處。

還有故事傳說蚩尤死後，天下大亂之時，黃帝命人畫蚩尤像來威震天下。天下八方都以為蚩尤還沒有死，所以又都對黃帝表示歸服。

無論是哪種傳說故事，涿鹿之戰的意義都是顯而易見的，在涿鹿之戰後，黃帝徹底奠定了自己在部落聯盟中的地位，在此之後再也沒有哪個部落可以與黃帝相抗爭。戰後，黃帝率部眾繼續四方征伐，進一步擴大了自己的勢力範圍，即使那些沒有被黃帝征服的部族，也或多或少受到了華夏氏族的影響。

大規模軍事戰爭結束，為中原地區帶來了較長時間的安定，這個地區的部落氏族開始從遊獵生活轉向農耕生活，生產力也得到了較大提升。

涿鹿之戰有力地奠定了黃帝集團在廣大中原地區的統治基礎，這也使得黃帝開始從部落首領轉化為集團領袖，甚至是中華民族共同的祖先。這一場大戰之後，黃帝的形象逐漸被神化了。

第一章　傳說時代：文明起源與神話

五帝的傳說

中國民間傳說中，有五位十分賢能的部落首領，被後人統稱為五帝。

第一位是軒轅黃帝，即黃帝，黃帝被稱為中華始祖，是早期華夏部落時代的聯盟首領。

傳說黃帝是少典與附寶之子，本姓公孫，後改姬姓，居軒轅之丘，因此號軒轅氏，黃帝後來建都於有熊，所以又被稱為有熊氏。

軒轅黃帝

他透過武力和仁德統一了華夏部落，之後征服東夷、九黎，最終統一了中華。

隨後他又播百穀草木，大力發展生產，製衣冠、建舟車、制音律、創醫學，開創了燦爛的中華文化。

第二位是顓頊，他的生卒年已無法考證。傳說他本名乾荒，號高陽氏，是黃帝的孫子、昌意的兒子。相傳，顓頊生於若水之野，即今天的巴蜀一帶。後來因為輔佐少昊而建功立業，被封於高陽。

少昊死後，共工氏與顓頊因帝位而發生爭鬥。結果共工氏被打敗，顓頊繼少昊執掌政事，號為「高陽氏」。顓頊最開始的都城在窮桑，後遷都於商丘，之後又在帝丘居住。據說顓頊在位七十八年，活到九十八歲去世，被葬於帝丘之外。

第三位為帝嚳。他姓姬名俊，出生於高辛，他是中國上古時期一位著名部落首領。在《山海經》等古籍中，有不少對帝嚳的描寫，其中天帝

帝俊的原型就是帝嚳。

帝嚳剛滿十五歲時就被封為辛侯，三十歲即位掌權。他是黃帝的曾孫，也是前承炎黃、後啟堯舜的重要部落首領。他為華夏民族的發展奠定了根基，也是華夏子孫共同的人文始祖。顓頊死時，帝嚳已三十歲，繼承帝位的他以亳作為都城。他為政賢明勤勉，深受人民愛戴，死後被葬在故地辛，建帝嚳陵。

第四位是帝嚳的一個兒子——堯。堯姓伊祁，名放勳，是古唐國人，他在十三歲時因輔佐兄長帝摯有功，而被封於陶地。兩年後，他又被改封到唐地，因此號為陶唐氏。十八歲時，堯代替兄長帝摯成為部落首領，在平陽定都。

堯執政期間，測定了農耕時令，分出了春分、夏至、秋分、冬至，使農民勞作有時可依。為人方面，堯嚴肅恭謹、賢明簡樸，與人民一同吃粗飯野菜。團結各族，使人民和睦相處，得到了人民的愛戴和推崇。在後世的儒家文化中，堯被奉為聖明君主的典範。

華夏的農耕文明

第五位為舜。相傳，舜姓姚，名重華，字都君。出生在姚墟，治都蒲阪。與堯相同，舜也被後世的儒家奉為賢明的君主。他因高尚的品德

和出色的政治才能而被堯所看重,經過堯多年的考驗後,被禪讓為部落聯盟首領。舜在執政期間做出了不少改革,提拔了多位有才能的大臣,改善水土問題、提高農業水準、推廣文化教育,因而舜深受人民愛戴和擁護,被後世列為五帝之一。

禪讓時代

　　堯是一位十分賢能的首領，每當部落內發生一些大事時，他都會召集各族首領共同商議。隨著歲月的流逝，堯的年紀也越來越大了，年邁的他希望能找到一位賢能的人來繼承他的工作。

　　按照慣例，堯召集了各部落的首領，當他說出自己的想法後，一個名為放齊的人說道：「您的兒子丹朱就十分開明，我認為他是個不錯的人選。」

　　堯十分了解丹朱的性情品德，認為他是個品德不好、喜歡與人爭吵的人，因此拒絕了放齊的提議。接著，一個名叫兜的人說：「那個負責水利工程的共工廣泛地聚集民眾，做出了功績，可以用。」

　　堯聽完之後，仍是搖搖頭說道：「共工這人能說會道，給人一種恭謹的感覺。但是實際上是個表裡不一的人，我對他不放心。」

　　經過堯的多次否決，這次會議最終也沒有得出結果。之後的一天，他又找到了四方部落的首領來商議繼承人的事，這次大家在會上一致推選了舜，並紛紛陳述了舜的為人。

　　堯聽後十分滿意，點了點頭說道：「其實我也聽說過此人，你們誰能再講講此人的家庭情況？」

　　一位首領說道：「舜的父親是個糊塗鬼。舜的生母早死，父親為他找了一個繼母，這個繼母還生了一個弟弟。儘管繼母對舜十分不好，但是舜還是十分親切地對待他的父親、繼母和弟弟。因此，大家都說他是個德行十分優秀的人！」

第一章 傳說時代：文明起源與神話

堯帝

儘管堯聽了十分高興，但還是決定再考驗一下舜。堯把自己的兩個女兒嫁給了舜，還為他建造了糧倉，送了很多牛羊。變化巨大的舜引起了家人的妒忌，他們商議著要把舜害死，再吞掉舜的財產。

有一次，父親叫舜去修補糧倉的屋頂。當舜爬到糧倉頂上後，父親在糧倉附近的稻草堆中放起火來，企圖燒死兒子。當舜想離開時，梯子早已被父親藏了起來。無奈，舜只好用手抓住笠帽的兩側，從屋頂跳了下來。巨大的笠帽大大地緩衝了墜落的衝擊力，舜安全地落在了地上，毫髮無傷。

一計不成二計生，舜的父親和弟弟又想把舜推入井中活埋。舜事先有所警覺，在井旁邊挖了一條通道，從通道穿出。回到家中的舜並沒有責難和報復家人，反而像從前一樣和和氣氣地對待家人。

堯把舜的表現看在眼裡，便把一些公職和權力交到了舜的手上，想看看舜的工作能力如何。近二十年的考察過去了，舜把堯安排的工作完成得井然有序，很少出現差錯。最終，堯下定決心把自己的位置交到了舜的手上，而自己則回到家中頤養天年。

接過大權的舜進一步解決此前的各種社會問題。他統一了音律、丈

尺,整頓了禮儀,廢除了酷刑,懲罰並放逐了當時的地方惡徒,任用了禹、皋陶、彭祖等二十二個德才兼備的人⋯⋯

八年之後,堯安然離世,而舜為他服喪了三年。三年服喪之後,舜又把部落聯盟首領的位置交到了堯的兒子丹朱的手上,自己則退隱到了南方。儘管如此,各部落的首領和百姓遇到難題時,仍然會去找舜,從不去找丹朱。人們也只把舜當作各部落的首領,並為他歌功頌德。

舜終於明白了人們的心意,也認清了天意,便回到了國都,再次成為部落聯盟的首領,被後人尊稱為帝舜。

第一章 傳說時代：文明起源與神話

大禹治水

中原地區是華夏文明的發源地，這裡有炎黃子孫賴以生存的母親河——黃河。

但是，早在上古時期，中華先人還沒有先進的治水技術，中原地區時常暴發洪水災害，人們辛苦種下的莊稼被無情吞噬。土木建築的民居在洶湧的洪水面前，顯得不堪一擊，大量居民的房屋被沖毀，人們流離失所，過上了背井離鄉的生活。

當時的統治者舜看到這種情況後，感到萬分痛心，決定消除水患，還給百姓一個安定的生活。

有一天，舜召集了身邊的大臣們，共同商議如何解決洪水問題。群臣經過商議，推舉出了鯀來治理水患，鯀也就是禹的父親。

但是舜並不信任此人，他認為鯀為人表裡不一，難當大任。但是他又找不到更加合適的人選，只好「趕鴨子上架」，把治水的大任交給了鯀。

舜帝像

結果正如舜所預料的那樣，九年過去了，洪水依舊氾濫。而鯀不但無能為力，還消極怠工，讓舜十分不滿。很快，舜就革去了鯀的職務，

並把他流放到了羽山。

為了找到能勝任治水大任的人，舜再次召開了會議，與群臣一起商議此事。大臣們經過合計，都推舉了禹，並稱「儘管禹是鯀的兒子，但是他的德行和能力都遠勝於鯀。他為人謙遜、待人有禮，工作認真負責，生活簡樸，是個十分優秀的人才」。

於是，舜也拋開了世俗的偏見，重用了鯀的兒子——禹。

實際上也正如大臣們所說的那樣，禹為人十分賢良，儘管舜處罰了自己的父親，但是他並沒有因此而懷恨在心，反而看到了洪水給人們帶來的災難，因此發誓要治好洪水。

當時，禹新婚剛過四天，妻子塗山氏十分不願丈夫接手如此危險的工作，但是為了大局考慮還是支持丈夫的事業，揮淚送禹踏上治水的征途。

禹帶著舜派給他的助手伯益、後稷等人，一路跋山涉水、餐風露宿，踏遍了中原大地的各個洪水災區。禹為了更好地完成實地考察，一手拿著準繩，一手拿著規矩，親自測量各個水域的面積。

他總結了父親失敗的教訓，把先前的堵截之法變成了疏導之法。這種新方法的要點就是大量疏通水道，把洪水引流入海。找到治水方法之後，禹身先士卒，帶領百姓奮鬥在治水第一線。治水的全程，禹絲毫沒有官架子，他與百姓一起工作、吃飯、休息。

一向簡樸節約的禹，連居住的屋子也比尋常百姓的房屋矮小，吃的食物也比一般百姓要差。因為他深知建造水利工程需要大量的財力和物力，他盡可能地省吃儉用，把更多的錢用在了治理洪水的事業上。

第一章 傳說時代：文明起源與神話

大禹治水

　　禹三過家門而不入的故事也被華夏子孫廣為傳頌。傳說，禹在治水的途中路過了家門口，聽見了孩子的哭聲。那是妻子剛剛為他生下的孩子。身為一個剛剛成為父親的男人，無論如何都應該進屋看一眼自己的孩子。但是，禹當時想到了治水的任務如此艱鉅，只望了望家中的茅草屋，便眼含淚水騎馬離去。他知道，洶湧的洪水能瞬間奪去人們的生命，身為治水長官就要分秒必爭。

　　就這樣，經過禹十三年埋頭苦幹，昔日咆哮的河水終於被馴服。一度氾濫成災的河水，大多平緩地向東流入海裡。那些曾被洪水淹沒的農田和房屋再次煥發了生機。沒有了洪災，百姓再次過上了安居樂業的生活。後人為了紀念禹的功績，還為他修廟立碑，並尊稱其為「大禹」或「禹神」。

附錄：第一章主要參考文獻

[1] 顧頡剛·顧頡剛古史論文集 [M]·北京：中華書局，2018·

[2] 顧頡剛·國史講話：上古 [M]·上海：上海人民出版社，2015·

[3] 呂思勉·中國史 [M]·北京：中國社會科學出版社，2008·

[4] 史仲文，胡曉林·遠古暨三代經濟史 [M]·北京：中國書籍出版社，2011·

[5] 司馬遷·史記 [M]·北京：中華書局，2011·

[6] 王幼平·舊石器時代考古 [M]·北京：文物出版社，2000·

[7] 張江凱，魏峻新·石器時代考古 [M]·北京：文物出版社，2004·

[8] 人民教育出版社課程教材研究所歷史課程教材研究開發中心·普通高中課程標準歷史讀本：中國古代史 [M]·北京：人民教育出版社，2017·

[9] 任乃榮·三皇五帝探源 [M]·北京：新華出版社，2010·

第一章　傳說時代：文明起源與神話

第二章
先秦三代：華夏雛形的形成

先秦三代主要是指夏、商、西周三個朝代，由於這個時代的青銅工藝十分發達，所以這個時期又被稱為「青銅時代」。在漫長的中國歷史中，先秦三代孕育了燦爛的歷史文明。甲骨文、青銅器都是人類文明的重要代表，中國封建社會的很多制度、法令都來自這個時期。了解這個時期的歷史文化知識，對於理解中國歷史大有裨益。

第二章　先秦三代：華夏雛形的形成

夏朝建立

　　禹的治水功績和出色的管理才能得到了舜的認可。舜按照選賢舉能的禪讓方式，將「王」位交到了賢能的禹手中。

　　在此之後，禹更加努力地統治華夏地區，大大提高了人民的生活水準。隨著時間流逝，禹也逐漸步入了老年，年邁的他開始尋找能夠繼承聯盟首領之位的人選。

　　禹先是推舉了頗具威望的偃姓首領皋陶，但是皋陶早亡，還沒接受禪讓就離開了人世。禹又把自己的繼承人定為了東夷的首領伯益。

大禹

　　禹死後，伯益按照當時的傳統，先為禹守喪三年。但是三年守喪結束後，禹的兒子啟因為更得人民擁戴而取得了權位。

　　相傳，啟為了得到王權還與伯益發動了戰爭。最終獲得勝利的啟得到了聯盟首領的地位。由此，「公天下」就被「家天下」所取代。

　　新興的世襲制儘管是歷史上的一大進步，但是當時還是遭到了不少人的反對。很多傾向於禪讓傳統的部族開始質疑啟得到權位的合法性，便紛紛發動起義。

034

甘之戰與鈞臺之享

在擁護者的支持下，啟成為聯盟首領。啟這種透過不正當手段篡奪聯盟首領之位的行為，遭到了一些部落首領的反對。所以雖然啟在這個時期消滅了伯益奪得權位，但是這個位置並不穩固。

在眾多反對的部落首領中，有扈氏是主要代表。他們公然反對啟成為新的領袖，這對於啟來說無疑是一種公然反叛。

為了更好地鞏固自己的權位，啟決定像自己的父親一樣討伐有扈氏。由此，一場大戰在甘這個地方爆發。

由於有扈氏的實力非常強大，贏得這次大戰對啟來說並不容易。在與有扈氏大戰前夕，啟召集左右將領申明了戰爭紀律和誓詞。

這些內容記載在了《尚書・甘誓》中，原文為：「大戰於甘，乃召六卿。王曰：『嗟！六事之人，予誓告汝：有扈氏威侮五行，怠棄三正，天用剿絕其命。今予唯恭行天之罰。左不攻於左，汝不恭命；右不攻於右，汝不恭命；御非其馬之正，汝不恭命。用命，賞於祖；弗用命，戮於社。』」

經過了激烈爭鬥，最終啟戰勝了有扈氏，同時也徹底肅清了反對自己的部落，達到了鞏固權位的目的。

這場戰爭勝利之後，啟在都城陽翟召集各地方首領，舉行了一場盛大的祭神儀式，以此來進一步鞏固王權，確立世襲制度。這場大會正是文獻中記載的「鈞臺之享」。

此次大會之後，啟徹底打破了舊秩序，建立起了新的世襲制王權，「公天下」真正轉變成為「家天下」。

第二章　先秦三代：華夏雛形的形成

啟用「夏」為國名，並以此為姓氏。自此，夏朝建立。在啟的統治期間，夏氏族內部時常爆發紛爭，夏啟的兒子武觀就因作亂而被父親誅殺。內憂發生的同時，外患也出現了，東夷為了爭奪部落聯盟首領的權位，還常常挑起戰爭。

夏啟死後，他的兒子太康繼承后位（夏朝統治者在位時稱「后」，去世後稱「帝」）。如此，世襲制就徹底地取代了禪讓制。

少康中興

啟死後，其子太康即位。啟在位後期，生活腐化，疏於朝政，使得夏部族的統治權威遭到很大削弱。太康即位後，並沒有著手加強自己的統治權威，反而像其父親一樣不理朝政。這不斷激化夏朝內部矛盾，太康手中的王權也岌岌可危。

太康的疏於政事讓那些覬覦王位的部族首領看到了機會，在太康一次狩獵途中，有窮氏部落首領羿奪得了夏王朝的統治權位。為了防止夏民反抗，羿並沒有自己稱王，而是選擇立太康之弟仲康為王，自己則在幕後掌管全國的各種事務。

羿的這種手法能夠騙得過普通百姓，卻騙不過其他部族的首領。和氏部族與羲氏部族就曾公開反對過羿的這種做法，但是最終被羿率兵鎮壓。

仲康死後，其子相即位，相沒有繼續做羿的傀儡，而選擇投奔斟鄩、斟灌二氏。此後，夏朝的大權就全部落入了羿的手中。在狩獵方面，羿是數一數二的能手，但是在治理王國方面，他卻並不在行。

疏於政事的羿棄用了具有才能的武羅、伯困等人，重用了寒浞，最終被寒浞所殺。寒浞為了斬草除根，便派自己的兒子澆滅了斟鄩、斟灌二氏，還殺掉了躲在斟鄩的相。相的妻子緡因為躲避及時，得以倖免，此後生下了少康。

少康在成長過程中一直在被人追殺，無奈之下，投奔了有虞氏，當了一個庖正（掌管飲食之官）來掩人耳目。此後，有虞氏首領虞思將兩個女兒許配給了少康，並將綸城交給少康管理。正是在此地，少康組織起

第二章 先秦三代：華夏雛形的形成

了夏族的民眾，開始重新建立夏王朝的政權。

在得知少康準備復興夏室的消息後，許多夏朝遺臣紛紛來投。在組織起民眾之後，少康對寒浞發起進攻，此後又接連剿滅了寒浞的幾個兒子。自此，夏部族又重新奪回了屬於自己的王都。

從羿代夏到寒浞被少康擊敗，東夷族有窮氏控制了中原近百年時間。在少康主政之後，夏王朝的國力才一點一點回升起來，重新樹立起對其他各部族的統治威嚴。後世將少康復國稱為「少康中興」。

暴桀亡政

夏桀是夏朝的第 17 代帝王,也是最後一代的亡國之君。

夏桀名癸或履癸,桀是商湯給他起的諡號,用以表示癸的凶殘和暴戾。

履癸是夏朝第 16 代君王發的兒子,相傳,他力氣極大,可以赤手將金屬的鉤拉直,夏桀是個文武雙全的人。但是,他為人十分殘暴,而且荒淫無度。

夏桀

在夏桀的統治下,已經延續了四百餘年的夏朝變得民不聊生。當時各方諸侯已經不到都城朝拜夏桀,民間矛盾也越來越尖銳。但是夏桀絲毫沒有收斂自己暴行的意思,反而更加胡作非為。

他建築奢華的寢宮,耗費了巨大的人力和財力。還從各地搜尋美女,藏於後宮,整日沉浸在聲色犬馬之中。據說,他還修造了一個巨大的酒池,大到可以使船隻航行其中。那時因醉酒而溺死的事件經常發生,惹得夏桀的寵後妹喜歡笑不已。

在臣子的任免上,夏桀重用佞臣,排斥忠良。其中一個名叫趙梁的權臣為人十分卑鄙諂媚。為了投夏桀所好,他教會夏桀如何享樂,以勒索和殘殺的方式折磨虐待百姓。對於忠良的伊尹,夏桀則完全不放在眼裡。伊尹勸說夏桀向賢良的堯、舜學習,體諒百姓疾苦,施仁德之政。夏桀聽後不但不為所動,還感到厭煩。為此,伊尹只好選擇離開。

第二章　先秦三代：華夏雛形的形成

到了夏桀的晚年時期，他把荒淫無度更是上升至最高峰，修建了一個名為「夜宮」的大池。把大群的男女雜陳其中，整日尋歡作樂，持續一個月的時間不理朝政。夏桀認為自己永遠不會滅亡，他說：「我就像天上的太陽一般。太陽永遠沒有滅亡的一天，我也一樣！」就這樣，荒淫自大的夏桀把夏朝推到了懸崖的邊緣。

與此同時，一個名叫湯的部落首領正在帶領著自己的商部落壯大起來。湯是個十分了不起的首領，他不僅十分賢德，而且還具有很強的管理能力。在他的管理下，商部落人口日益增多，糧食充足，人民生活水準有很大的提高。

夏桀看到了湯的才能，認為湯很可能會威脅到自己的統治，便設計把他囚禁在夏臺。逃脫之後的湯意識到了夏朝的腐敗，下定決心要推翻夏桀。

商湯與伊尹

很快，湯在名相伊尹的幫助下，起兵伐桀。殘暴不仁的統治早已讓夏朝各地的城防脆弱不堪，湯所帶領的軍隊一路勢如破竹，很快就兵臨夏都城下。夏桀再也顧不得飲酒作樂了，匆忙召集軍隊迎擊商軍。

大戰在鳴條爆發，那些早就不滿夏桀的士兵們根本不願為夏桀賣命，戰鬥一開始就紛紛逃散。就這樣，夏桀的軍隊潰不成軍，自己也被湯所俘虜，放逐到南巢。幾年之後，夏桀死在南巢，自此夏朝徹底滅亡，商朝興起。

伊尹輔政

商湯本是商部落的君主，夏桀的殘暴統治讓商湯產生了反抗夏桀統治的想法。在反抗夏桀統治之前，商湯首先消滅了夏朝的一些重要盟友，在掃平了其他阻礙之後，商湯才向夏桀發起了最後的進攻。隨著夏朝的滅亡，商湯建立起了商朝政權。

以武力推翻了夏朝統治後，商湯開始著力改善民生，減輕對民眾的徵斂。透過一系列民本政策，商朝政權度過了初建的動盪時期，統治區域從黃河下游擴展到了中上游地區。在商朝發展時期，伊尹在其中有著不小的作用。

伊尹本是一名陪嫁奴隸，商湯看中其才能，封他為右相。商湯在位僅十三年，此後，商朝的王位依次傳給了太丁、外丙、中壬、太甲。伊尹輔佐太甲的故事被後世廣為傳頌。

太甲即位後的前兩年，還能夠遵照祖訓，盡職盡責。但是到了第三年，太甲開始任意妄為、橫徵暴斂、欺壓百姓。為了讓太甲意識到自己的錯，伊尹率領諸侯百官祭祀商湯，在宣揚商湯功德的同時，告誡太甲要遵天命、愛惜百姓。

太甲並沒有接受伊尹的訓誡，依然對法令制度不聞不問。為了維護商王朝的利益，伊尹決定將太甲放逐到桐宮。桐宮是商湯的墳墓所在，在放逐太甲期間，伊尹並沒有另立新王，而是親自處理朝政。

被放逐到桐宮的太甲守著祖父的陵墓，開始反思自己的過錯。桐宮的守墓人也經常為太甲講述商湯建國的故事，在這種耳濡目染之下，太甲幡然醒悟。他開始節制自己的行為，同時還主動承擔起桐宮的看守工作。

第二章　先秦三代：華夏雛形的形成

　　轉眼間，太甲便在桐宮度過了三年時光。這三年中，伊尹始終關注著太甲在桐宮的所作所為。看到太甲悔過自新，伊尹便率領文武百官將太甲迎回亳都，重新將國家大權交到太甲手中。

　　此後，重登王位的太甲，在伊尹的輔佐下將國家治理得井然有序，商王朝也因此逐漸繁榮強大起來。

盤庚遷殷

在中國歷史上，商是遷都最為頻繁的王朝。

在第十一任商王中丁統治之後，歷代商王曾多次遷都，先是遷到了囂，後又遷到了於相，接著又遷到了庇，再遷到了奄，最後才定都於殷。因此，後人也因商朝定都在殷而將其稱為殷朝或殷商。

殷商青銅文物——司母戊鼎

從中丁之後，商朝之所以要頻繁遷都，原因還要歸結於當時的繼承制度。

商朝當時存在兩種繼承方式：一種是父死子承，一種是兄終弟及。兩種繼承方式的同時存在，讓叔姪之間經常為了王位的繼承而爆發爭鬥，因而內亂不斷被引發，國內局勢不穩定。

到了商王陽甲時期，商朝政局更是混亂不堪。朝中的大臣和貴族十分腐敗奢靡，導致國力衰微。很多地方的諸侯和少數民族領袖開始不聽

第二章 先秦三代：華夏雛形的形成

從商王指令，叛亂頻繁發生。戰亂使人民的生活水準嚴重下降，再加上旱澇等自然災害，民間矛盾開始激化，商王朝的統治搖搖欲墜。

就在如此不堪的時期，商王陽甲的弟弟盤庚繼承了王位。盤庚認為，想要解決當前的困難局勢，只能採取遷都的方法。

盤庚選定殷為新都城，主要考慮到以下三個因素：第一，殷地處黃河的中游，這裡土地平坦肥沃，非常適合都城建設和農業生產；第二，遷都後百廢待興，所有人都將把主要精力投入到發展中，這樣就能緩解民間的矛盾；第三，殷地的策略位置十分重要，遷都於此可以更好地進擊北方的游牧民族，在防守上也能有更好的效果，讓國都更加安全。

雖然遷都對國家十分有利，但是那些王室成員和貴族大臣們仍強烈反對盤庚遷都的想法。因為一旦決定遷都，他們就無法再像以前那樣過著安逸舒適的生活。為此，反對者們開始大肆宣傳流言，以煽動更多的人加入反對遷都的行列中。

儘管面對如此大的反對壓力，盤庚仍然立場堅定。他並沒有急著改變反對者們的想法，而是把這些大臣和貴族們召集到了一起，效仿先王們關心的口吻，承諾將帶領臣民尋找安樂的地方。並稱如果再有人反對就是懷有二心，先王在天之靈也會為此不得安息。隨後，盤庚陳述了遷都能為國家帶來的種種利處，那些曾強烈反對的人們啞口無言，聽從盤庚的號令，遷都殷地。

殷墟墓葬遺址

盤庚遷殷

　　儘管遷都計劃完成了，但是鬥爭並沒有結束。那些來到新都的老百姓們感到很不適應，紛紛要求遷回老家。一度被打壓的反對者再次趁機搗亂，煽動百姓。盤庚看到這些反對者再次作亂後，態度十分強硬，警告那些貴族大臣們，如果再敢搗亂，必遭嚴懲。

　　在盤庚強硬的態度下，國內的局面終於安定下來，步入了安穩的發展時期。

第二章　先秦三代：華夏雛形的形成

武丁中興

盤庚遷殷之後，商朝政局穩定，諸侯來朝，商朝遂強盛起來。但是沒過多久，商朝又開始走向了下坡路。經過兩任商王小辛和小乙的統治，商朝政治又出現了混亂的局面。朝中的貴族們不僅驕奢跋扈，還不斷拉幫結派，為了一己私利而打擊異己。大臣們也都十分腐敗，濫用職權，把自己的親信推舉到朝中任職，收受賄賂，不修政事。

殷商時期甲骨文

新即位的武丁將如此不堪的局面看在眼裡，決定做出改變。他十分信任一個名叫傅說的人，並任其為相。傅說是個十分有才能的管理者，在他的幫助下，武丁對當前的朝政做出了一系列改革。

第一，傅說認為所有政府任命的官員都是要治理國家的，而不是享受富貴的，對那些無用的官吏要採取罷免等措施。

第二，要設立一個能提高執行效率的機構，讓君王所傳達的指令能盡快得到實施。此前在君王下達指令前，要先經過貴族們的商議。如果貴族大臣們不同意，帝王的政令還有被否決的可能。這樣不但讓工作效率大大降低，還使君王的權力被削弱了。

改革之後，帝王只要和自己的智囊團商議之後，就可做出決定。新

成立的管理機構負責把君王的指令傳達下去，各個官員和奴隸主們只有執行的權力，而沒有決策權。如此看來，這也算是中國歷史上中央集權制的雛形了。

這種改革無異於把貴族勢力的權力奪到君王手中，那些被剝奪權力的貴族當然會感到不滿。針對於此，傅說又設立了「視學養老」機制。具體方法就是保留那些貴族官員的職位，並補發俸祿，但是他們手中的實權則已被架空。

第三，在官吏的任免上，傅說重用那些有能力的實踐者，那些善於奉承而沒有實際政績的官員則不再被錄用。

第四，設立了新的獎罰機制，做到獎罰分明。為有功者加官晉爵，給有過者相應懲罰。

第五，傅說還建議貴族王室們要勤儉節約，杜絕鋪張浪費。

經過傅說的一番改革，商王朝又富強起來，國勢再度復興，一時間成為世界東方的第一強國，史料記載：「殷國大治。」

內政改革之後，武丁和傅說開始管理地方諸侯。當時商王朝在名義上有很大的管理範圍，但是實際上很多部落首領已經不聽商王的指揮。一些諸侯已經多年未到商都朝拜君王了，甚至還有一些部落竟然忘卻了中央政府。

為了改變這種尷尬局面，武丁採取了聯姻政策，具體來說就是互嫁女兒。在出土的一些甲骨文上，經常能看到武丁與一些地方部落聯姻的卜辭。據甲骨文學者研究，武丁的妃嬪在六十位以上，很多都是透過聯姻的方式娶來的。這種用聯姻方式換取國家穩定的策略對後世有很大影響。

第二章　先秦三代：華夏雛形的形成

婦好墓

　　當然，也有一些部落首領並不配合。武丁只好採取武力征討的方式，讓這些部落臣服。武丁在位期間，與南面的虎方、東面的夷方、北面的鬼方及羌方都有過大規模的征戰。據相關史料所記載，這些戰爭所動員的兵力也很大，有時為三千人，最多達到了五千人。就當時而言，此種規模十分少見。值得一提的是，透過對一些出土的殷墟卜辭的研究，武丁的一位配偶──婦好還親自率兵征討過羌方。一般來說，君王的妃嬪大多身居宮中，不問政事。而這位妃子卻經常帶兵南征北戰，甚至還抓過不少羌人俘虜。

　　經過多年的征伐，商王朝形成了「邦畿千里，維民所止，肇域彼四海」的廣大疆域，實現了中興。

周文王勵精圖治

　　周文王是周朝的奠基者。他姓姬名昌，是周太王之孫，季歷之子。姬昌的父親季歷是個十分有軍事才能的人，在他的帶領下，周國對戎狄部落發動了一系列戰爭，並取得了十分輝煌的勝利。周國勢力逐漸強大後，引起了商王的猜忌。當時的商王文丁擔心周族威脅到自己的王位，就以封賞的名義把季歷騙到了殷都，雖然在名義上將季歷封為「方伯」，為西方諸侯之長。而實際上是為了將其軟禁起來，再找一個藉口將其殺掉。就這樣，季歷被文丁所害。

周文王

　　季歷的兒子姬昌繼承了父親的王位，被人稱為「西伯昌」。姬昌是個十分賢明的諸侯，在他即位之後，不僅勤於政事，還十分重視人才，很多外族部落的賢士能不遠千里投奔而來。如太顛、閎夭、散宜生、鬻熊、辛甲等人，都願忠心輔佐姬昌。姬昌還拜呂尚為軍師，並向其請教軍國大計。在呂尚的輔佐下，周國的軍事實力有很大提高。

　　對於封國的治理，姬昌效仿賢明的先祖，倡導「篤仁，敬老，慈

少，禮下賢者」的社會風氣，使得人民安居樂業，社會經濟快速發展。

為了提高農業生產水準，姬昌採用了「九一而助」的政策，具體來說就是劃分田地，讓農民獲得耕田，並只需交納九分之一的賦稅。在這種政策下，農民開始富裕起來，也有了一定積蓄，大大激起了農民的積極性。姬昌還十分勤儉，經常穿著百姓的衣服到田間視察，深得百姓的擁戴。

姬昌十分反對酷刑。當時殘暴的商紂王為了懲罰違抗自己的人，發明了一種名為炮烙的酷刑。受此刑罰的人要徒步走在塗滿油的銅柱之上，犯人一旦滑倒就會掉入火坑之中。

諸侯和群臣們看到如此殘忍的做法都恨得咬牙切齒，但是誰都敢怒不敢言。姬昌為了廢除這種酷刑，答應向紂王獻上洛河西岸的一塊土地。紂王欣然接受這塊土地後，終於廢除了炮烙之刑。

姬昌的義舉得到了廣大百姓的擁戴，越來越多的人依附到了姬昌的帳下，周國也因此日益強大，而紂王越來越感到不安。終於在奸臣的讒言之下，紂王設計將姬昌拘到了羑裡。周國的大臣們為了營救姬昌，向紂王進獻了大量的寶物和美女。紂王十分高興，便下令釋放了姬昌，還賜給他加長弓矢斧鉞，使姬昌得到了專征大權。

由於姬昌為人賢明，很多諸侯國在發生糾紛時都會想辦法請姬昌做仲裁官。當時的兩個諸侯國，虞國和芮國就發生了糾紛，想去周國請姬昌說理。結果剛到周地，就被當地的文明有禮所震撼，對自己的行為感到慚愧，說道：「吾所爭，周人所恥，何往為，只取辱耳。」就這樣，兩國以禮讓的方式化解了矛盾。

當時的姬昌可以說是諸侯們的道德模範。周人後來也將姬昌斷訟這一年定為西伯昌受命元年。

姬昌在九十七歲去世（文王五十年），葬在畢地。太子姬發即位，史稱周武王。

牧野之戰

姬發即位之後，仍然秉承文王的天命，借商朝無暇西顧之機努力向東擴張。到了西元前 1048 年，武王姬發還曾觀兵於孟津，實際上就是與反商聯軍會盟。據《史記》記載，當時不期而至的會盟者有八百諸侯之多。而實際上，根據後世出土的甲骨文研究，這些會盟者並非不期而遇，實際上是早有聯繫。數量上也沒有八百之多，他們大多是西南方的羌、戎各國。

牧野之戰

在商朝方面，此時正發生激烈的內亂。叔父比干被帝辛所殺，另一個叔父箕子也被囚禁起來。很多可能遭受牽連的貴族們都逃到了周國。可以想像，這些剛從商朝逃出的貴族大臣們一定為姬發帶來了不少情報。

武王意識到討伐商朝的時機到了，於是統率此前會盟的諸侯一同出兵伐紂。他們制定的作戰計劃是趁著商朝主力軍出兵東南方之際，向商朝的大本營朝歌進軍。一舉拿下商朝都城，切斷殘餘的商朝士兵和附屬方國間的聯繫，使之群龍無首，再採用逐個擊破的方式剿滅。

第二章　先秦三代：華夏雛形的形成

武王十一年（西元前 1046 年）一月二十六日，周武王親自率領戰車三百乘，精銳部隊三千人和常規步兵數萬人大舉進攻朝歌。二月二十一日，與孟津的多個部落會合，聯軍總兵力達到了四萬五千人。二月二十七日清晨，周武王在戰前莊嚴誓師，大大激發了士兵們的鬥志。二月二十八日，大軍抵達牧野，在這裡他們看到了前來阻截的商朝軍隊，商朝士兵的隊伍遠得望不到盡頭，人數上明顯超出周國聯軍。這讓剛剛提起士氣的聯軍將士感到有些膽怯。

而實際上，聯軍的出現也讓商軍感到措手不及。此時朝歌城內既沒有精兵也沒有戰車，只能靠大量的步兵阻擋士氣正盛的聯軍和衝擊力強大的戰車。聯軍的出現也讓宮中的帝辛感到十分驚訝，他倉促地召集了大批奴隸和戰俘，連那些守衛國都的軍隊也被派遣到了牧野前線。據《史記》記載，當時由帝辛所率領的總兵力達到了七十萬人，正如《詩經·大明》所描述的那樣：「殷商之旅，其會如林。」

面對如此龐大的敵軍部隊，周武王並沒有怯陣。他先是派出數百名精兵上前挑戰，以此震懾商軍，打亂敵軍陣型。隨後周武王親自帶領主力部隊，跟進拚殺。那些商軍中的奴隸和俘虜根本沒有為帝辛賣命的意思，馬上就倒戈逃跑了。帝辛早就料到這些奴隸和俘虜根本靠不住，在他們的後方準備親信部隊。只要有人叛逃，親信士兵便可直接處死。奈何叛逃的人數實在太多了，為數不多的親信士兵在巨大人潮的衝擊下根本站不住腳。再加上周國聯軍的戰車衝擊，帝辛所設下的最後一道防線也失守了。

短短一天的時間，周國聯軍就取得了碾壓般的勝利。帝辛眼看敗局已定，返回到朝歌，登上了鹿臺，穿著他最寶貴的玉衣，自焚而死。

周武王

周武王趕到鹿臺時，帝辛已死去多時。武王用「輕呂」擊刺帝辛的屍體，並將帝辛的頭顱砍下，懸掛在旗桿之上示眾。在朝歌，還俘虜了一百多名商朝的大臣貴族。這些貴族們被帶回了周京，在武王祭祖的儀式上被殺死。自此，牧野之戰以周國聯軍的勝利而告終。

據相關史書記載，周武王在牧野之戰中大獲全勝。戰爭中殺死的商軍達十八萬人之多，還有三十三萬人淪為奴隸。聯軍還在朝歌等地大肆掠奪，劫掠的金銀珠寶不計其數，僅玉珮就達到了十八萬塊。此外，商人國土上的珍奇猛獸也被大量獵殺，如虎、熊、犀牛、鹿等動物總共被獵殺了一萬餘頭。

第二章　先秦三代：華夏雛形的形成

周武王封邦

　　奪得天下的周武王馬上就要面臨另外一個問題，那就是如何穩定地治理自己廣闊的領土。他採取了分封的制度，也就是把廣闊的國土分成數小塊，安排自己所信任的諸侯來管理，被派遣到封地上的各路諸侯對自己的地盤有很高的管理權。但是這並不意味著諸侯們可以為所欲為，儘管地方遠離中央政府的管理，但是天子在法律上完全有權力罷黜任何一個不聽指揮的諸侯。

　　當然，諸侯們得到如此巨大的恩惠也要付出一定的代價。除了要聽從天子的調遣之外，還要按時朝見天子，交納一定的貢品，並在戰時跟隨天子出征等。

諸侯佩飾

　　能夠得到分封的諸侯主要有以下四種：一為上古聖賢的後代，如炎帝、黃帝、堯、舜、夏朝貴族、商朝貴族的後代等；二為周室的皇親貴戚，如周文王和周武王的兄弟等；三為重要功臣，如呂尚、召公等；四為已存在的地方方國，武王以分封的形式予以承認，如蜀國、楚國等。

　　據《國語》所記載，周襄王曾說道：「昔我先王之有天下也，規方千里以為甸服。其餘以均分公、侯、伯、子、男，使各有寧宇。」為了適應周朝的

分封制度，周朝帝王還將貴戚功臣們分成了公、侯、伯、子、男五個等級。

第一等級是公爵諸侯國，共八個，分別是：黃帝後裔的薊國、炎帝後裔的焦國、唐堯後裔的祝國、虞舜後裔的陳國、夏禹後裔的杞國、商湯後裔的宋國。此外還有兩個，都是周武王的叔叔：一為虢仲的東虢國，一為虢叔的西虢國。

第二等級是侯爵諸侯國，有周武王同母兄弟魯侯周公姬旦、蔡侯姬叔度、衛侯姬康叔、滕侯姬叔繡、管侯姬叔鮮。由於姜尚在滅商的過程中，貢獻巨大，被封為齊侯，二兒子封為紀侯。之後，周成王還將自己的弟弟姬叔虞封為晉侯。

第三等級是伯爵諸侯國。有周武王的異母兄弟曹侯姬叔振鐸、霍伯姬叔處、成伯姬叔武。還有同姓功臣燕伯姬君奭和魏伯姬畢公高。

第四、五等級為子爵和男爵諸侯國。這兩等的爵位相對較低，主要為一些遠系的姬姓貴族。如吳國的姬泰伯之後，還有一些偏遠地區的方國，如楚國、許國、莒國、邾國等國。

由此，周朝的分封制就形成了。此種制度在當時的社會比較先進，一度發揮了很大的作用。一方面這種制度可以幫助周王穩定天下的局面，從而捍衛王室的統治。周武王透過一次性將全國土地分封給了幾十個諸侯，讓他們各自管轄自己的封地。既能減輕中央的工作壓力，也能讓這些諸侯相互監督。一旦哪個諸侯國有不軌行為，消息很快就能上報給周天子。甚至有的時候，還不等中央出兵，那些實力較強的諸侯就已經實施了制裁。另一方面，周天子透過分封的手段還能讓自己的控制範圍變大。那些諸侯國為了使自己的勢力增強，往往會選擇對外擴張，一些偏遠的小國在被吞併之後，也自然成了周王朝的疆域。

隨著時間的推移，諸侯國也逐漸崛起，進而威脅到周天子的統治，便是後話了。

第二章　先秦三代：華夏雛形的形成

成康之治

　　周武王死後，太子姬誦繼承王位，史稱周成王。當時，成王還十分年幼，只好請曾經在滅商時立下重大功勞的武王之弟周公旦協助，代為管理朝政。周公無論在品德上還是工作能力上都十分優秀，他依據社會國情，制定了一套更加行之有效的管理制度。這套制度被後世的儒家學者所推崇，被稱為「周公禮樂」或「周典」。

　　然而，武王的兩個弟弟管叔、蔡叔卻懷疑周公的權力過大，有可能篡奪王位，甚至開始詆毀周公，還與以武庚為首的殷商遺民私下聯繫，企圖聯手謀反。武庚本人覺得這是個不可多得的復國良機，於是他們便勾結在了一起，開始制定計劃。隨後徐、奄、薄姑和熊、盈等方國部落也被煽動起來一起發兵反周。

　　此時周公所處的內外時局都十分危險，他先向召公解釋自己毫無篡位的意圖，並請求召公發兵援助。隨後周公果斷帶領軍隊向東平叛，經過三年苦戰，周公終於殺死了叛軍首領武庚，罷黜了管、蔡兩國，那些趁機作亂的方國也被攻破。大量謀反國家的貴族和遺民淪為俘虜，他們因為十分頑固地反抗周朝，而被稱為「殷頑」。

　　而殷商餘孽並沒有完全根除，仍有一些殘餘勢力在伺機而動。為此，周公下令讓諸侯們在伊洛地區修建一座新城，即東都雒邑。雒邑完工之後，遷入那些曾反抗周朝的「殷頑」們，並派兵把守和控制。與此同時，還冊封投降周朝的殷商後裔微子啟為宋國國君，回到昔日的商朝故都。

成康之治

周公鼎

　　接著，把武王的弟弟康叔封到紂都旁邊，成為衛國的開國之君。此外，還賞賜給他七個族的殷民。周公的兒子伯禽則被分封到了奄國舊地，並成立魯國，將六個族的殷民賞賜給他。這樣，殷商的遺民問題就被分化處理，天下局勢重歸太平。

　　隨著東都的建成，周公開始還政於成王。由此，周朝也進入了鞏固發展時期。成王和其子康王也是非常賢明的君主，他們效仿先祖文王和武王，勤於政事，生活簡樸，大大緩解了社會各階級的矛盾。按照周公制定的政策，將周朝治理得平穩有序。

　　在此期間，西周的疆域達到了空前廣闊的程度，為了更高效地管理，成、康兩王繼續擴大分封制。由此，在一定時期增強了西周王朝的統治，也進一步強化了等級序列的禮制。當時，各路諸侯均由成、康兩王從中央直接調配和控制。康王在位時期，周朝還下令諸侯征討淮夷、東夷，使得周朝加固了對異邦的控制。

　　成王和康王在位期間，周朝國力有很大的發展，百姓的生活水準也大大提高，經濟在安定平穩的態勢下得以發展，故被後人稱作「成康之治」。

第二章 先秦三代：華夏雛形的形成

國人暴動

國人暴動，又被稱作彘之亂。

這場暴動發生在西元前841年，發動暴亂的來源是生活在西周首都鎬京的百姓們。

誰給了百姓這麼大的膽子？原來，這些百姓都是不堪忍受西周的暴政，才抱著「橫豎都是一死」的心情奮起反抗的。

西周與之後的封建王朝不同，它獲取貢賦的方法主要有兩種：
1. 庶民助耕公田。
2. 諸侯采邑主朝覲貢獻。

王位傳到周夷王時，就已經有勢力較大的諸侯不上朝了。同時，井田制也隨著諸侯手裡私田的不斷開發而遭到破壞。無法生存的百姓們只能靠山吃山，靠水吃水。

一些生存條件差的地區，已經有饑民不斷滋生事端，給西周王朝的社會和經濟帶來極大的打擊。

自周康王之後，西周的社會矛盾就開始激化，等到了周穆王時期，貴族內部的分化現象日益嚴重，一些沒落的貴族，社會地位還比不上稍微有錢的商賈。

由於心裡不平衡，這些貴族寧願偷摸蹭騙，也不屑於耕田從商。跟下層人士待久了，他們也成為「國人」的一部分。

西周時期，城池都由兩部分組成。內部稱作「城」，外部稱作「郭」。在城內生活的人，就相當於現代的「都市人」，雖然生活貧困，但是比城

外的「郭裡人」要強上一些。那些不允許進入城內生活的，又被稱作「鄙人」，甚至是「野人」。

周夷王死後，他的兒子姬胡繼承了王位。這位姬胡，就是歷史上有名的周厲王。

為了改善西周王朝的經濟情況，周厲王下達了一項奇葩的命令：

「國人們不許靠山吃山，靠海吃海了。因為這些山川湖泊，都是屬於寡人的！」

這下子，本來食不果腹的國人們，就變得更加苦不堪言了。由於不忍看怨聲載道的國人們紛紛餓死，大臣召穆公冒死向周厲王進言，「大王，您再這樣，老百姓就活不了了！」

可周厲王理解錯了召穆公的意思，他沒有收回自己的命令，反而又頒布了一條新令：

「不許國人們妄議寡人的朝政！敢對國令表示不滿的，殺！」

在這種高壓政策下，國人們既不能打獵謀生，又不敢妄議朝政，就算熟人在大街上碰見，雙方也只敢透過眼神「打個招呼」，生怕多說一個字就掉了腦袋。

對於老百姓「道路以目」的情況，周厲王沾沾自喜地向召穆公炫耀道：「你看看，寡人連國人們說話這樣的事，都能管理得如此之好，這回看他們誰敢再議論朝政。」

召穆公十分痛心，又勸諫了周厲王幾次，但是周厲王卻始終置若罔聞。

最終，周厲王的暴政徹底激怒了鎬京的國人們。西元前841年，國人們集合起來，手裡拿著各種農具、棍棒和漁獵武器，揚言要進宮殺掉周厲王。聞聽國人暴動，周厲王慌忙叫人調兵遣將。可他的命令，連大

第二章 先秦三代：華夏雛形的形成

臣都不願意服從。

一名臣子幽幽地說：「我周朝的兵將就是這些國人，現在連國人都要造反，我們還能徵調誰呢？」眼見調兵無望，周厲王只好帶領親信，倉皇逃離鎬京。養尊處優慣了的周厲王哪能忍受逃亡之苦？西元前828年，周厲王最終病死在了彘地。

後來，召穆公被貴族們推舉出來，在太子靜即位之前暫理政務。一些重要的國事，則由六位德高望重的大臣共同商議，史稱「共和行政」。

憤怒的國人殺進王宮，卻四處搜尋周厲王而不得，於是轉去太子住所，揚言要殺掉太子靜以洩憤怒。召穆公事先得到消息，將太子靜藏進自己家中。

世上哪有不透風的牆，憤怒的國人們得知召穆公將太子藏起來後，便圍住了召穆公的宅邸，要求他交出太子靜。召穆公勸解無果，便用自己的兒子代替了太子，交給國人們殺掉，這才讓國人們的憤怒稍稍平息，這場國人暴亂告一段落。

平王東遷

　　到了西周末年，周朝王室內部出現各種矛盾。自周幽王即位以來，幽王因寵溺愛妃褒姒，多次無故點燃烽火，只為博得美人一笑。那些千里迢迢趕來的諸侯，看到都城毫無險情，對幽王的所作所為十分不滿。但是幽王仍然不加收斂，先前所立的合法太子被廢，取而代之的是褒姒之子伯服。不久，正式王后也被幽王廢掉，立褒姒為后。申后的失勢與褒姒的得勢引起了姜、姒兩大家族的激烈爭鬥。

鎬京遺址出土文物

　　外敵也開始頻繁入侵鎬京。西元前771年，申后與犬戎結為聯盟，共同討伐幽王。儘管諸侯得到了謀反的消息，但因懷疑有假，誰也不來救駕。最後幽王逃到了驪山，被當地的少數民族殺死。周朝宮室被戎人洗劫一空。

　　幽王被殺後，諸侯擁立太子宜臼繼承王位，即周平王，平王眼見繁華的鎬京已成廢墟，加之離勁敵犬戎又近，便於西元前770年，在諸侯的護衛下，把國都遷到雒邑。因為雒邑在鎬京東面，歷史上稱為東周。他不顧守舊大臣的反對，還是毅然將都城遷到了雒邑。

第二章　先秦三代：華夏雛形的形成

平王東遷之後，東周王室越來越衰微。由天子所直接管轄的「王畿」在戎狄人不斷的侵蝕之下，面積越來越小。最後只剩下了覆蓋雒邑一帶的方圓兩百公里的區域。與此同時，天子此前號令諸侯的權力和直接管轄軍隊的力量也逐漸喪失。到周桓王十二年，即西元前 708 年，周桓王帶兵討伐不服管教的鄭國。鄭國的國君鄭莊公不但毫無恭敬之意，反而直接領兵反抗，最後還打敗了王師。周桓王的肩膀在戰爭中被箭射中。自此，周王失去了控制各地諸侯的力量，八百諸侯朝於天子的盛況已經成為過去的回憶。中國的歷史進入到一個大分裂時期。

平王東遷洛河邊

附錄：第二章主要參考文獻

[1] 呂思勉·中國史 [M]·北京：中國社會科學出版社，2008·

[2] 顧頡剛·國史講話：上古 [M]·上海：上海人民出版社，2015·

[3] 顧頡剛·顧頡剛古史論文集 [M]·北京：中華書局，2018·

[4] 吳彬華·夏商周史事考證與斷代 [M]·武漢：華中科技大學出版社，2015·

[5] 郭靜雲·夏商周：從神話到史實 [M]·上海：上海古籍出版社，2013·

[6] 李凱·出土文獻與商周文明初探 [M]·北京：北京聯合出版公司，2018·

[7] 人民教育出版社課程教材研究所歷史課程教材研究開發中心·普通高中課程標準歷史讀本：中國古代史 [M]·北京：人民教育出版社，2017·

[8] 司馬遷·史記 [M]·北京：中華書局，2011·

第二章　先秦三代：華夏雛形的形成

第三章
春秋戰國：中原的征戰與兼併

春秋戰國時期是中國歷史文化最為活躍的一個時代，同時也是中國歷史的一個大分裂時期。周平王東遷之後，王室權力衰退，天下諸侯並起。各國之間的兼併和爭霸戰爭成了歷史的主流，戰爭引起了社會動盪，同時也帶來了區域的統一。

第三章 春秋戰國：中原的征戰與兼併

諸侯國興起

歷史上，東周前期又被稱為春秋時期，即西元前770年至西元前476年。劃分這個時期的代表事件為平王東遷和「三家分晉」。西元前770年，平王東遷後，周王室已經到了十分衰弱的時期，其統治範圍逐漸縮小。各個諸侯割據一方，不再朝見周王。當時全國大大小小的諸侯共一百四十多個，其中比較大的有晉國、宋國、陳國、鄭國、衛國、魯國、楚國、秦國、吳國、燕國、齊國等。

春秋諸侯戰車

我們介紹其中幾個影響力較大的諸侯國。

晉國是諸侯國中領土範圍比較廣闊的一個。晉國的開國之君晉獻公於絳建都。周邊的一些北方小諸侯國相繼被強大的晉國所滅，如霍、耿、魏、虞、虢等。自此晉國就統一了汾河流域。

周公平叛武庚之亂後，將另一位紂王的庶兄——微子啟分封到了商丘，微子啟於此建立了宋國。此後，宋國的國力逐漸強大，宋襄公還成了春秋五霸之一。

諸侯國興起

齊國的祖先是立下卓越功勳的謀臣姜尚。周王為了獎勵他，不僅封他為齊侯，還賜予了他一項特權，即可以討伐有罪的諸侯，類似於諸侯中的安全執法者。齊國正是憑藉這個特權，在西周時期就發展成了一個東方大國。此外，著名的政治家齊桓公也改革了國內經濟政治等方面，使得齊國成了春秋時期最為強大的諸侯國之一。

鄭國最先建都在鄭邑，後又遷都於新鄭。透過國內經濟的發展和對外的掠奪攻伐，使得強大的齊國在鄭國面前也不敢造次。在鄭國鼎盛時期，齊國還曾跟隨鄭國討伐宋國。

鄭莊公時期，鄭國的國力達到了巔峰，當時鄭莊公肅清了國內的反叛勢力，並向外擴張，擊敗了宋國。連前來討伐的周天子桓王也肩膀中箭，吃了敗仗。可見鄭國在春秋初期的國力不容小覷。

楚國的先祖是帝顓頊高陽氏。高陽氏是黃帝的孫子，昌意的兒子。其後代在成王時期被封為楚子，即楚地的子爵。居於楚地丹陽。西元前757年至西元前741年，楚國的勢力逐漸強大起來，到周桓王十六年（西元前704年），楚國的君主熊通自號為武王，統治方圓數千里的廣闊區域。楚國經常征戰中原諸侯，先後吞併了數十個相對弱小的諸侯國，成了春秋前期十分強大的南方諸侯國。

秦國的祖先是一個叫非子的人，他善於養馬，為王室培育出大量的良馬，周孝王因此把秦地賜給了非子。到了周平王元年，秦襄公因護送平王東遷有功，而被封為諸侯。秦國獲取了那些被戎狄所占領的原周朝領地。

儘管秦人能征善戰，但是在春秋時期，秦國仍然是個比較弱小的國家，因為它地處偏僻的西北，很少受到中原強國們的重視。直到商鞅變法，秦國的國力由弱變強，但這是後話了。

第三章　春秋戰國：中原的征戰與兼併

管仲助齊桓公稱霸

　　西元前686年，公孫無知殺害齊襄公並自立為君。次年公孫無知又被雍林人所殺，一時間齊國朝中無君，十分混亂。公子小白在與其兄公子糾的王位爭奪戰中勝出，他就是後世著名的齊桓公。

　　齊桓公即位之後，重用了謀臣管仲。在管仲的輔佐下，齊桓公改革了國內的經濟、政治等方面，使齊國的經濟和軍事實力得到飛速發展。

管仲

　　他先是與鄰國建立好關係，把此前侵占的棠、潛兩邑歸還魯國，從而讓魯國成為齊國南邊的屏障。為了讓衛國成為西邊的屏障，還把此前侵占的臺、原、姑、漆裡四邑還給衛國。之後，還把侵占的柴夫、吠狗兩邑歸還給燕國，讓燕國成為北部的屏障。

　　西元前679年，齊桓公首次召開宋、陳、蔡、邾四國的會盟，成為歷史上第一個成為盟主的諸侯。之後，宋國因未赴盟約而遭到齊桓公的

討伐。齊桓公打著周天子的旗號，帶著各國諸侯攻打宋國。宋國難敵，只好被迫求和。之後齊桓公把譚、遂、鄣等小國相繼滅掉，擴張了齊國的領土。

西元前663年，山戎攻打燕國。燕國向齊國求救。齊桓公率兵打敗了山戎。燕莊公為了感謝齊國，一直把齊桓公送到了齊國境內。桓公說：「只有諸侯送天子才能出境，我非天子，這樣做對燕國是十分無禮的。」於是，齊桓公把燕莊公所到的齊境割讓給了燕國，並再三叮囑燕莊公，要像對待成王和康王那樣按時向天子納貢。此事在諸侯中傳開後，諸侯們更加擁護齊桓公了，這就是著名的「尊王攘夷」。

西元前659年，桓公的妹妹哀姜與魯公子慶父淫亂，後慶父殺死了魯閔公，並得到了哀姜支持，企圖篡位。桓公並未顧及兄妹之情，反而將哀姜召回並殺死。

好大喜功的桓公還想到泰山封禪，只因為管仲多番勸阻，桓公才停止了封禪的計畫。

第三章 春秋戰國：中原的征戰與兼併

召陵之盟、葵丘之會

齊桓公是春秋五霸之一，他多次召集諸侯集會，作為實際上的霸主，周天子派出使臣並予以封賞，但是桓公不以為然，甚至不想下拜受賜。儘管桓公十分傲慢，但是此時只有齊、晉、楚、秦四國強大。而晉國忙於內亂，秦國地處偏遠，楚國以蠻夷自居，齊桓公就成了中原地區的真正霸主。

在齊桓公稱霸中原的過程中，發生過幾次重要的會盟，正是這幾次會盟奠定了齊桓公的霸主地位。其中比較重要的兩次會盟分別是召陵之盟和葵丘之會。

西元前 657 年，齊桓公與夫人蔡姬乘船出遊，蔡姬仗著桓公寵愛，不停搖晃船身。桓公多次勸告，蔡姬依然任性地不停手。回到岸上後，桓公大怒，直接將蔡姬送回了蔡國。

齊桓公

蔡國國君見自己的女兒被送了回來，二話不說又將女兒嫁了出去。這下子更加惹怒了齊桓公，齊桓公迅速召集大臣，打算進攻蔡國。西元前 656 年，齊桓公召集魯、宋、陳、衛等八國組成聯軍，向蔡國發起了進攻。

《左傳》中記載：「三年春，不雨。夏六月，雨。自十月不雨至於五月。不曰旱，不為災也。秋，會於陽穀，謀伐楚也。齊侯為陽穀之會，來尋盟。冬，公子友如齊蒞盟。楚人伐鄭，鄭伯欲成。孔叔不可，曰：

『齊方勤我。棄德不祥。』齊侯與蔡姬乘舟於囿，蕩公。公懼，變色；禁之，不可。公怒，歸之，未之絕也。蔡人嫁之。」

從這段記載中可以看出，齊桓公將蔡姬送回蔡國，與楚國伐鄭、蔡國附楚有一定的關係。為了找到足夠的理由進攻蔡國，甚至是進攻楚國，齊桓公很有可能是故意將蔡姬遣送回國。當然即使沒有這一段故事，齊桓公也會對楚國及其附屬邦國發起進攻，這是其稱霸中原必須要做的事情。

蔡國畢竟實力弱小，齊桓公率領聯軍輕鬆擊敗了蔡國，並將戰線推進到了楚國邊境。接下來需要做的，就是找到一個合適的理由去進攻楚國。這一次齊桓公找到的理由是楚國沒有向周天子進貢包茅，以及周昭王南巡未返。

當時的楚國正在進攻鄭國，而且從實力上來看，與以齊國為首的聯軍交戰，也並沒什麼勝算。因此，楚成王便派使者屈完去迎接齊桓公，並與齊國講和。經過一番「論戰」之後，齊桓公放棄了進攻楚國的打算，並與楚國在召陵訂立了一紙盟約。

召陵之盟可以看作是齊桓公「尊王」的又一次勝利，在這次會盟之後，齊桓公進一步鞏固了自己的霸主地位。當然，對於楚國來說，臣服於齊國並不意味著失敗。此次與齊國定盟後，楚國正式融入中原諸國之中，甩掉了「蠻夷」的稱謂，為楚國稱霸中原打下了堅實的基礎。

在齊桓公召集的多次諸侯會盟中，葵丘會盟是最為盛大的一次。這次會盟不僅有宋、衛、鄭、許等諸侯國的國君參與，周襄王也派代表參加，同時還給齊桓公送去了祭肉以及珍貴的車子和弓箭。

在此次會盟中，齊桓公的霸權達到了巔峰，透過此次會盟，齊桓公正式成為中原地區的首位霸主。春秋爭霸的第一輪較量也宣告結束，自此之後，春秋五霸們開始了「你方唱罷我登場」的巔峰對決。

第三章　春秋戰國：中原的征戰與兼併

秦穆公奠定秦國霸業

春秋時期，地處西北的秦國遠離中原地區，文化上相對落後，往往不被諸侯國所看重。但是在周平王冊封秦襄公為諸侯之後，承諾道：「如果秦能打敗戎、狄等部落，那麼所打下的地盤就歸秦國所有。」

西元前659年，秦穆公即位，成為秦國的第九任君主。穆公是個胸懷大志的人，他即位之後廣任賢能之臣，而且不計出身的高低貴賤（這在當時是十分難能可貴的），任用了百里奚、蹇叔、由余等名臣，使得秦國的國力有了很大的發展。

秦穆公

秦穆公還是一個心胸寬廣、體恤民情的人。有一年，秦國遭受饑荒，晉惠公趁機偷襲。戰鬥中，穆公帶領的大軍遭到圍困，情況一度十分危急。正在緊急關頭，突然有三百名勇士衝進晉軍陣營，一番激烈的爭鬥之後，大敗晉軍，救出穆公。穆公為此也感到十分驚訝，實在不知道這些陌生的勇士為何營救，便找來了勇士詢問原因。

原來，幾年前穆公曾丟失了一匹良馬，被三百名土著所分食。得知

此事的穆公不但沒有責怪，反而把糧食和美酒賜給了他們。這些土著居民十分感激穆公，希望有朝一日能報答恩人，這天聽說了穆公遭人圍困，便奮勇相救。

隨著秦國的國力逐漸強盛起來，穆公揮師東進的想法日益強烈。終於，一代霸主晉文公去世了，秦穆公意識到良機到了，便派軍攻打晉國。儘管蹇叔和百里奚等人強烈反對，但是穆公還是堅持出擊，結果被晉軍圍困到崤山，全軍覆滅。

經歷過沉重的失敗之後，穆公深深地反省，並向將士們昭告，稱：「當初沒聽蹇叔、百里奚的話，犯下了大錯。以後，我定當尊重他們的意見，絕不重蹈覆轍。」後來，穆公發憤圖強，終於打敗了晉國，一雪前恥。

穆公並未因此而滿足，他繼續出兵滅了西方十二個國家，使國土增加了上千里。穆公因此被尊為霸主，周王室也派使臣祝賀。

穆公為日後秦統一中國奠定了基石，秦始皇也正是站在了前人的「肩膀」上，得以統一六國。

第三章 春秋戰國：中原的征戰與兼併

晉文公稱霸諸侯

晉文公是春秋五霸中的第二位霸主，他與齊桓公並稱為「齊桓晉文」。

西元前 656 年，驪姬得寵並預謀將自己的兒子奚齊立為太子，為此陷害了當時的太子申生，導致申生最終上吊自盡。

驪姬又誣陷晉獻公另外兩個兒子重耳和夷吾。為了保命，兩位皇子分別逃到了蒲城和屈城。晉獻公因兩位公子的不辭而別而感到憤怒，對他們展開了討伐和追殺。重耳由此開始了流亡生涯。

數年間，重耳十分艱難地在各國中逃亡輾轉。後來，重耳到了齊國並接受了齊桓公的慷慨賞賜，過起了十分安逸的生活。重耳的舅舅狐偃也是忠心追隨者，勸說重耳不要貪圖安逸而忘記自己的鴻鵠之志。但是重耳充耳不聞，照舊享樂。有一天，狐偃等人把重耳灌醉，帶上了馬車，離開了齊國。待重耳醒來時，他們已經走了很長的路程，儘管十分氣憤，但是重耳也沒有辦法，只好繼續前行。

流亡的公子重耳在各個諸侯國都沒有受到重視，一路上十分窮困。與此同時，晉國子圉正在秦國做人質。他聽說在位的晉惠公病重便不辭而別，因此惹怒了秦穆公，於是穆公便邀請在外流亡的重耳到秦國來。重耳到達秦國之後，秦穆公十分慷慨地賞賜了重耳，還把此前子圉的妻子嫁給了他。

晉惠公死後，子圉即位，是為晉懷公。晉國很多的大夫對晉懷公感到不滿，因此暗中請求重耳回晉國，並願意充當內應。秦國也十分願意幫助重耳回國，便率大軍護送重耳到了晉國。在秦國和晉國內應的幫助

下，重耳成功登上王位，是為晉文公。隨後，逃到高梁的晉懷公被重耳派出的殺手殺死，其他反對勢力也被重耳一一肅清。

春秋時代的兵器（出土原件）

晉文公即位後，周襄王的弟弟王子帶盜嫂事發，與周襄王發生爭鬥。周襄王部隊不敵，只好求助於諸侯。晉文公聞訊，派晉軍包圍了王子帶，後將其殺死，然後護送周襄王回到周都雒邑。周襄王十分感激，把河內、陽樊兩地賜給了晉國。

西元前632年，實力強大的晉國和楚國都想要爭奪在中原地區的霸主地位。一場著名的城濮之戰爆發了。當時晉文公率兵從棘津渡河，企圖透過攻打依附於楚國的曹國和衛國來吸引楚國的注意，進而把被圍困的宋國解救出來。一番征戰，晉文公大軍很快就占領了衛國和曹國的都城，俘虜了曹國國君。然而楚國卻對此無動於衷，依舊伐宋。宋國向晉文公派出使者，請求支援。在晉文公十分危難之際，先軫提出建議，可以利用齊、秦「喜賂怒頑」的心理，讓齊、秦、楚之間產生矛盾。

晉文公聽從了先軫的建議。一方面讓宋國送厚禮給齊、秦兩國，讓他們幫助勸楚國撤兵；另一方面，把曹、衛兩國的土地分給宋國一部分，以表示自己的忠誠。在齊、秦兩國的勸說下，楚國並未同意撤兵，繼續攻宋。遭到拒絕的齊、秦兩國感到十分憤怒，便決定出兵協助晉國，結果形成了三大強國聯合對付楚國的局面。

踐土之盟

楚成王見局勢不利，便要求帶軍的子玉將軍撤兵。但是子玉是個狂妄自大的人，他堅信自己能擊敗晉國，於是未同意楚王的要求。楚成王為人優柔寡斷，在子玉的建議下，一方面同意出兵，另一方面又只派出少量兵力增援。晉軍利用楚軍兩翼薄弱的特點，採取左右夾擊的策略。結果證明，這個策略十分有效，被圍困的楚國大軍慌亂失措，紛紛落荒而逃。

楚國大敗，子玉帶著殘兵敗將回到楚國後，自殺身亡了。

楚莊王問鼎中原

楚國在楚武王、楚文王時期獲得快速發展，在楚成王掌權時期，楚國的實力已經非常強盛。但是想要進軍中原地區，楚國必須要解決晉國才行。

在楚成王時期，晉楚之間的城濮之戰讓楚國損兵折將。但是這場敗仗卻並沒有傷及楚國國本，反過來，還讓楚國冷靜下來，重新積聚力量。

在秦晉崤之戰中，楚國雖然未直接參加戰爭，卻成了此戰最大的受益者。一方面，秦晉從關係親密轉為世仇，晉國不得不主動聯合楚國製衡秦國；另一方面，晉國為了保住自己的霸主地位，不得不從西、南兩面提防秦、楚兩國，兵力大大分散。這些都為後來楚國入主中原提供了機會。

西元前613年，楚莊王即位。在主政的前兩年，楚莊王表面上不問政事，沉溺於聲色犬馬，實際上卻採取了以靜制動的方式觀察楚國形勢。

在其即位的第三個年頭，楚莊王開始大力整頓吏治，清理了一批奸臣小人，重用了伍舉、蘇從等人。同時，他還重用孫叔敖為令尹（楚國在春秋戰國時代的最高官銜），總攬楚國軍政大權。

經過一番整頓，楚國的軍政、經濟實力大為提升。在西元前606年，楚莊王北伐，陳兵於周郊。周定王派使者王孫滿慰勞楚軍，楚莊王便向王孫滿詢問「周天子的鼎有多大多重」，王孫滿自然知道楚莊王的想法，一番唇槍舌劍之後，說退了楚莊王。

《左傳》對此記載道：「楚子伐陸渾之戎，遂至於雒，觀兵於周疆。定王使王孫滿勞楚子。楚子問鼎之大小輕重焉。對曰：『在德不在鼎。昔夏之方有德也，遠方圖物，貢金九牧，鑄鼎象物，百物而為之備，使民知神奸。故民入川澤山林，不逢不若。螭魅罔兩，莫能逢之。用能協於上下，以承天休。桀有昏德，鼎遷於商，載祀六百。商紂暴虐，鼎遷於周。德之休明，雖小，重也。其奸回昏亂，雖大，輕也。天祚明德，有所底止。成王定鼎於郟鄏，卜世三十，卜年七百，天所命也。周德雖衰，天命未改。鼎之輕重，未可問也。』」

從問鼎這件事便可看出楚莊王稱霸中原的願望。在之後的一系列征戰中，楚莊王逐漸實現了這個願望。

在成功攻下鄭國之後，晉楚兩國再次交鋒。在戰爭開始之前，楚莊王本打算撤兵回國，但是在伍參的建議下，楚莊王決定與晉展開決戰。

西元前597年與晉戰於邲，大獲全勝，飲馬黃河，威震華夏。西元前594年冬，楚、魯、蔡、許、秦、宋、陳、衛、鄭、齊、曹、邾、薛、鄫等十四國在蜀集會結盟，正式推舉楚國主盟，楚莊王遂成為春秋五霸之一。

勾踐臥薪嘗膽，范蠡功成身退

越國封地位於歐餘山之南（陽）面。勾踐是春秋時期越國的一位十分著名的君主。他大約出生在西元前 520 年。姒姓，本名鳩淺，由於當時華夏文字不同音，而被譯成了勾踐。西元前 496 年，勾踐即位，共在位三十二年。

勾踐的父親允常在位時，時常不肯幫助吳國攻打楚國，還支持當時吳王闔閭的弟弟夫概自立，因此使得吳越兩國結下了很深的仇恨。允常死後，闔閭迎來了進攻越國的良機，趁越國行喪之時，興兵討伐越國。在後來的檇李之戰中，越國軍隊用弓箭將吳王射死，使兩國矛盾更加激化，進而到了你死我活的地步。闔閭死後，其子夫差即位。為了報越國的殺父之仇，夫差在西元前 494 年發動了夫椒之戰。在這場戰爭中越國大敗，越王勾踐也被困在了會稽山。

越王勾踐臥薪嘗膽

越國的兩位大臣文種、范蠡向勾踐進諫，希望勾踐能以求和的方式為將來的復興贏取時間。文種透過吳國大臣伯嚭的關係，讓吳王接受了越國的求和。但讓越國感到恥辱的是，勾踐夫婦也被迫進入吳國成為奴僕。勾踐的工作主要是在吳先王闔閭的墓旁餵馬。在此期間，勾踐十分小心地侍奉吳王，可謂百依百順，儘管整日在忍饑受凍中度過，依然毫無怨言。就這樣，透過整整三年的考察，吳王終於相信勾踐已經徹底臣服於自己，便放他回國。

勾踐回國之後，把都城遷到了會稽，並做了一系列整治，以求能用最快的速度復興越國。在用人方面，勾踐禮賢下士，重用范蠡和文種等賢能之臣。在對待百姓方面，他體恤人民疾苦，做到敬老恤貧。當然，他也沒有忘記吳國所帶給他的屈辱，發誓有朝一日報仇雪恨。回到越國的勾踐本可以過上安逸的生活，但是他並沒有這樣做。反而為了不讓舒適的生活消磨自己的意志，他以柴草代替之前的錦繡鋪蓋，每次吃飯之前，都要用舌頭嘗一嘗懸掛在床頭的苦膽。臥薪嘗膽的典故正是由此得來。

在勾踐的努力之下，越國的生產力有很大的發展，人口數量也與日俱增。此外，越國所實行的減緩刑罰、輕徭薄賦等制度，使勾踐贏得了軍民們的愛戴。為了繼續麻痺吳王，勾踐還派國民入山采葛，編織成黃絲細布，作為貢品進獻給吳王。因此吳王並未察覺勾踐的勃勃雄心，反而增加了越國的封地。

近十年歲月過去之後，越國國力已經今非昔比，而吳國卻走向衰落。西元前482年，勾踐認為報仇的時機到了，便發動了對吳國的戰爭。這次戰爭最終以越國的大勝而告終。

西元前475年，越國圍困姑蘇城，兩年之後終於攻破姑蘇城。夫差無奈，只好逃到了姑蘇山躲避，後投降於越國。但是勾踐深知接受投降

勾踐臥薪嘗膽，范蠡功成身退

後的隱患，便拒絕了吳王的求和，迫使夫差含恨自殺。越國進而吞併了吳國，成為稱霸一時的大國。勾踐率領著越國大軍，北渡淮河，在徐州會合齊、晉等諸侯，派人向周天子送去貢禮，實現了自己的霸業。

自從范蠡幫助勾踐實現復國之後，便有了退隱江湖的打算。范蠡與勾踐朝夕相伴十餘載，深知勾踐的為人和想法。儘管勾踐大設酒席犒勞群臣，但是宴席全程，范蠡留意到勾踐面無喜色。因而范蠡推斷，勾踐是個只可共患難而不能同富貴的人，如果不早點離開，一定會引來殺身之禍。

范蠡離開前，還曾勸說了一同為越國立下汗馬功勞的文種：「如今天下已定，你我的任務已經完成。『走狗烹，良弓藏』的道理難道你還不懂？」文種卻答道：「你我為了越國的復興，苦心經營了這麼多年，正到了享福的時候，怎麼要走呢？」於是，文種沒有聽從范蠡的意見，留了下來。

陶朱公范蠡

果不其然，范蠡走後沒多久，就有人向勾踐進讒言，稱文種有謀反之意。藉此良機，勾踐賜給了文種一把寶劍要其自盡。文種後悔當初沒

第三章 春秋戰國：中原的征戰與兼併

聽從范蠡的意見，早些離開這是非之地。文種死前嘆道：「我為越國苦心經營了這麼多年，如今卻成了階下囚。後世忠臣良將請以我為戒，不要落得如此下場！」說罷，持劍自刎而死。

反觀有先見之明的范蠡，此時已經來到了齊國，透過在這裡經商置業，成為了一位大富豪。齊侯聽聞有如此賢能之人，便想拜他為相。但是范蠡並未接受，反而散盡家財，悄悄離開了齊地。來到中原地區的范蠡開始經商，進而累積了龐大家產。

孔子與儒家學派

儒家學派的創始人孔子是春秋魯國人。他於西元前551年出生在一個沒落的魯國貴族家庭。因為家庭並不富裕，孔子十五歲才開始立志於學術。孔子是一個非常好學的人，每當遇到比他有學問、更優秀的人，他都虛心請教。經過數十載孜孜不倦地學習，孔子成為了一個精通禮、樂、射、御、書、數的大學者。

孔子早年因為貧寒而做過很多粗重的工作。孔子勤奮工作、學習，成為了一個道德高尚、博學多藝的人。到了三十歲前後，孔子小有名氣，一些求學者主動拜在他的門下。隨著學生越來越多，孔子索性辦起了私塾，孔子的弟子越來越多了起來。他對自己的學生採取「有教無類」的方式，無論是官宦、貴族還是平民百姓，只要他們有心求教，孔子都願意教導、啟發。

孔子像

孔子一生培養了眾多弟子，相傳總數為三千人，其中有七十二人最為賢能。孔子在教育學生的過程中，著重培養弟子們的學習能力，希望他們能做到「舉一反三」和「觸類旁通」。品德方面，孔子多次讚賞了弟子顏回。顏回不但品德高尚，而且還安貧樂道，居住在簡陋的小巷子中，忍受著常人所不能忍的憂患，卻始終自得其樂。

後來，孔子還曾出仕做官，成為魯國的中都宰和司寇。為了提升魯國的國力和人民的生活水準，孔子多次向在位的魯定公提出了建議。但是魯定公對此毫不在意，依舊吃喝玩樂、不管政事，後來甚至還躲避孔

子。孔子感到十分失望，認為無法在魯國施展自己的想法和治國之策，便帶著弟子們離開魯國，四處奔走。一路上，他們到過齊、衛、陳、蔡、楚、宋等國，向各國的君主宣傳自己的主張和想法。但是遊說的過程十分艱辛，有一次楚國君主想請教孔子，派人向正在陳、蔡一帶的孔子發出邀請。而陳、蔡的大夫害怕孔子到楚國之後，對本國不利，便出兵半路攔截了孔子。圍困中，孔子和弟子們沒有了糧食，連續幾天都沒有飯吃。幸好楚國派出了援軍，否則孔子很可能被圍困餓死。

孔子晚年回到了魯國，一邊講學一邊與弟子們整理《詩》、《書》等文獻。西元前 479 年，孔子病逝於家鄉，享年七十三歲。他的言論被弟子們整理成了《論語》，其承載著孔子哲學和為人處世的思想。《論語》是後世儒家文化的重要典籍，並且對後世華人的文化思想有著極大的影響。

百家爭鳴

前面已經提到，周王朝的局勢是內憂外患、禮崩樂壞，隨著各個諸侯國紛紛稱霸，周王朝的影響也越來越小。為了在周王朝沒落之際分一杯羹，諸侯王們紛紛發動戰爭。可就在這亂世中，迎來了百家爭鳴的時代。

西元前770年——前221年，處於春秋戰國時期。在這個時期，實力較大的諸侯王，已經為接下來的戰爭做好了充分的軍事準備，但是在政治方面，他們卻還沒有累積好能量。

對於迫切需要解決政治問題的諸侯王來說，一場能提升國力的變革是必不可少的。

基於時代的需求，一些知識分子看到了其中的機遇。於是，各家學派如雨後春筍般湧現，各家流派間，也呈現出百花齊放、百家爭鳴的態勢。

在那個禮崩樂壞的時代，已經沒人在乎只有貴族才有資格學習的講究了。得益於此，學術開始下移，很多平民子弟都能接觸到詩書禮樂，大部分人也牢牢抓住了這個機會。

隨著受教育人數的增多，每個人都有了自己的感觸和看法，對同一件事，不同的人也開始有不同的態度。即便是信奉儒學的人，也開始將自己的觀點和見解加入原有的儒學中，令其逐漸去蕪存菁，不斷發展。

學風盛行，學術學派增多就成了不可避免的事情。在這個時期，儒家、道家、法家、墨家、陰陽家、縱橫家、雜家、農家……諸多學派登上了歷史舞臺，也展開了各自的表演。

第三章 春秋戰國：中原的征戰與兼併

為了贏得諸侯王的青睞，也為了將自己所在學派發揚光大，不少知識分子都帶著「毛遂自薦」的態度，對諸侯王應「如何治國」進行諫言。

周天子式微，每個諸侯國的君主都渴望在亂世中站穩腳跟。可沒有治國的良方，怎麼辦呢？這些「毛遂自薦」的知識分子正好給他們帶來了選擇。為了儲存實力，為了更好地發展，諸侯王們用禮賢下士的態度，來尋求最好的治國之道。

此時，社會風氣從最初的窮兵黷武，逐漸演變成注重文化與教育。為了讓諸侯王尊奉自己學派的思想為治國理念，知識分子們紛紛周遊列國，開啟了尋找伯樂之旅。

在百家爭鳴時期，我們熟悉的成功案例有「商鞅變法」、「管仲治國」等。由於治國的文化需求提高了，秦國和齊國逐漸成為綜合實力強大的國家。

看到別人的成功，一些學派更加坐不住了。於是，他們一邊抨擊其他學派的思想，一邊積極汲取對方的優質學說。

我們都知道，百家爭鳴結束的代表，是漢武帝的「罷黜百家，獨尊儒術」，但是很少有人知道百家爭鳴開始的代表。

根據學者們的討論，目前學術界普遍將「儒墨之爭」看作百家爭鳴開始的代表。前面也提到了，各個學派彼此都是看不順眼的，其中以儒家和墨家為最。《漢書》的作者班固就列出了一段當時百家互斥的場景。

墨子有一本名為《非儒》的書，其義就是公開斥責儒家思想迂腐。而孟子在自己的著作中，不但將墨子嘲諷了一通，還將兵家、神農學排斥了個遍。

雖然各個學派互相排斥，但是這也正好證明了當時的思想開放，文化繁榮。這些學派的思想與學說都不同程度地流傳下來，為後世帶來了

一定影響，也成為中華傳統文化的一部分。

　　自春秋戰國之後的很長一段時間裡，都沒有一場大規模的思想變革，能與百家爭鳴並論了。

第三章　春秋戰國：中原的征戰與兼併

李悝改革

西元前445年，魏文侯即位魏國君主。相比於其他諸侯國，魏國的國土面積狹小。同時，各個諸侯也都在致力於開疆拓土，如果不奮發努力，一定會被他國吞併。於是，魏文侯希望透過變法的方式來實現國家富強，他任用了李悝來執行此次變法運動。

竹簡

李悝深入考察了一番魏國的實際情況，從而制定了一系列改革措施。首先，他廢除了井田制，規定人民可以買賣土地，並測量了各地區農田的產量，依據不同的產量標準制定了更加合理的稅收政策。老百姓們認為這種做法更加合理，因而十分積極地參加農業工作。此外，李悝為了提高國家糧食儲備，還鼓勵人民開墾荒地，在此項措施的實施下，魏國擴大了可耕土地。

軍事方面，李悝在軍隊中實行了考核法，給予那些表現優異者相應的獎勵，按照士兵們所擅長的領域進行改編。一番軍事改革之後，魏國軍隊的作戰能力大大提高。

但是在李悝所有的改革之中，最為重要的還是他廢除了封建世襲制度。李悝認為，國家想要發展就必須廣納賢能之才，以往世襲的方式在相當程度上抑制了人才才能的發揮，因此李悝提倡以個人能力的高低作為提拔官員的準則，以此來任命更多的可用之才。

身為法家的代表人物，李悝還著有《法經》一書，將各個諸侯國所執行的法令收集於此。透過對各國法令的研究，李悝制定出了適合魏國的相關法令，使魏國的法治化有了很大的發展。透過李悝的改革，魏國的國力逐漸增強，其地位和影響力也有了很大的提高，進而成為其他諸侯國變法的典範。

第三章 春秋戰國：中原的征戰與兼併

三家分晉

春秋初期，晉國的君主十分忌憚公族們對王權的覬覦，便大力打壓限制公族。儘管公族的權力、職位和土地都在相當程度上遭到削弱，卿大夫的勢力卻逐漸坐大，甚至取代了公族們在政治、經濟、軍事等方面的權力，儼然成了一個新的掌權階層。

這完全超出了晉國先君們的預料。卿大夫們為了進一步擴大權力，開始爭權奪勢，到了春秋晚期只剩下韓、魏、趙、範、智和中行氏六大家族。之後，范氏和中行氏戰敗，只剩下了智、韓、趙、魏四氏。

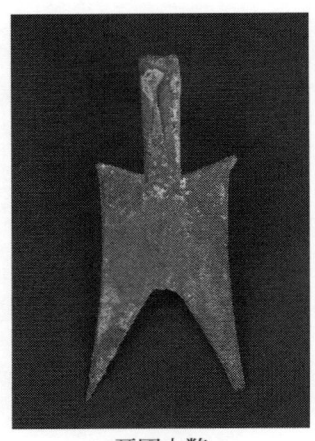

晉國古幣

在這四大家族中，智氏的勢力最為強大，其掌權首領智伯瑤也十分有野心。他為人十分專橫，無時無刻不想著吞併其他三家。儘管智伯瑤擅長騎射，做事果斷堅定，但是他的心胸十分狹隘，無法與下屬和諧相處。相比之下，趙氏的趙襄子則更受人愛戴。他待人真誠、體恤民情，從不吝惜獎賞有軍功的士兵，因此軍民們十分擁戴他。

三家分晉

西元前453年，智氏以增強公室為名，要求韓、趙、魏三家把自己的土地交給晉國國君，實際上是為了擴大自己的勢力。儘管三家都知道智氏的伎倆，卻無可奈何。韓、魏兩氏都遵從了智氏的要求，而趙氏卻始終不肯。

智氏便脅迫韓、魏兩氏一同進攻趙氏，趙氏被圍困在自己的大本營晉陽城中。當時的城內十分貧乏，不僅無錢無糧，還無兵無具。但是百姓的向心力十分強大，晉陽城被圍困三年並沒有被攻破。

智伯瑤見攻城如此艱難，心生一計，決定以水灌晉陽城。儘管大水洶湧，但是城內的百姓和士兵依然堅決不降。千鈞一髮之際，趙襄子的家臣張孟談進獻一計。如果能利用智、魏、韓的矛盾，使魏、韓倒戈，這樣內外夾擊定能消滅智氏。

當天夜裡，張孟談便來到了韓、魏兩軍的首領帳中，說道：「我們韓、趙、魏正如唇齒一般，唇亡齒寒的道理大家都懂。如果趙氏被滅，下一個被消滅的就是你們兩家。」韓、魏的首領當然知道利害關係，但是迫於壓力才出兵圍趙的。經張孟談的商談，三家決定聯合共伐智氏。

智氏哪是三家聯軍的對手，趙氏先派出精銳突襲智氏軍隊，再以河水反灌智氏軍隊。趁智氏軍隊大亂之時，韓、魏兩軍從兩側夾擊。在三家聯合圍剿下，智氏軍隊全軍覆滅，智氏全族被屠殺。

韓、趙、魏三家瓜分了智氏的領地和人民，分別建起了獨立的封國。三家的實力基本勢均力敵，因此都互相忌憚，形成了三足鼎立的局面。

西元前403年，周天子威烈王正式冊封韓、趙、魏三家成為諸侯國。盛極一時的晉國就這樣被分成了三個國家，即韓國、趙國、魏國。

第三章 春秋戰國：中原的征戰與兼併

田氏代齊

春秋時期，陳國發生了一場宮廷政變。陳厲公遭到刺殺，其子陳完雖然得以保住性命，卻被貶為大夫。不久後，厲公廢太子禦寇也遭到了謀殺，陳完意識到自己的處境十分危險，隨時可能發生意外，便逃離了陳國，跑到了齊國，尋求庇護。

當時正值齊桓公在位時期，齊桓公是個十分愛才的人，又念及陳完是王公級的權貴，便有心拜他為上卿。但是初來乍到的陳完覺得如果馬上就被賜予如此高的職位，一定會遭到貴族們的反對，便謝絕了桓公的好意。齊桓公只好將他封為工正，同時賞賜給他一些田地。陳完十分感恩戴德，遂把陳姓改為了「田」，自此也開啟了齊國田氏家族的新篇章。

齊王墓出土文物

田氏初到齊國，完全沒有根基，只能採取韜光養晦的方式低調發展本族的勢力。到了陳完的第四世孫田桓子一代，田家已經逐漸扎穩了根基，還與鮑氏、欒氏、高氏合力消滅了齊國的慶氏。隨後又與鮑氏聯手

滅了欒、高二氏，自此田氏在齊國占據了舉足輕重的地位。

西元前489年，齊景公去世之後，齊國的兩大公族國、高二氏想扶持公子荼即位國君。但是田桓子的兒子田乞十分反對，進而驅逐了國、高二氏，另立公子陽生為君，自立為相。就這樣，田氏掌握了齊國的國政。田氏家族的勢力進一步發展，到田乞兒子田成子一代，田成子已經達到了「一人之下，萬人之上」的地位。

但是另一個問題也出現了，儘管田氏在齊國艱苦奮鬥了多代，本族的人數卻仍然很少，想要取代姜姓國君的統治，必須要有充足的本族人丁。為此，田成子努力生育，到他去世之時，光兒子就有七十餘個，而且都被安排到了重要的職位上。

到了西元前391年，先祖陳完的第八世孫田和終於邁出了嶄新的一步，把齊康公廢掉。西元前386年，周安王完成了對田和的冊封，立為齊侯，列於周室。西元前379年，齊康公死。自此，齊國的政權徹底落到了田氏家族的手中。

第三章　春秋戰國：中原的征戰與兼併

商鞅變法

　　西元前 361 年，秦孝公即位。早在秦孝公出生前，秦國國力大為削弱。魏國趁秦國政局不穩奪取了河西地區。秦孝公之父秦獻公即位後，割地與魏國講和，在遷都櫟陽後，休養生息，並且數次東征，想要收復河西失地，無奈願望沒有實現便去世。孝公是個很有抱負的人，他以恢復秦穆公霸業為己任，明確論功行賞的法令，並在國內頒布了求賢令。當時很多有才能的人都來到了秦國，希望一展抱負。其中有一個來自衛國名叫衛鞅的人。他先前在魏國當官卻沒有受到重用，如今來到秦國，便託人向秦王引薦。

商鞅像

　　經過一番考察，衛鞅認為秦孝公是位有理想和抱負的君主，便把自己的興國之策和盤托出。他說：「要讓一個國家富強，就要發展農業，獎勵耕織；要整頓軍隊，賞罰分明……」

　　衛鞅的想法與孝公不謀而合，因而被任命為左庶長，主持變法。衛鞅變法的舉措主要表現在政治和經濟兩個方面：在政治方面，主要以廢

除世卿世祿制，建立君主專制中央集權為重點。在經濟方面，主要以廢除井田制，實行土地私有制為重點。

在政治方面的主要舉措有獎勵軍功、改革戶籍、推行縣制、制定秦律幾項舉措。

獎勵軍功是為了廢除世卿世祿制，增強軍隊戰鬥力。改革戶籍實行連坐法則是為了加強專制統治。制定秦律則是為了在思想領域控制大眾。

在經濟方面的主要舉措有廢井田、開阡陌，重農抑商、獎勵耕織，統一度量衡幾項舉措。

廢井田、開阡陌是衛鞅變法的重要舉措，在相當程度上促進了秦國經濟的發展。重農抑商、獎勵耕織同樣是發展封建經濟的重要舉措。統一度量衡不僅保證了國家稅收，更為日後秦始皇統一六國奠定了基礎。

雖然法令已經完備，但是沒有公布。衛鞅恐怕百姓不信任，於是在國都市場南門立下一根木桿，招募百姓，有能夠將木桿搬到北門的就賞給十金。

百姓對此感到驚訝，沒有人敢去搬木桿。衛鞅又宣布命令說：「有能夠搬過去的就賞給五十金。」有一個人將木桿搬到北門，衛鞅立即賞給他五十金，以表明沒有欺詐。

此次事件一下轟動了全國，人們都認為秦國當政者言出必行、有信譽。等衛鞅的新政一發表，人們就誰也不敢當成兒戲了。

由此，衛鞅的變法便在秦國上下廣泛地推廣起來。新法推行十年之後，曾經積弱落後的秦國煥然一新，不僅國富民強，而且軍隊戰鬥力空前提高，士兵們為了軍功爭著衝殺在最前線，秦國軍隊也因此被列國稱為「虎狼之師」。

第三章 春秋戰國：中原的征戰與兼併

　　西元前 340 年，衛鞅率領秦軍攻打昔日的「老東家」魏國，一舉拿下了曾被魏國侵占的黃河兩岸土地，讓魏國國君後悔莫及，悔恨當初不該放衛鞅離開。秦王為了表彰衛鞅的功績，便把商邑封給了衛鞅，從那以後，人們便尊稱其為「商君」或「商鞅」。

　　秦孝公去世之後，商鞅很快就走下了「神壇」。新即位的秦惠公早對商鞅心有不滿，加之商鞅昔日樹敵過多，得罪了很多貴族大臣，商鞅因叛國的罪名被殺，屍體被車裂。商鞅一定沒有想到，此前為改革而實行的軍法，最終卻用在了自己身上。儘管商鞅最終慘死，但他所推行的新法在秦國取得了極大的成功，從此之後，秦國走上了崛起之路，最終實現統一六國的大業。

趙武靈王胡服騎射

　　西元前 307 年，此時的戰國紛爭更加激烈。趙國不僅要應對鄰邦敵國，還要應對來自北方少數民族的侵擾。當時在位的趙武靈王對國家的政治做了一系列改革，其中最為著名的就是胡服騎射了。這次胡服騎射的改革大大加強了趙國的軍事實力，在此之後多次擊敗了來自北方的胡人，還擊敗了魏國和韓國，占領了大部分領地。復國的中山國也在趙武靈王的攻打下被滅。一時間，趙國成了當時戰國最為強大的諸侯國之一，也是唯一一個有能力與西部秦國抗衡的國家。

胡服騎射

　　趙武靈王在十二歲時就順利即位趙王。因趙國在地理位置上緊靠北部的胡人，在風俗和習慣上也與胡人有相近之處，他們輕視農業，重視畜牧業。自趙武靈王即位以來，趙國就一直遭到胡人的侵犯。那些接近胡人的邊陲城池往往長年緊鎖城門，為的就是防止胡人的入侵。不僅如此，趙國還修建了長城，以阻擋胡人騎兵南下。

　　透過趙武靈王的觀察，他發現胡人之所以能如此驍勇善戰，在一定

程度上與他們的穿著裝備相關。第一，趙國人穿「裙子」，在戰鬥中很不方便，而胡人則穿褲子，行動起來便捷舒適；第二，胡人大多擅長騎馬射箭，他們的戰馬不僅精力充沛而且快速敏捷；第三，胡人的武器是用堅硬的金屬打造的，比中原武器鋒利得多。

看到了對方的優點，也就比較出了自己的不足。於是趙武靈王下令，讓趙國人全部改穿胡人的衣服，戰馬不再賣給其他諸侯國，更不能賣給胡人。除此之外，他還下令讓人們在國境內圈地養馬、養羊。

但是在改革之初，趙武靈王也遇到了不小的阻力。當時中原人都對胡人有所偏見，認為其野蠻而沒有禮教。因此國人都不願意聽從君王的話改穿胡服，連公子成也為了不穿胡服而稱病不上朝。趙王聞言，便派人說服他，說：「家中之事都聽父母的，國中之事都聽君王的。如今我讓全國人民都穿胡服，而叔父您卻不穿，這會讓天下人議論我徇私舞弊。治理國家要以人民的利益為重，君王實行的政令要有很高的權威，否則誰還願意聽從我的政令！我希望您能以身作則，助我改革！」

公子成回答道：「我聽聞中原地區是在聖人的教化之下實行禮樂制度。很多偏遠的國家都來此學習效仿，而您卻讓我放棄先賢的教化，去學習外族的服飾。如此違背人心和習慣的改革注定會失敗，希望君主慎重考量！」

使者把公子成的話回報給了趙王。趙王親自登門前來，解釋道：「趙國地處中原，四周都是強國。北有胡人、燕國，東有齊國、中山國。同時還與秦國、韓國接壤。如果我們不改良騎馬射箭的作戰技術，如何能抵擋得住外敵的進攻呢？先前中山國憑藉齊國的支持，一再侵犯趙國領土。水灌鄗城，要不是上天保佑，鄗城早已拱手讓人！先王對此感到羞愧難當，我為了改變這種局面決定實行胡服騎射，一方面能抵擋外敵，另一方面要報中山國一箭之仇！如果叔父您一再堅持中原舊俗，而不顧

國家安危,我只能對您感到失望!」

公子成聞言幡然醒悟,意識到自己的錯,就接受了趙王的改革,親手接過趙王賜予的胡服,第二天便穿戴整齊上朝了。從此以後,趙王的胡服騎射政策便如火如荼地推廣開來。

當然,這個改革所起的作用是顯著的。經過十幾年的變革,趙國已經成為了頗有威名的諸侯國。強盛的秦國很多年都不敢進犯趙國,而齊、楚、燕、魏也紛紛派出使者與趙國修好。

第三章　春秋戰國：中原的征戰與兼併

田單大敗燕國

　　西元前 284 年，燕昭王與趙、楚、韓、魏等國集結聯軍一同發兵攻打齊國，這支聯軍由大將樂毅統一指揮。在濟水以西的地方，齊國戰敗，各諸侯國把軍隊派回本國。而樂毅則繼續帶著燕軍乘勝追擊，一直打到了臨淄城下。樂毅一鼓作氣把臨淄也攻破了，還把齊國宗廟祭祀的寶物紛紛運送回了燕國。接著，樂毅又攻下了齊國七十多座城池，只剩下即墨和莒城沒有攻破。

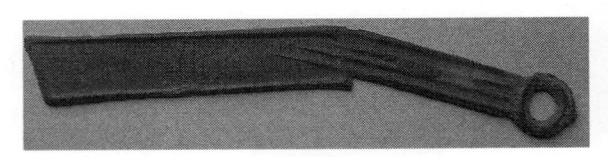

燕國古幣 　　田單

　　齊國國君田單面對樂毅大軍，毫無勝算可言。千鈞一髮之際，曾重用並信任樂毅的燕昭王去世，其兒子燕惠王繼任國君。很久之前樂毅就與太子時期的燕惠王有矛盾，兩人一直不和。

　　田單見此，心生一計，傳出消息稱：「樂毅之所以遲遲沒攻下即墨和莒城的原因是想趁機與齊國合作，倒戈燕國稱王。」燕王最擔心的事就是大將反叛，聽到風吹草動難免心有芥蒂，便派大將騎劫換回了樂毅。樂毅沒有了兵權，十分害怕被燕王所殺，因此不敢回國，只好逃回了故國趙國。

田單大敗燕國

　　田單一計成功，再施一計。他下令讓百姓每家吃飯時都在院子中擺放飯食來祭祀祖先，實際上是為了吸引飛鳥。那些飛鳥經常會盤旋在城池上空，時常下來啄取食物。燕人看到此景十分疑惑，田單則散布傳言說此為天神下凡教導我的預兆。

　　田單又找來一個士兵充當起天師的模樣，面東而坐。田單則以侍奉老師的姿態侍奉他。每當田單下令時，都宣稱此為神師的旨意，軍民因而變得勇敢自信。

　　後來田單又稱：「我最害怕的就是燕國人把我們齊國的士兵抓走，割去鼻子，驅趕到陣前充當排頭兵！」燕人聞言，便按照田單最「害怕」的方式去做。結果齊人看到俘虜們紛紛被割掉了鼻子，感到十分憤怒，堅持戰死也不讓燕人俘虜。

　　田單又散布傳言說：「我最怕燕國人刨開我們城外的墳墓，他們對我們祖先的侮辱會讓我感到痛心疾首。」燕軍聞言，便又按照田單最「討厭」的方式，挖掘城外的墳墓，焚燒屍體。即墨人從城牆上向外望去，先人的遺體被燕人從墳堆中挖出，還燒成了灰燼，紛紛留下了悲痛的淚水，咬著牙表示：「願意加入田單的軍隊，與燕人決一死戰。」

　　田單下令讓精兵埋伏在城池中，而把老弱婦孺放在城牆之上，派出使者謊稱投降來保全妻小的安危。當時燕軍已經圍城三年，人人都想盡快結束戰鬥回到家鄉。聽聞齊人要投降，便更加懈怠地等待。

　　田單眼看敵軍的戰意已所剩無幾，而本方則鬥志昂揚，便認為此時為反攻良機。他令人將城內的千餘頭牛集中一處，在牛角上纏縛利刃，在牛尾上插上一根浸泡過油的蘆葦，併為牛身披上彩龍紋的外衣。等到夜裡，田單讓士兵一齊點燃牛尾處的蘆葦，被燒傷的群牛橫衝直撞，直奔燕軍陣營。五千名精兵緊隨其後，城內的軍民們為戰場上的士兵們擂鼓吶喊。猝不及防的燕軍還沒看清所來是何怪物，便嚇得四散奔逃。齊

第三章 春秋戰國：中原的征戰與兼併

軍精銳乘勢衝殺，城內軍民見戰事有利，也紛紛衝上了前線。那些慌忙逃竄的燕軍在被追殺的同時，也陷入了相互踩踏的混亂中。

戰爭最終以田單的大勝告終，燕軍元氣大傷，很快就被逐出了齊國境內，齊國所失的七十餘座城池也相繼收復。

完璧歸趙

　　西元前 283 年，趙惠文王得到了一塊無價之寶，名為和氏璧。這塊玉璧十分寶貴，引起了秦昭襄王的垂涎。於是，秦王致函趙王稱「願意用十五座城池交換和氏璧」。這讓趙王感到十分為難。一方面，如果拒絕了秦王，秦國很可能藉機發兵伐趙，趙國的實力遠不如秦國，一旦打起仗來，趙國很可能會吃大虧。另一方面，秦王一向專橫狡詐，把和氏璧交給對方，很可能得不到十五座城池。正在趙王煩躁不安時，宦者令繆賢說：「我的門客藺相如可以派去。」於是趙惠文王立即召見藺相如。藺相如對趙王說道：「秦王要求換和氏璧，如果我們不換，是我們理虧。如果秦國不交出十五座城池是他們理虧。大王要是相信我，就派我前往秦國，如果秦國不能交出城池，我定把和氏璧完好無損地帶回來。」

將相和

　　藺相如帶著和氏璧來到了秦國宮廷，面見了秦王。秦王接過和氏璧眉開眼笑、愛不釋手，早已把割讓城池的事拋至腦後。藺相如見如此情形，便對秦王說：「大王，和氏璧雖然漂亮，但是有一個小瑕疵，我來指

第三章 春秋戰國：中原的征戰與兼併

給您看！」說完，藺相如從秦王手中接過玉璧。藺相如瞬間臉色大變，憤怒地說道：「傳聞秦王貪得無厭，如今一看果然如此。大王絲毫沒有割讓城池的意思，如此大王也別想得到玉璧。如果您敢威脅我，我便把這玉璧摔個粉碎！」

秦王只好假意哄騙藺相如，叫左右拿來地圖，給藺相如指出十五座城池的位置。但是藺相如早已看透秦王的想法，便說：「和氏璧是天下至寶，秦王要想得到，先齋戒五日，再舉行交換儀式吧！」

結果，在此期間藺相如已命人把和氏璧送回了趙國。五天后，秦王召見藺相如。藺相如說：「為了防止大王騙我，我已把玉璧送回趙國。若大王真心想換，就先把地割讓，趙王定會送來玉璧。」秦王雖然十分憤怒，但也拿藺相如沒有辦法，同時也暗暗佩服藺相如的膽識和機智。

西元前279年，秦昭襄王想和趙國講和，以便集中力量攻擊楚國，為此派使者到趙國，約趙惠文王在西河外的澠池見面。趙王如約而至，並帶上了藺相如。酒過三巡，秦王又動起了歪腦筋，讓趙王為他彈瑟。同為諸侯，趙王如果為秦王彈瑟就表明低人一等。但是趙王迫於秦王淫威，只好答應。秦國的史官上前來寫道：「某年某月某日，秦王與趙王一起飲酒，令趙王彈瑟。」藺相如看到趙王吃了大虧，便對秦王說：「傳聞，秦王精通擊缶，請為趙王奏一曲！」秦王當然不肯做了。但是藺相如咄咄逼人，稱：「大王要是不肯，我與大王只有五步之遙，頃刻就能把血濺到大王的身上！」秦王的左右想拿下藺相如，但是藺相如對他們瞋目而視，誰也不敢上前。最後，秦王只好勉強地擊缶幾下。藺相如回頭招呼趙國史官寫道：「某年某月某日，秦王為趙王敲缶。」弄巧成拙的秦王被藺相如弄得很沒有面子，但也不好發作，因為秦、趙邊境有廉頗將軍把守，戰事一開，秦國也沒有絕對的勝算。

趙王回到趙國後，對藺相如另眼相看，藺相如被封為上卿，位在

廉頗之上。廉頗對此心生不滿，心想：「我身為趙國主將，為國家出生入死。藺相如就憑一張巧嘴便把我踩在腳下。下次相見，我要給他好看！」

　　藺相如聽到傳聞後，每次上朝都稱病不出，路上遇到廉頗也遠遠繞開。手下們都感到憤憤不平。藺相如對手下說：「你們認為秦王厲害還是廉頗厲害？」「當然是秦王！」手下們異口同聲。「秦王我都敢當面讓他擊缶，我怎麼會怕廉頗。如今秦國不敢進攻趙國是因為有我們兩人同在。如果我們二人為了虛名而勾心鬥角，自相殘殺，那麼秦王不是很快就能得逞了嗎？我避讓廉頗將軍，是不想讓趙國受損失！」

　　這些話傳到了廉頗耳中，廉頗慚愧不已，找來一捆荊條背在身上，到藺相如府上請罪。藺相如十分感動，最後兩人成了刎頸之交，一時間囂張的秦國不敢對趙國造次。

第三章　春秋戰國：中原的征戰與兼併

趙奢大破秦軍

　　趙武靈王的一番改革之後，趙國國力迅速增強。到了趙惠文王時期，趙國朝中更是人才濟濟，如藺相如、廉頗、趙奢等人。在此期間，趙國不斷與秦、齊、魏等國爆發戰爭，趙國一度強盛，成為六國阻滯秦國東進的屏障。

　　面對實力不凡的趙國，強大的秦國採取了拉攏的策略。秦國同意以此前侵占趙國的領土藺、離石、祁換取趙國的焦、黎、牛狐三城。

　　沒想到，趙國派出的使臣在傳趙王口諭時，奚落了秦王，稱：「藺、離石、祁三城距離趙國較遠，而距秦國更近。不過是因為趙國先王賢明，才被封得此三城。如今我不如先王賢明，國家也治理得不好，怎麼能顧得上藺、離石、祁三城呢？」

　　秦王聞言十分不悅，再加上此前與趙國多番征戰而積下的宿怨，秦王一氣之下，決定派客卿胡傷帶大軍過韓國的上黨地區，直取趙的險要地區閼與。

　　閼與在秦國的策略上十分重要，如果能成功取得閼與，就可以沿著漳水一路向東，直抵魏國都城大梁，再以此往東北方向進軍便可快速抵達趙國都城邯鄲。這樣便可實現秦王統一六國的夢想。

　　面對秦國滅趙的決心，趙惠文王馬上召開了軍事會議，與諸位將軍商討如何應對。趙王先是問了廉頗：「廉頗將軍可否成功援救閼與？」廉頗無奈地搖搖頭說：「道路不僅偏遠還異常險阻，看來十分困難。」樂乘也是如此看法，趙王只好問趙奢。趙奢答：「在道路偏遠而險阻的情況下，兩軍就像爭鬥於洞中的老鼠，狹路相逢勇者勝！」

正如趙奢所提出的想法，趙奢本人就是一個剛強的勇者。此前他被趙王封為田部吏一職，主要負責收取大臣們的賦稅。此項工作並不容易，那些大臣們往往要比田部吏的職位高，因此完全沒把趙奢放在眼裡。結果趙奢秉公執法，把平原君設在東武城府邸的九位執事者處死了。

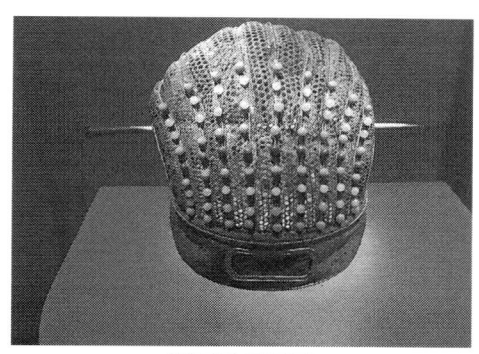

戰國君子冠冕

平原君大怒，心想：小小的田部吏竟敢殺我的門客，便下令處斬趙奢。在行刑之前，趙奢請求對平原君說一句話：「君貴為趙國公子，是趙王的親兄弟，如今卻縱容家臣不遵守法則，破壞法則便會使國家衰弱。國家衰弱，就會招致諸侯攻伐。到時候趙國被滅，您又如何安享富貴呢？反之，如果您奉公守法，便會使趙國上下太平，國強則無人敢伐！身為趙國宗室的您，怎麼能不懂此番道理？」平原君聞言十分慚愧，當即親自為趙奢鬆綁，還主動將趙奢推薦給了趙惠文王。趙國的財政因此得以充實。

趙奢領兵離開了邯鄲，剛走出三十里，便下了一條軍令：「諫言軍事者，死！」與此同時，由胡傷所率領的秦國精銳已抵達趙國王都京畿之地武安，秦軍的到來使該城的人民生活大受影響。因此，趙奢的一位部下便諫言應急救武安。趙奢有令在先，誰敢諫言軍事便直接處死，於是趙奢毫不留情將此人斬首。

第三章　春秋戰國：中原的征戰與兼併

趙奢按兵不動，一直駐守了二十多天。秦國派出了使者，打聽趙國的情況。趙奢設下酒宴好好招待了這位秦國使者，席間還大大誇讚了秦軍主將胡傷。胡傷聞言，大喜過望，稱：「天助我也，趙國竟派如此無能之輩與我對戰。此前龜縮不出正表明此人軟弱無能。如此看來，閼與很快就是我秦國的了！」

其實，趙奢遣返了秦使之後便急速行軍，兩天便抵達了閼與，並設下精兵強將埋伏在閼與五十里外，準備伏擊將要到來的秦軍。同時，趙奢還搶奪了戰區北部的一座山丘，以此居高臨下，十分有利。秦軍趕來之後，發現最有利的北山已被占領，便多次發起強攻，結果幾次都被趙軍的箭雨擊退。趙奢見時機已到，便派主力軍加入戰鬥，秦軍敗逃。

此戰之後，趙奢被封為馬服君，與廉頗、藺相如並稱為趙國的三大功臣。

呂不韋的奇貨可居

　　秦莊襄王即位前，曾在趙國都城邯鄲做過多年的質子。當時身處異鄉的異人（後來的秦莊襄王）處境十分危險，因為當時秦趙兩國經常發生戰爭，隨時可能波及異人。正在邯鄲做生意的大商人呂不韋聽說了異人的處境，認為此人「奇貨可居」，便找到了異人，說道：「我可讓你廣大門庭，不知你願不願意接受？」異人聞言，十分不以為然地說道：「您還是先廣大自己的門庭吧！」呂不韋答道：「你有所不知，我要先廣大你的門庭，才能使自己的門庭廣大！」異人思索片刻，聽出了呂不韋話中的玄機，便相邀一同座談。

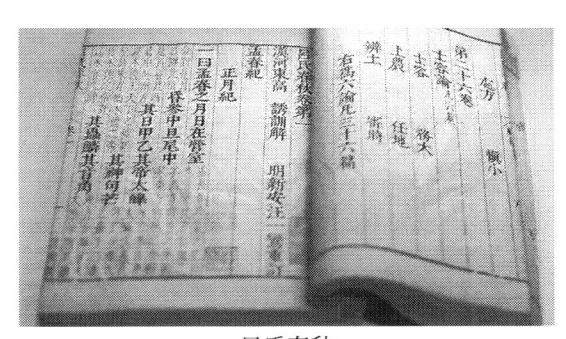

呂氏春秋

　　呂不韋對異人說：「此時秦王已經年邁，安國君被立為了太子。我聽說安國君非常寵愛華陽夫人，華陽夫人卻沒有兒子。你兄弟二十餘人，論資排輩你都沒有優勢，如今又長年置身趙國。秦王死後，安國君即位，你也不要指望能同你的兄弟們爭奪太子之位了！」異人深知自己的處境，但是也無能為力，無奈地說道：「您有什麼辦法嗎？」

　　呂不韋答道：「雖然你是秦國公子，但你的財力十分窘迫，沒有足夠的錢財結交賓客。呂某人雖然不算富有，但是我願意拿出千金來助你遊

說秦國,進而侍奉安國君和華陽夫人。等到他們立你為太子,大事便成了!」異人聞言,立刻叩首拜謝道:「真能如先生所說,我願意與先生共享富貴!」

於是,呂不韋開始了他的計畫。他先是拿出了五百金送給異人,以供其生活開銷和結交賓客,又拿出五百金購買了很多奇珍異寶,透過華陽夫人的弟弟和姐姐,全部送給了華陽夫人。呂不韋還對華陽夫人透露,異人為人十分賢能,廣交賓客,並且時常把夫人掛在嘴邊,希望以親生母親般侍奉夫人。

華陽夫人聞言當然十分高興,呂不韋便趁此良機撮合華陽認異人為養子。無子的華陽夫人果然同意了,還說服安國君把異人立為秦國繼承人。

西元前257年,秦國大將王齕率大軍圍困趙國都城邯鄲。趙國人為了報復秦國,便想要殺死異人。呂不韋得知消息後,馬上用重金買通了守城的官吏,帶著異人逃到了秦國。西元前251年,昭襄王去世。安國君即位,史稱秦孝文王,華陽夫人被立為王后,異人則為太子。昔日異人在趙國留下的夫人趙姬和兒子嬴政也被護送回了秦國。

秦孝文王在位時間非常短,在繼任元年就暴斃。沒想到異人在如此短的時間就從質子一躍成了秦王,史稱秦莊襄王。秦莊襄王即位之後,大赦了天下,並表彰了先王功臣,將其生母夏姬尊為夏太后,尊其養母華陽夫人為華陽太后,貢獻重大的呂不韋被封為文信侯。

呂不韋就這樣以其「奇貨可居」的遠見獲得了享之不盡的榮華富貴和無人能及的政治地位。

附錄：第三章主要參考文獻

[1] 司馬遷·史記 [M]·北京：中華書局，2011·

[2] 呂思勉·中國史 [M]·北京：中國社會科學出版社，2008·

[3] 顧頡剛，童書業·國史講話：春秋 [M]·上海：上海人民出版社，2015·

[4] 顧頡剛·顧頡剛古史論文集 [M]·北京：中華書局，2018·

[5] 錢穆·先秦諸子系年 [M]·北京：商務印書館，2015·

[6] 李默主編·歷史的記憶：百家爭鳴時期 [M]·廣州：廣東旅遊出版社，2013·

[7] 呂文鬱·春秋戰國文化史 [M]·北京：新世界出版社，2018·

[8] 繆文遠，羅永蓮，繆偉·戰國策 [M]·北京：中華書局，2016·

[9] 人民教育出版社課程教材研究所歷史課程教材研究開發中心·普通高中課程標準歷史讀本：中國古代史 [M]·北京：人民教育出版社，2017·

[10] 司馬光·資治通鑑 [M]·北京：北京聯合出版公司，2016·

第三章　春秋戰國：中原的征戰與兼併

第四章
大秦王朝：中國封建社會的形成

有人說秦漢時代塑造了中國人的性格特徵，這種論斷並不是沒有道理的。確切地說，秦朝作為中國封建社會的開端，建構起了整個封建社會的框架結構。隨後的歷朝歷代雖然在具體內涵上各不相同，但是整體的框架卻依然延續了秦代的結構。秦朝不僅是社會的轉型期，同時也是文化的整合期，這個時期對中國歷史的發展產生了深遠的影響。

第四章 大秦王朝：中國封建社會的形成

秦始皇統一六國

西元前246年，嬴政即位秦國國君，當時，秦國的實力要遠超過其他六個主要諸侯國，剛即位的嬴政年齡尚小，國事由呂不韋等權臣操持。十一年後，嬴政正式親政，此時他制定了一統天下的宏偉目標。

在嬴政統一天下的道路上，他的第一個目標是韓國。西元前262年，秦國大將白起一路狂飆突進殺入韓國，韓王被生擒，韓國就此滅亡。

此後，秦國兵分兩路：向北攻打趙、燕兩國，向南攻打楚、魏兩國。

先前，趙國在胡服騎射等一系列改革下，軍事實力十分強大。但是在西元前260年，秦趙兩國在上黨地區發生了大戰，由趙括率領的四十萬大軍先贏後輸，被秦將白起一舉殲滅。自此，趙國一蹶不振，國勢日漸衰微。

秦始皇像

這次秦軍捲土重來，很快就圍困了趙國都城邯鄲，沒過多久趙王出城投降，並交出了地圖。

北方燕國的君主本就是個軟弱無能之輩，當他聽到秦軍殺來的消息時，立即就宣布歸附成為秦國屬國，意圖保全燕國一隅之地。

但是，曾在秦國做過多年質子的燕國太子丹十分痛恨秦國，他在燕國歸附之後依然堅持抗秦。他深知以燕國的實力根本不是秦國的對手，

於是策劃了荊軻刺秦王的計畫，想要光復燕國。

歷史上著名的刺客荊軻刺殺秦王未果，反而更加激起了秦王的憤怒。燕王見太子丹此舉激怒了秦王，便馬上殺太子丹以向秦王謝罪。但是秦王早已決定統一六國，絲毫不會為之改變，進而用了一年的時間成功占領燕都，燕王只好出城逃亡，燕國由此滅亡。

與此同時，秦國又以大水灌魏國都城的方式，逼迫魏王投降，魏國由此滅亡。

相對難以征服的要數楚國。西元前224年，楚國抵抗住了秦國的大軍，迫使秦軍的攻勢停止。

此後，不甘心的秦王加派六十萬大軍繼續攻楚。這一次，楚國的主力部隊沒有抵擋住秦軍，被徹底消滅了，楚國都城也順勢被攻破，楚王淪為俘虜，至此楚國滅亡。

橫掃五國之後，主要的諸侯國就只剩下最後的齊國了。

齊國遠離秦國，在秦軍大肆兼併時，獨居一隅的齊國非但作壁上觀，且絲毫不防備秦國。

西元前221年，秦國大將王賁率兵從北面進入齊境，避開齊國主力，齊王不戰而降。於是，秦軍俘虜了齊王。至此，嬴政統一全國。

在秦國幾代人努力的基礎上，嬴政一共用了十年的時間，就將六國全部吞併，實現了統一。自此，中國歷史上第一個統一的中央集權制國家建立了，而嬴政也成了中國歷史上的第一位皇帝，即秦始皇。

第四章 大秦王朝：中國封建社會的形成

修築長城

中原地區一片混戰的戰國時期，北方的游牧民族也在進行著融合和征戰。而在秦始皇統一六國之後，北方統一起來的強大的游牧部落——匈奴也開始了對中原的襲擾。

早在戰國時期，匈奴小股騎兵就經常南下騷擾劫掠。為此，與匈奴接壤的秦、趙、燕就修建了長城，以防禦匈奴的騎兵。儘管這些古長城高大堅固，它們彼此間卻相隔甚遠，使得匈奴人仍然能夠從斷開的地方襲入，威脅著中原人民的安全。

在秦始皇統一六國之後，一個能夠徹底阻擋住匈奴的計畫展開了，秦始皇下令將此前三國所修建的古長城連線起來，讓匈奴無縫可鑽。秦始皇先是下令讓大將蒙恬帶兵出征匈奴，後讓蒙恬將燕、趙、秦的長城連線起來，修築一條萬里長城來阻擋匈奴入侵。

蒙恬出身名將世家，在秦始皇進攻齊國的戰爭中，表現優異，深得秦始皇信任。此次出征匈奴，秦始皇將三十萬大軍交給蒙恬，更是可以看出其對蒙恬的信任。

而蒙恬也以出色的表現回報了嬴政的信任，他不僅將匈奴打得落花流水，而且收復了諸多被匈奴占據的土地。在將匈奴擊退後，蒙恬又遵照秦始皇的指示開始了修築萬里長城的工作。

秦始皇規劃中的長城西起臨洮、東抵遼東，全程達萬里之長，而且大多修建在崇山峻嶺之上，施工任務相當繁重。就當時的社會生產力而言，想要建造如此浩大的長城是非常艱難的。

修築長城

長城

　　為了解決施工問題，秦始皇下令從全國召集了幾十萬工人，並派出大量士兵作為監工，長城的修建就這樣如火如荼地展開了。

　　在後人看來長城是偉大的，當時卻造成了百姓極大的痛苦，勞苦的工人們不但要負責燒磚、採石、運料、開山、築城等，還要應對十分惡劣的自然天氣和非人般的待遇。

　　很多民工死在監工的皮鞭之下，或者因飢寒和勞累所造成的疾病而亡。如此來看，萬里長城真可謂是由血肉鑄造的世界奇蹟。

第四章 大秦王朝：中國封建社會的形成

焚書坑儒

秦始皇實現統一之後，成功阻擋住了前來侵犯的匈奴大軍，並且還組織大軍進攻匈奴。

西元前213年，恰逢秦始皇大壽之日，一位名叫周青臣的大臣極力稱讚了秦始皇的豐功偉業，說道：「昔日我們秦國不過是偏安西北的一個小國，如今在英明神武的始皇的領導下，天下實現統一，連那些凶惡的蠻夷部落也不敢進犯半步。陛下的功績真可謂與日月同輝，讓全天下人稱讚佩服。如今，您所採用的郡縣制讓天下的子民過上了和平富足的生活，從古至今不曾有能與您媲美的君王。」

好大喜功的秦始皇聽到如此高的讚譽，當然十分高興，大笑起來。

此時，一旁的博士淳于越則對這樣的趨炎附勢之詞十分不滿，說道：「我聽聞聖賢所建立的殷、周兩朝之所以能存在上千年，是因為君王們懂得獎賞有功之臣，把那些土地分封給立下汗馬功勞的弟子和功臣。因此，天子們才得到了天下的輔佐。而您和您的子孫後代，都是平常人，如果您有一天去世了，出現一些謀反之臣，您的子嗣將如何應對他們呢？誰又願意為了天子而出生入死呢？但凡國家大事，都要學習前世所遺留的古訓。周青臣所稱讚的都是您的過錯，如此推波助瀾，是奸臣所為。」

秦始皇聽到淳于越的話雖然有些不悅，但是細細想來，雙方都有各自的道理，便召集大臣們一同商議此事。

丞相李斯的一番話深深地說服了秦始皇，他說：「先前三皇五帝時期治理國家也是各有各的辦法，不是誰背離誰，只是不同的時代需要不

焚書坑儒

同的治理方法。如今陛下所建立的大業並非那些儒生所能理解的，周朝後期之所以鬧得四分五裂就是由於人們以古非今而造成的。如今天下已定，百姓安居樂業，而那些迂腐的學者們再拿前朝的思想誹謗今世，便是阻礙了陛下的管理。我建議，陛下應該把那些非我朝所記載的史書全部燒掉，將那些私人藏有的《詩》、《書》等百家古籍全部燒掉，有敢私下議論《詩》、《書》的人就要處死……」

秦竹簡

秦始皇最終被李斯說服了，他按照李斯所提出的建議燒毀了大量古籍，而且還殺死了很多專心研究學問的學者。

後來，一個名叫盧生的方士透過招搖撞騙的方式騙取了榮華富貴。但是他透過與秦始皇的相處，發現其性情殘暴，因此私下逃出了秦宮。

秦始皇知道後，大發雷霆，加之此前一個叫徐福的人聲稱出海尋長生不老藥卻至今不歸，便遷怒於所有儒生。

秦始皇下令將咸陽城中所有討論朝政的儒生都抓起來，實行嚴刑逼供。在酷刑的折磨下，有四百六十多人被牽涉進來，隨後秦始皇把這四百餘人全部活埋在咸陽城內。

秦始皇焚書坑儒對中國文化無疑是一場毀滅性的災難，很多古籍和思想都在這場浩劫中被毀掉了。

第四章 大秦王朝：中國封建社會的形成

陳勝吳廣起義

秦始皇統一華夏，奠定了中華大一統的根基，他修馳道、統一貨幣、度量衡、統一文字、修建長城，做了很多利在千秋的大事。

然而，這些事情卻也給當時的人民造成了沉重的負擔。因此，自從秦始皇統一全國之後，各地方的百姓就因秦國的暴政而叫苦連天。

西元前 210 年，秦始皇死於出巡路上，隨駕的秦始皇第十八子胡亥在宦官趙高和宰相李斯的幫助下，害死公子扶蘇，從而成為秦朝皇帝，即秦二世。

兵馬俑

秦二世胡亥即位之後，大量功臣、宗室都遭到了無端的誅殺，再加上國內連年的重賦和徭役早已壓得人民抬不起頭來，所以整個帝國都陷入了動亂前的恐懼當中。此時，雖然人民還沒有起來反抗，但是起義的火苗已經蔓延全國各地，一旦爆發，秦朝就將面臨滅亡的局面。

秦二世胡亥元年（西元前 209 年）七月，秦政府徵調一支由九百名貧困農民組成的隊伍趕赴漁陽戍邊。當他們抵達大澤鄉時，一場猛烈的暴

陳勝吳廣起義

　　雨襲來，前進的道路被衝得泥濘不堪，無法行走。於是，這支隊伍便耽擱了幾日。

　　按照嚴格的秦律，衛戍的士兵沒能按照規定的時間抵達目的地就要被殺頭。因此很多農民都想一跑了之，但是，即使能夠逃跑也要面臨被抓回去的危險。

　　這時，兩個農民——陳勝和吳廣商議，既然都是死路一條，不如起義大幹一場，這樣也許能找到出路。當時，陳勝分析了當前的局面：「如今，天下苦秦久矣，當今的秦二世又是個昏庸無能之輩，篡奪了他哥哥扶蘇的位置才得以繼位。我們不如打著公子扶蘇和項燕的旗號，稱我們為他們的部下，這樣就能吸引大量的追隨者。響應一多，大事可成！」

秦末農民起義

　　陳勝、吳廣兩人開始暗中策劃如何發動起義，他們先是往戍卒所購買的魚肚子中塞入了一個小紅綢子，上面寫著「陳勝王」三個字。等到戍卒吃魚的時候意外發現了這個綢子，上面的三個字分明是表示上天要讓陳勝稱王。

　　當天的半夜，吳廣又躲在離戍卒住所不遠的林子中，裝神弄鬼地學起狐狸的怪叫，呼喊：「大楚興，陳勝王！」戍卒們聽到之後，都驚訝不已，心生懷疑。

第四章　大秦王朝：中國封建社會的形成

　　隨後的一天，陳勝、吳廣又演了一齣好戲。吳廣在醉酒的秦尉面前說要潛逃，秦尉當然不讓，便用竹板抽打吳廣，進而拿出劍要殺了吳廣。吳廣順勢奪過秦尉手中的劍，反刺向對方。陳勝這時也站了出來，用劍把另一個秦尉也刺死了。

　　然後陳、吳二人在眾人面前慷慨激昂地分析了當前的局面，呼籲大家一同起義。就這樣，中國歷史上第一場轟轟烈烈的農民起義就此打響。

　　當時的秦朝已完全沒有了當年的強盛，處於分崩瓦解的邊緣，陳勝、吳廣所帶領的義軍一路高歌猛進，攻破了數個城池，建立起了國號為「張楚」、以陳勝為王的農民政權。

　　陳勝派出周文率領的起義軍向西進攻，很快攻進關中，直指秦朝都城咸陽。秦二世驚慌失措，急忙派大將章邯把在驪山做苦役的囚犯、奴隸放了出來，編成一支軍隊，向起義軍發起進攻。

　　章邯所帶領的軍隊重創了陳勝起義軍，秦二世胡亥元年（西元前 209 年）十二月，秦軍攻破了陳勝的大本營。失敗的陳勝在逃亡中被車伕莊賈殺死。就這樣，中國歷史上第一場農民起義以失敗告終。

秦末宮廷權力鬥爭

　　西元前 210 年，秦始皇在第五次出巡的途中病逝。在此之前，秦始皇已有預感自己將不久於人世，便令宦官趙高代筆寫下自己的口諭，將皇位傳給長子扶蘇。

　　但是，趙高深知一旦扶蘇即位，正直的他肯定對自己十分不利，於是膽大包天的趙高脅迫丞相李斯竄改了遺詔，稱始皇帝遺詔傳位幼子胡亥，並讓長子扶蘇自刎。扶蘇為人孝順賢明，果然按假遺詔自殺了。

　　掃清了障礙後，胡亥在趙高的扶植下成功即位。隨後，胡亥在趙高的授意下，將其他能威脅到自己王位的同胞兄弟姐妹們全部殺死，那些勇於直諫的大臣也被一一殺死。就連曾經位高權重的丞相李斯也沒能倖免，在趙高的汙衊之下，李斯被以酷刑腰斬處死。

　　胡亥之所以能夠繼任皇位，完全得力於趙高和李斯的合謀，因此在其上任之後，把很多大權都交到了他們的手上，最後甚至讓趙高坐上了丞相的高位。

　　不可一世的趙高控制著整個帝國，完全把胡亥晾在了一旁，甚至還出現了一次「指鹿為馬」的鬧劇。

　　一天早朝，趙高牽著一匹梅花鹿來到朝堂。胡亥十分疑惑，問道：「卿為何要牽著一隻鹿來上朝？」趙高答道：「陛下，這是我新得的一匹良馬，想獻給陛下。陛下怎麼說它是隻鹿呢？」

　　胡亥十分不解，這明明是鹿，為什麼趙高偏要說是馬呢？

　　趙高接著說道：「這絕對是匹好馬，不信你問朝中的大臣們。」大臣們紛紛發表了自己的看法，有的認為是馬，有的認為是鹿。胡亥聽到大

臣們的爭論，感到有些不耐煩了，說道：「眾卿不要爭了，丞相是最忠於朕的，他說是馬，那便是馬。」

一場荒誕的朝會就這樣結束了。結果，沒過幾天，那些說是馬的大臣安然無恙，而說是鹿的大臣則被扣以各種罪名逮捕入獄或處以死刑。

此時，人們才紛紛明白過來趙高的意圖，他的此等做法只是為了向朝堂中的所有大臣示威，凡是敢反對他的人都沒有好下場。

當然，趙高能夠如此狂妄，與胡亥的縱容難脫關係。胡亥本人是個不學無術且胸無大志的人，他即位之後每天都沉溺在尋歡作樂之中，一切朝中大事都交由趙高處理。

利慾薰心的趙高一天比一天狂妄，終於有一天，趙高派自己的親信閻樂和弟弟趙成帶人衝進後宮，要殺掉胡亥。此時胡亥才猛然驚醒，他拉著一位宦官指責道：「你早知趙高有謀反之心，為何不提前告訴我？」這位宦官冷笑道：「倘若我提前告訴你，你早就把我殺了！」

胡亥被殺之後，趙高見當時天下已經大亂，各地紛紛發動起義，便不敢貿然登基，只好讓秦始皇的姪子子嬰即位。

子嬰當然不甘心被一個宦官所操控，在即位之後聯合幾個親信設計殺死了趙高，但是此時秦國已經陷入崩潰的邊緣，完全無法挽救了。

鉅鹿之戰

在秦末眾多的起義軍中，有一支是最被當時的人們所看好的，因為這支軍隊有一個著名的領導者——項羽。

項羽是楚國名將項燕的孫子，陳勝、吳廣起義之後，項羽的叔父項梁帶著項羽響應起義，率八千子弟兵走上反秦之路。

在一系列的征戰中，項梁所帶領的義軍逐漸彙集了越來越多的追隨者，形成了一股不小的反秦勢力。隨後，項梁又扶植了楚王的後人熊心，稱其為「懷王」。

有一次，秦國派出的由大將王離帶領的軍隊包圍了身在鉅鹿的起義軍趙王歇的軍隊。趙王歇向楚懷王求救，楚懷王便派出了一支軍隊前往支援，這支軍隊由宋義擔任上將，項羽為次將，范增為末將。

這支軍隊抵達安陽之時，主將宋義聽聞秦軍十分強大便不敢繼續前行，決定駐紮於此。四十多天過去了，宋義依然沒有前進的意思。此時的項梁已被秦將章邯殺死，見宋義遲遲不肯進軍，急躁的項羽心急如焚，迫切想為叔父報仇。

經過項羽多番請求，宋義仍不敢前進。於是項羽心一橫，拔出寶劍殺死了主將宋義，上報楚懷王之後，懷王只好讓項羽出任上將，項羽由此成為軍隊的最高領導者。

在項羽的帶領下，全體士兵很快就渡過了漳河。此時，項羽下令讓士兵把所有吃飯用的炊具全部砸壞，把渡河的船隻也鑿沉了，每人身上只攜帶三天的口糧。項羽的做法就是告訴全軍上下，如今我們只有拚死一戰，勝則生敗則死，沒有退路可以走。

第四章　大秦王朝：中國封建社會的形成

　　此時，秦軍大將王離看到項羽把軍隊駐紮在河水之前，大笑道：「項羽果然是草莽出身，一點兵法也不懂，竟把部隊駐紮在河水前，這樣無路可退，一旦失敗就只有跳水的份了。」

　　王離認為如此愚蠢的主將根本不足為懼，驕傲地帶著軍隊與項羽軍交戰。他完全沒有想到項羽用兵的獨到之處，置之死地而後生的戰法讓所有將士奮死戰鬥。他們從沒考慮過要後退，一心只想殺敵。很快，王離的軍隊就因驕傲而慘敗。

　　項羽繼續帶著軍隊乘勝追擊。章邯帶著一支部隊佯裝敗逃，企圖把項羽引進早已設好的埋伏圈。誰知這些由項羽所帶領的楚國子弟兵各個驍勇善戰，他們以一當十，殺得章邯部隊陣腳大亂，只好敗逃。

項羽雕像

　　面對虎狼般的項羽軍隊，秦軍根本無法抵擋。短短三天，項羽就打了九場勝仗。鉅鹿之戰以項羽的大勝而告終，秦朝的兩員大將王離和章邯被活捉。在范增的建議下，項羽釋放了章邯，企圖讓其回去與王室發生內訌，從而坐收漁翁之利。

　　同時，這場鉅鹿之戰也讓項羽一戰成名。諸侯們看著項羽的軍隊凶猛殺敵，無不為他們震動山河的英雄氣概嚇得目瞪口呆。自此，諸侯們都願意聽從項羽的調遣。

從約法三章到鴻門宴

在陳勝、吳廣起義的同時，一支沛縣的起義軍也開始嶄露頭角，這支部隊的領導者名叫劉邦。

劉邦早年做過泗水亭長，之後在蕭何、曹參等人的支持下，殺死了沛縣的縣令，自立為沛公。

當時，秦朝各地都爆發了起義，一些起義軍假託戰國時各諸侯的名號，其中尤其以一個託名「楚懷王」的起義軍聲勢最大。

漢軍

在楚懷王的號召下，劉邦帶著不滿萬人的起義軍向秦國的都城咸陽推進。在一系列的征戰中，劉邦的部隊也在不斷壯大，越來越多的人加入這支義軍之中。

此時，另一支起義軍由項羽率領，在鉅鹿與秦軍展開大戰。項羽勢大，幾乎吸引了秦軍所有的主力，就趁著這個空檔，劉邦抵達了洛陽。

隨後，劉邦的軍隊避開了秦軍主力，以迂迴的路線向咸陽出發。

秦二世胡亥三年（西元前207年）八月，劉邦軍成功偷襲宛城，使得

第四章　大秦王朝：中國封建社會的形成

宛城守將不戰而降，接著又成功打下武關、藍田，直抵霸上。此時在秦朝王宮內，秦二世已被趙高害死，子嬰即位後設計殺死了趙高。面臨義軍兵臨城下，子嬰只好出城投降。至此，秦朝滅亡。

對於長期餐風露宿的起義軍首領劉邦來說，他非常想住進這美妙的宮廷之中。但是經過張良和樊噲的一番勸阻，劉邦沒有住進皇宮，而是還軍霸上，並與當地的老百姓約法三章，保障軍紀嚴明。劉邦進入咸陽而對人民秋毫無犯，使其贏得了人民的擁護。

之前，楚懷王在號召伐秦之始就曾與劉邦、項羽二人約定「誰先進入關中，便為關中王」。劉邦率先進入關中，在項羽看來劉邦有稱關中王的意圖，這讓項羽十分憤怒。

於是，項羽率軍攻破函谷關，直抵咸陽，要與劉邦決一死戰。劉邦自知與項羽作戰毫無勝算，便聽從張良的話，親自趕赴設在鴻門的宴席向項羽賠罪。

劉邦帶著一百餘名部下來到了項羽所駐紮的鴻門。劉邦十分討好地向項羽表達了自己絕無稱王之心，並向項羽賠罪。項羽是個心無城府、簡單直接的人，見劉邦如此恭敬地賠罪，很快就消去心中的怒火。

但是項羽的謀臣范增則老謀深算，他早已看出劉邦的勃勃野心，之所以沒進入皇宮是想韜光養晦，再圖大業。范增告誡項羽：「此人絕非『池中之物』，今日不除，後勢必為大患！」然而天真的項羽卻根本沒把范增的話放在心裡。

范增見進諫無效，心生一計，他讓項莊假意舞劍助興，實則伺機刺殺劉邦。此舉被張良的好友項伯看破，為了防止發生意外，項伯也與項莊一同舞劍，並一直用身體擋在劉邦的前面，項莊因此沒有動手的機會，只得作罷。

劉邦此時也看出了項羽部下們的殺機，便謊稱去廁所。走出宴會後，劉邦馬上逃離了項羽陣營，從而避免了一場滅頂之災。事後，范增痛斥了項羽的婦人之仁，但也於事無補了。逃走之後的劉邦，走上了獨立爭霸的道路。

劉邦畫像

第四章　大秦王朝：中國封建社會的形成

韓信破趙

楚漢爭霸之初，項羽一方占有絕對的優勢，但是隨著項羽再三地犯錯，劉邦一方終於逐漸強大，已經有了與項羽對峙的實力。

當時，楚漢雙方在滎陽、成皋一帶對峙，由於趙、代、燕都依附於項羽，使得劉邦十分被動。為了改變這種局面，劉邦任韓信為大將，要他帶兵向趙地和代地出發。

漢高祖二年（西元前205年）閏九月，韓信率軍擊敗了代國主力，俘虜了代國丞相夏說。隨後，韓信繼續帶兵向東出發，攻打趙國。趙王歇聽聞韓信帶兵前來，十分緊張，下令派出二十萬大軍鎮守井陘口。

井陘口是個地勢險要的關隘，歷來是兵家必爭之地。趙國一個名為李左車的將領主動向趙國主帥陳餘獻計：「雖然韓信善於用兵，但是井陘口狹窄，車子不能並行。要讓大軍通過幾百里狹長的山路，其糧食輜重一定在隊伍最後。臣願領兵三萬，從小路堵截漢軍輜重，斷其後路。趙軍可深挖壕溝，堅守不出。這樣就會讓漢軍處在進退兩難的困境。不出十日，韓信之頭就能送到您的案前。」

實際上，如果陳餘用李左車之計，定能讓韓信吃很大的苦頭。但是驕傲自大的陳餘自視甚高，對李左車的計策根本不屑一顧。韓信得知後，十分高興。

漢高祖三年（西元前204年）十月，韓信率領幾萬名漢軍士兵急速行軍，直到距井陘口三十里的地方駐紮下來。夜深之後，韓信下令讓軍隊準備出發。他先是挑選了兩千名騎兵，帶著武器和紅旗，從山中小路繞到趙軍之後，躲藏起來。

韓信破趙

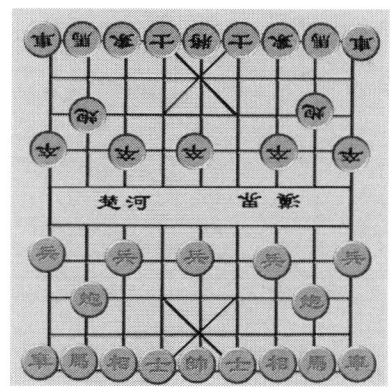

以楚漢相爭為背景的中國象棋

　　經過幾個小時的行軍，漢軍終於在韓信的帶領下趁著夜幕進入了井陘口。此時，趙軍已經占據重要地點，等待漢軍的到來。韓信看罷，下令讓一萬人走出井陘口，背對著綿蔓水布陣。趙軍看罷大笑道：「看來韓信完全沒有軍事常識，竟然把兵安排到了一個不能前進也無法後退的死胡同。」

　　天亮後，韓信帶著主力軍開進井陘口。趙軍早已等得不耐煩了，馬上就衝出營壘，與漢軍展開了廝殺。正在雙方打得十分膠著時，韓信下令讓全體士兵丟棄旗幟和戰鼓，佯裝敗逃的樣子，向背水的陣地奔去。

　　趙軍以為漢軍被殺得四散奔逃，便不顧一切地追了過去。此時，漢軍面前是二十萬趙軍，背後是湍急的流水，唯有殺出一條生路。因此，漢軍將士們都英勇無畏，如猛虎下山般拚殺。雖然趙軍兵力占盡優勢，但是依然無法取勝。

　　與此同時，趙國城內的士兵已經傾巢出動。那支由韓信預設在後方的兩千騎兵立刻乘虛而入，以最快的速度拔下趙國的旗幟，插上了漢軍紅旗。當趙國大軍打算撤軍回巢時，他們意外地發現城牆之上竟插滿了漢軍紅旗。趙軍瞬間慌作一團，心想趙王一定已被漢軍所俘虜。陣腳大亂的趙軍，陷入了腹背受敵的局面。很快，趙軍就被打得四散奔逃，陳

第四章　大秦王朝：中國封建社會的形成

餘也被殺死在綿蔓水上，趙王歇淪為俘虜。

就這樣，在韓信的幫助下，劉邦把楚國的羽翼全部除掉，從而擺脫了漢軍不利的處境，反而使漢軍對楚軍形成了包圍之態。自此，漢軍從被動轉為主動。

值得一提的是，韓信十分讚賞李左車的軍事才能，攻破趙國後懸賞重金捉拿了李左車。當李左車被押送到韓信帳下後，韓信親自為他鬆綁，並讓他面東而坐，以師禮待之，虛心地請教李左車滅齊和燕的策略。李左車被韓信的真誠打動，坦誠地說道：「如今漢軍連年征戰，十分疲憊，如果此時與齊、燕硬碰硬，獲勝將十分艱難。不如按兵不動，休養生息。再派出使者，以漢軍的兵威進行勸降，如此齊燕可定。」韓信果真採用了李左車的計策，隨後燕國不戰而降。

垓下之戰

　　漢高祖四年（西元前 203 年）八月，漢軍經過長期的作戰已經將軍糧耗盡，同時也無法將韓信和彭越等人的軍隊迅速調集圍剿楚軍。因此，楚漢雙方達成了歷史上十分著名的「鴻溝和議」，鴻溝為戰國時期魏國所興修的運河，雙方以鴻溝為界，劃分天下。九月，項羽便帶著十萬楚軍向楚地撤軍，同時，劉邦也有西返的打算。

　　這時，劉邦的兩位重要謀士張良和陳平反對撤退，主張撕毀鴻溝和議，趁楚軍疲憊之機，向楚軍背後發起突襲。

　　劉邦同意了兩人的建議，違背了和約，突然向撤退的楚軍發起進攻。當漢軍一路追殺到夏南時，劉邦與手握重兵的韓信和彭越相約共同南下圍楚。但是韓信和彭越並沒有如約趕到戰場，導致劉邦在固陵大敗。驚慌失措的劉邦逃到了陳下，隨後建起了堅固堡壘，堅守不出。楚軍便將堅守的劉邦包圍，劉邦的情況十分緊急。

　　劉邦當下能否取勝的關鍵在於是否能爭取到韓信和彭越的支援。劉邦向智囊張良詢問道：「如今諸侯不願從約，怎麼辦啊？」張良深知韓、彭二人不出兵的原因在於未獲得封賞，因此建議劉邦把大塊的土地先封給二人。劉邦言聽計從，把從陳地向東直至濱海的地區分給了齊王韓信，把睢陽以北至穀城的地區分給了彭越。在劉邦以封地作為報酬的情況下，韓、彭二人終於傾力出兵南下。同時劉邦還下令讓劉賈聯合英布從淮地北上，這樣五路大軍就把項羽團團包圍住了。

　　漢高祖五年（西元前 202 年）十一月，聯軍把項羽逼退到了垓下。項羽帶著十萬左右的軍隊於垓下築壘安營，整頓部隊，以圖恢復軍隊的戰力。十二月，劉邦約韓信、彭越、英布等人會合，重重包圍住了十萬楚軍。

第四章 大秦王朝：中國封建社會的形成

　　劉邦派出了韓信所帶領的三十萬大軍作為進攻主力，以其餘偏將軍隊為左右兩翼，而劉邦本人則與周勃、柴武等預備軍鎮守後方。儘管楚軍人數不占優勢，但是在項羽的帶領下，依然擊退了韓信的進攻。當楚軍打算追擊時，漢軍的左右兩翼從迂迴的路線夾擊了楚軍。韓信馬上反過頭來，與兩翼配合從三面發起對楚軍的夾擊。楚軍戰敗，項羽只好帶著殘軍退回到了垓下城。

　　就在楚軍堅守垓下的晚上，漢軍在垓下城周圍唱起了楚歌。楚軍上下皆以為漢軍已經盡得楚地，因此楚軍的士氣徹底崩潰。項羽感到大勢已去，便在夜間親率八百精銳騎兵從包圍中殺出一條生路，往南方逃去。第二天清晨，漢軍得知項羽已經突破包圍而去，便派遣五千騎兵追殺。當項羽渡過淮水之後，身邊只剩下一百餘騎。終於在漢軍的窮追不捨之下，項羽於陰陵被追上。當時項羽僅剩下二十八騎，他帶著僅剩的部下來回衝擊漢軍戰營，再一次殺出了一條血路，繼續向南而逃。

　　項羽率部下到了烏江邊，烏江亭長划船靠岸，對項王說：「江東雖小，地方千里，眾數十萬人，亦足王也。願大王急渡。今獨臣有船，漢軍至，無以渡。」項羽自覺沒有顏面再見江東父老，他讚揚了這位亭長，把跟隨自己征戰五年的一日千里的烏騅馬送給了亭長，與其繼續逃亡，他決定不如殺個痛快。項羽以短兵器與漢軍接戰。西楚霸王項羽再次展現出氣吞山河的氣勢，以一人之力又殺死了數百名漢軍。同時，項羽也身負十餘處砍傷，最後拔劍自刎而死，時年三十一歲。

　　項羽死後，楚軍剩餘的八萬士兵被漢軍全殲。楚地全部投降於漢，只有曾被楚懷王封給項羽的魯地不願投降。

　　後來劉邦以項羽首級示眾，魯人終於投降了。至此，歷時四年之久的楚漢之爭以劉邦的勝利宣告結束。漢高祖五年（西元前 202 年）二月甲午日，劉邦稱帝於氾水北岸，國號漢，大漢帝國拉開了帷幕。

附錄：第四章主要參考文獻

[1] 司馬遷．史記 [M]．北京：中華書局，2011．

[2] 呂思勉．中國史 [M]．北京：中國社會科學出版社，2008．

[3] 顧頡剛．秦始皇傳 [M]．北京：中國三峽出版社，2010．

[4] 金開誠．中國文化知識讀本：焚書坑儒 [M]．長春：吉林文史出版社，2012．

[5] 於琨奇．秦始皇評傳 [M]．南京：南京大學出版社，2002．

[6] 張大可，徐日輝．張良蕭何韓信評傳 [M]．武漢：華中科技大學出版社，2018．

[7] 黃仁宇．中國大歷史 [M]．北京：生活．讀書．新知三聯書店，2014．

[8] 司馬光．資治通鑑 [M]．北京：北京聯合出版公司，2016．

第四章　大秦王朝：中國封建社會的形成

第五章
西漢東漢：強大的統一王朝

作為繼秦朝後的另一個大一統王朝，漢朝的輝煌程度要遠勝秦朝，可以說是中國歷史的第一個黃金時期。漢族也正是在這個時期而得名，在與匈奴的作戰中，漢王朝展現出了強大的實力，進一步擴大了漢朝的疆域。漢朝在一些制度上雖然承襲秦制，但是也出現了一些改變，這為以後歷朝歷代的制度革新奠定了重要基礎。

第五章　西漢東漢：強大的統一王朝

劉邦分封諸侯

西元前 202 年二月，劉邦在山東定陶汜水之陽登基，定國號為漢。五月遷都長安，史稱西漢或前漢。

建漢之後，為了穩固政權，劉邦採取了一系列休養生息的政策，不僅免除了多年徭役，同時還解散了大量軍隊。一系列措施取得了良好的經濟和社會效果，為漢朝經濟的發展奠定了基礎。

此外，為了維護統治需求，劉邦還分封了一些諸侯王。分封制早在商周時期就存在，由於分封的諸侯王之間權力過大會威脅到王權的穩定，到了秦朝，開始實行郡縣制。縱觀中國歷史，郡縣制可以說是主流的政治制度，作為秦之後的又一個統一王朝，漢卻實行分封制，主要是由當時的具體情況所決定的。

在劉邦建立漢朝的過程中，項羽在自封西楚霸王之後，分封過諸侯。而幫助劉邦取得戰爭勝利的人，很多也都曾是項羽分封的諸侯。為了安撫這些人，劉邦不得不再次進行分封。為此，劉邦分封了八位異姓諸侯王。他們分別是：趙王張耳、長沙王吳芮、淮南王英布、燕王臧荼、韓王信、齊王韓信（後徙為楚王）、梁王彭越、燕王盧綰。

完成了分封，劉邦依然放不下心。在反抗秦朝統治的戰爭中，劉邦深知分散權力會嚴重威脅統治的根基。劉邦認為這些異姓諸侯王會成為分裂漢朝天下的不確定因素，為此，他又決定剪除這些異姓諸侯王。

在這些異姓諸侯王之中，除了長沙王吳芮活了下來，趙王張耳病逝，其他諸侯王都被廢或被殺。在清除了異姓諸侯王之後，劉邦開始安排同姓子弟取代他們的位置，為此，劉邦又分封了十一名劉姓子弟為諸侯王。

在他看來，分封同姓子弟能夠加強中央對地方的控制，這要比郡縣制更能形成中央集權。但是他沒有想到的是，這個舉動也為日後諸侯王叛亂埋下了禍根。

西元前 195 年，劉邦在平定英布叛亂中負傷，回到長安後病情加重，不久後崩於長樂宮。

第五章　西漢東漢：強大的統一王朝

諸呂之亂

漢帝國建立早期，可謂是內憂外患。開國皇帝劉邦在內部平息了異姓諸侯王的反叛，逐漸建立了中央集權。但在外部，卻持續受匈奴的威脅。

匈奴騎兵

為了畢其功於一役，西元前 201 年，劉邦親率大軍迎擊匈奴，結果大敗虧輸，連劉邦都差點成為匈奴的俘虜。此後，漢帝國進入長期的韜光養晦、休養生息之中。

漢高祖十二年（西元前 195 年）四月，劉邦在長樂宮病逝，其子劉盈即位，史稱漢惠帝。惠帝尊劉邦的髮妻、自己的生母呂雉為皇太后。

劉盈生性軟弱，劉邦晚年時有廢嫡立少的打算，當時劉邦的寵妃戚夫人已產下一子，名為如意。劉邦十分喜愛如意，打算廢掉劉盈將如意立為太子。危難之際，呂雉採用了張良的計策，把四位劉邦十分敬仰的隱士「商山四皓」請來，才阻止了劉邦的廢立計劃。

劉邦死後，呂后開始了大規模的報復清洗行動。

首先她對忌妒已久的戚夫人展開了慘無人道的報復。之後，把如意召入朝中，意圖殺害。

諸呂之亂

　　仁慈的劉盈深知母親的想法，便親自迎接弟弟，並把如意帶到自己的寢宮，吃住都在一起，呂后沒有下手的機會。但是後來如意還是沒能逃過呂后的魔爪，有一天清晨，呂后趁劉盈外出射箭之機，派人將熟睡中的如意殺死。

　　呂后除去了戚夫人母子之後，開始剷除異己，獨霸朝政。劉盈對母親的做法深惡痛絕，但是又無能為力，終於在二十三歲時便因長期悲憤而死。

　　劉盈死後，他膝下無子，呂后便叫張皇后假裝懷孕。等到快「生」的時候，把後宮美人的兒子抱來充當太子，為了防止美人洩密，便又殺了滅口。

　　新即位的皇帝十分年幼，呂后便更加獨霸朝政。她把多名呂氏家人封王，以此來鞏固自己的勢力。同時殺害多名劉氏諸侯王，即趙王劉友、梁王劉恢和燕王劉建，隨後以呂家的呂祿、呂產、呂通替代之。

　　儘管呂后不辭辛苦地幫助少帝臨朝，但是少帝並不感激她，反而發誓要為母報仇，殺掉呂后。呂后得知之後，幽禁並殺害了少帝，隨後另立了常山王劉義為帝。

　　西元前180年秋季，為非作歹的呂后因病去世。呂后的病逝讓呂氏一族感到惶恐不安，他們十分擔心遭到大臣們的排擠和殺害。於是，諸呂在上將軍呂祿家舉行了祕密集會，共同商討謀反之事，決定奪取劉氏江山。

　　沒想到此事很快就傳到齊王劉襄的耳中，劉襄作為劉氏後人，決定發兵討伐作亂的諸呂。他聯繫了開國老臣周勃、陳平。最後，在周勃、陳平的計謀下，呂祿的兵權被除，呂氏家族的全體成員均被處死。至此，呂氏集團被徹底消滅了。

　　政權再次回到了劉氏家族的手中，代王劉恆被迎立為皇帝，也就是歷史上十分著名的漢文帝。

　　隨後在文帝和景帝的努力管理下，西漢王朝迎來了「文景之治」。

第五章　西漢東漢：強大的統一王朝

文景之治

　　一提到西漢，不少人腦子裡浮現的第一個詞便是「漢武帝」，可事實上，漢武帝的豐功偉業也是因為踩在了巨人的肩膀上。這裡所說的「巨人」，便是漢文帝與漢景帝。

　　秦朝末年，烽煙四起，民不聊生。經過多年戰亂，勞動力已經銳減，除了漢朝軍隊外，能幹活的男丁可謂稀少，社會經濟也受到嚴重衝擊。

　　在這種大背景下，如何休養生息、恢復生產力就成了讓皇帝們頭痛不已的事情。

　　當時，漢朝因戰爭消耗巨大，國庫已經無力支撐。而戰火蔓延的後果，就是大片土地都成為荒地，一時之間是無法農耕的。

　　漢高祖死後，呂后開始掌權。雖然她以心狠手辣著稱，但在施政方面，她延續了道家的「無為之治」。雖然漢朝內憂外患，但是老百姓的生產一直沒落下。

　　劉恆當了皇帝後，雖然平定了呂氏「外戚專政」的局面，但是也延續了呂后的施政方針，為老百姓減輕賦稅，給百姓一個喘息的機會。

　　劉恆是薄姬的兒子，因劉邦對薄姬並不寵愛，呂后很「大度」地放過了她。劉恆與薄姬居於代地，生活十分寡淡清苦，即使當上皇帝，他簡樸的生活作風也沒有絲毫改變。當然，當時的漢朝國庫也不允許他變得驕奢。

　　老百姓的日子因為漢文帝的政策而富足，漢朝的經濟也逐漸發展，這也從基層鞏固了漢文帝的統治，為接下來漢景帝的即位打下良好基礎。

到了漢景帝時期，他仍然將治國的重心放在減輕老百姓負擔上。漢景帝是個非常注重農業發展的皇帝，他平時出門不坐馬車而是坐牛車，可以說是帶頭吃苦耐勞。

大臣們看皇帝都是這般的作風，一個個也不敢奢侈享受，只能跟著漢景帝發揚吃苦耐勞的優秀品德。有些自覺性高的大臣，還將家中的資源投入到農業生產中，為經濟發展做出了一番貢獻。

漢文帝與漢景帝對內牢牢把關，對外卻「睜一隻眼閉一隻眼」。當時，匈奴經常侵犯漢朝邊境，但是兩位皇帝堅決高舉「和親」政策，能用溝通解決的事，就盡量不動兵。就算雙方發生衝突，兩位皇帝也笑瞇瞇地表示，要跟匈奴代表坐下來好好聊聊天，避免打仗。

為什麼？因為打仗很費錢，歷經幾十年，好不容易存了點錢，能說打仗就打仗嗎？就這樣，兩位皇帝生生地給漢武帝存起大把白花花的錢銀，供他去實現自己的夢想。

在文、景兩位皇帝的帶領下，漢朝實現了前所未有的繁榮。在這個時期，百姓們安居樂業，國庫十分充盈。可以說，「文景之治」是中國進入封建時代後的第一個盛世，也是造就經濟大發展的偉大時期。

然而，就在漢景帝大力治理國家之際，另一場動亂發生了。

第五章　西漢東漢：強大的統一王朝

七國之亂

在西漢初年，漢高祖劉邦為了穩定王室，把大量土地分封給了劉姓諸侯王，希望後人以血脈為紐帶共同維護漢室。

但是這種做法為後世留下了不少隱患，那些被封的諸侯王所占土地十分廣闊，他們在自己的封國享有很高的權力，可以任免官吏，徵收賦稅甚至鑄造錢幣。

經過多年的發展，諸侯王們的國庫中已經堆積了大量金錢，有些甚至比京師還富有。隨著諸王勢力坐大，這些諸侯王開始大肆招募亡命之徒，企圖分裂國家。

漢朝瓦當

漢景帝即位後，諸侯王們更是肆無忌憚，吳王劉濞就是其中代表。他絲毫沒有把景帝放在眼裡，肆意採銅鑄錢、煮鹽斂財，在很多事情上和中央分庭抗禮。

在朝中擔任御史大夫的晁錯感覺到了危機，向景帝提出了「削藩」的建議。

晁錯對景帝說：「如今諸侯王日益坐大，倘若朝廷不盡快減少他們的土地，他們日後一定造反。」

> 七國之亂

　　但是朝中大臣為了自己的安穩都反對晁錯的建議，甚至連晁錯的父親也從遠在千里之外的老家趕來反對兒子，他對兒子說道：「這樣做確實能讓劉氏政權穩定，但是我們晁家可就大難臨頭了！」

　　但是晁錯不為所動，依然堅定於臣子的應做之事。晁錯的父親不忍心看到晁家將要面臨的災難，老淚縱橫地服下毒藥自殺了。

　　景帝採納了晁錯的建議，果斷對諸侯實行削地。他先是削去了趙王的長山郡、楚王的東海郡和膠西王的六個縣。但是當景帝打算削去吳王劉濞的封地時，劉濞聯合了楚、趙、膠東、膠西、濟南、淄川王發起了史稱「七國之亂」的謀反。

　　他們打著「誅晁錯，清君側」的旗號，聲稱幫助景帝清除身邊的不軌奸臣晁錯。

　　前元三年（西元前 154 年）一月，齊國派出二十萬聯軍進軍漢都長安。面對浩浩蕩蕩的諸侯聯軍，景帝十分不安。隨後，在晁錯政敵袁盎的讒言之下，景帝以不忠之罪腰斬了晁錯，其全家老小也正像晁錯父親所預料的那樣，全部遭到了殺害。

　　景帝本以為除去晁錯就能讓七國撤兵，但是他錯了。七國不但沒有罷兵，反而氣焰更加囂張。劉濞直接拒絕了和談，並自稱為東帝。此時景帝才意識到，所謂「誅晁錯」不過是七國造反的藉口罷了，他們真正的目的是要自己做皇帝。

　　景帝果斷迎戰，任命周勃之後周亞夫為太尉，統帥三十六位將軍，迎戰叛軍。周亞夫有十分卓越的軍事才能，在他的率領下，漢軍用短短三個月的時間就平定了叛亂。吳王劉濞逃到東越時被斬首，楚王在亂軍中自殺身亡，其他諸侯王見大勢已去，自己早晚要死，便紛紛自殺。

第五章　西漢東漢：強大的統一王朝

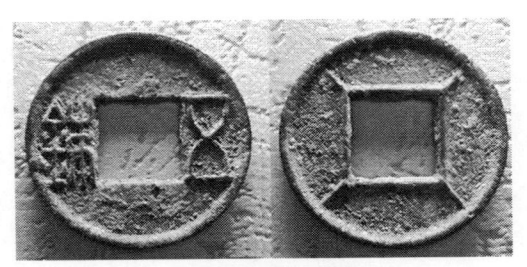

漢帝國貨幣五銖錢

　　此次平定「七國之亂」使漢王朝的威信大大提高。景帝採取「分土不治民」的政策，把地方的行政權和官吏任免權全部收回到了中央朝廷。由此，西漢政權便穩定下來，逐漸進入繁榮昌盛的階段。

漢武帝的雄才大略

「孝武初立，卓然罷黜百家，表章《六經》，遂疇諮海內，舉其俊茂，與之立功。興太學，修郊祀，改正朔，定歷數，協音律，作詩樂，建封禪，禮百神，紹周後，號令文章，煥焉可述，後嗣得遵洪業，而有三代之風。如武帝之雄才大略，不改文景之恭儉以濟斯民，雖《詩》、《書》所稱何有加焉！」

這是《漢書》對漢武帝的客觀評價，「雄才大略」這四個字用在漢武帝劉徹身上非常貼切。作為中國封建王朝最傑出的帝王之一，漢武帝開創了漢王朝昌盛繁榮的局面，開闢了漢王朝的遼闊疆域，更為後世留下了寶貴的物質文化遺產。

介紹漢武帝的生平，可以從兩個方面來講起：一方面是軍事上的窮兵黷武，另一方面則是政治經濟方面的休養生息。

在漢武帝時期，漢朝國力達到鼎盛，憑藉強大實力，漢王朝擊破匈奴，遠征大宛，開拓西域，收復南越，吞併朝鮮。西漢時期的疆域版圖東到日本海，南到交趾，西過蔥嶺，北抵陰山。

從西元前133年開始，到西元前119年，漢武帝多次派兵與匈奴交戰，透過河南之戰、河西之戰和漠北之戰，給匈奴造成了嚴重打擊，徹底將匈奴勢力趕到了漠北以西。自此，匈奴帝國開始走向衰落，而漢王朝則獲得了政治經濟發展的絕好良機。

除了北擊匈奴外，漢武帝還派李廣利遠征大宛，趙破奴征服姑師、樓蘭。此外，漢武帝還將朝鮮半島北部地區，東越、南越地區，以及西南夷地區納入漢王朝的統治範圍之中。

第五章 西漢東漢：強大的統一王朝

常年對外征戰需要政治經濟各方面條件的支撐，在漢武帝之前，文景之治為漢王朝累積了不少錢糧。漢武帝在即位之初，也採取了一系列政治經濟措施，推動漢王朝經濟的發展。

在政治方面，漢武帝採納主父偃的建議，頒布推恩令，允許諸王將自己的土地分給子弟，建立較小的諸侯國。這個舉措不僅讓地方諸侯主動將權力上交朝廷，同時還剝奪了他們的政治特權，大大加強了中央集權統治。

與此同時，漢武帝還設立了中朝和刺史，其目的也是加強中央集權，強化君主的權力。

在經濟方面，漢武帝主要將改革幣制和鹽鐵官營作為主要措施。

改革幣制的目的在於增加中央財政收入，打擊富商大賈，透過六次幣制改革，漢武帝基本解決了漢初便一直存在的幣制問題。鹽鐵官營則讓國家掌握了那些關乎國計民生的重要產業，有利於國家政治經濟的穩定。

漢武帝一生創造了波瀾壯闊的事業成就，但也因為窮兵黷武為廣大人民帶來沉重負擔。西元前89年，漢武帝下《輪臺詔》，否決了大臣們在西域輪臺屯田的提案，同時也對派遣李廣利出征匈奴一事表示悔恨。隨後，漢武帝將自己的施政方針確定為「禁苛暴，止擅賦，力本農」，全力發展生產。

意識到窮兵黷武的錯誤後，漢武帝重新恢復了漢初與民休息、輕徭薄賦的政策，為此後的西漢盛世打下了堅實基礎。

罷黜百家，獨尊儒術

　　由於秦始皇的「焚書坑儒」，諸子百家一度接近毀滅。但是秦朝的存活時間很短，剛被滅亡的諸子百家學派又開始活躍起來。

　　到西漢初年，經歷連年戰亂的百姓早已疲憊不堪，國家急需改變這種狀態從而恢復生產發展。基於這種局面，漢朝統治者採取了清靜無為的黃老政治，經過六十年的休養生息，國力得到恢復。

　　到了繁榮昌盛的漢武帝時期，清靜無為的黃老之學也不再適應當前的國情，國家的治理理念需要改變。

　　西元前 140 年，漢武帝下了一道詔令，要求國內的地方長官們把有才能的學者們推舉到長安為中央獻計獻策，著名的儒家學者董仲舒就是其中一員。

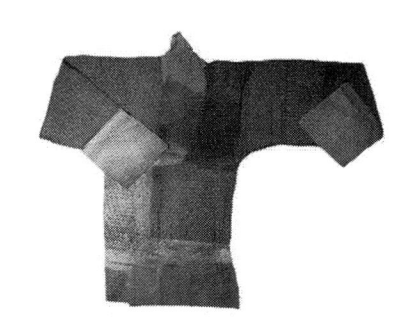

漢代服飾

　　在朝廷裡，董仲舒向漢武帝提出了「罷黜百家，獨尊儒術」的主張，倡導「大一統」的高度集中管理制度。這種思想深得漢武帝的欣賞，於是儒家思想就結束了「黃老之學」的統治地位，成了漢帝國的正統思想。這種思想對中國的影響十分深遠，一直延續了近兩千年而經久不衰。

第五章　西漢東漢：強大的統一王朝

當然，漢武帝之所以會採用這種儒家學說是由當時的歷史條件所決定的。

第一，董仲舒十分創新性地編造了「天人感應」理論。把「天」作為宇宙萬物的最高統治者，世界的萬物和自然都是由「天」創造而出。皇帝則從「天」那裡接受指令，負責按照「天」的意志管理人民。因此，在這套「天人感應」理論中，世界萬物包括各路諸侯和人民，都要聽從於朝廷。

第二，董仲舒強調思想統一為國家的首要大事。當時，學者們各持不同的學說，朝廷的思想意識無法達成統一，這樣就造成了法度朝令夕改，從而讓百姓無可依。那些不屬於「六經」，不合於孔子思想的學說要全部廢除，只有罷黜百家，獨尊儒術，才能統一法律，人心和行動才能統一起來。

第三，董仲舒還提出了「三綱五常」的道德觀。「三綱」即所謂「君為臣綱、父為子綱、夫為妻綱」，「五常」為「仁、義、禮、智、信」五種道德品行。

董仲舒所提出的這套思想完全符合封建統治階級的統治利益，同時也幫助皇帝鞏固了漢王朝的統治。如此看來，漢武帝以此為正統思想是理所當然的，也是符合當時社會的客觀發展需求的。

漢武帝採用儒家思想後，採取了一系列推廣方法。武帝在長安興辦了太學，並以儒家的「六經」為主要教材，還聘請當時的儒家學者為教師，向全國各地推廣這種學校。

這些學校也為後世帝王培養出了大量人才，對中國文化產生了深遠影響。

張騫出使西域

漢朝前期，匈奴經常率領強悍的騎兵侵占漢朝的領土，對此，漢帝國只能採取守勢。

漢武帝時期，帝國國力強盛，有條件反擊匈奴，因此武帝頻頻派出軍隊抗擊匈奴。

當時，西域地區諸國已經被匈奴所征服，匈奴經常往來諸國徵收糧食、羊馬，幾十萬各族人民遭受著匈奴貴族的壓迫和剝削。

此外，西域還有大宛、烏孫、大月氏、康居、大夏諸國。他們由於距匈奴較遠，尚未直接淪為匈奴的屬國，但是也經常受到匈奴的襲擾。

在向匈奴發起進攻之前，漢武帝首先想到了尋找外援。他想要聯合大月氏等國一同抗擊匈奴，在帝國內公開徵募能擔當出使重任的人才。

詔令下達後，滿懷抱負的張騫挺身而出，自告奮勇願意出使西域。

西元前138年，漢武帝派出張騫和堂邑父帶著一百餘名隨從從隴西出發，踏上了出使西域之旅。

此行危險重重，張騫剛離開隴西就被匈奴士兵發現了，被俘虜之後直接被送到了單于王廷，被囚禁了十餘年。但是張騫的意志十分堅定，十多年的時間並沒有磨滅他完成使命的意志，西元前129年，張騫趁著匈奴人的疏忽，帶著堂邑父逃了出來。

此後，張騫繼續尋找大月氏的使命。雖然，他們並不知道大月氏的具體位置，但是堅信只要一路向西，肯定能獲得大月氏的消息。經過十餘天的餐風露宿和翻山越嶺，張騫終於來到了大宛。這裡的人十分熱情地招待了遠道而來的張騫。

第五章　西漢東漢：強大的統一王朝

西域馬浮雕

　　隨後，大宛人帶著張騫來到了康居，在康居人的幫助下，張騫被護送到了大月氏。當時的大月氏已經攻占了大夏（今阿富汗北部），他們過著十分安逸的生活，絲毫沒有報復匈奴的想法。

　　張騫和堂邑父在大月氏居住了一年多的時間，始終沒能說服大月氏，失望的張騫只好踏上了回國之路，途中，他們再次被匈奴抓住，又被扣押了一年多的時間。

　　到了西元前126年，匈奴內部發生了內訌，張騫馬上帶著堂邑父趁亂逃跑了。此時距他離開故土已經過了十三年的時間，當初的一百餘人也只剩下了兩人。漢武帝甚至都已經忘記了還曾派出過這個出使團隊。

　　當張騫回到國都時，漢武帝喜出望外，把張騫封為了「太中大夫」，而堂邑父則被封為「奉使君」。這次出使雖然沒能完成既定任務，但是也有不少收穫。張騫了解了中國新疆以西地區的交通路線、地形地貌和風土人情等。

　　到了西元前119年，漢武帝第三次反擊匈奴，並取得了重大勝利。匈奴首領被迫遷徙到了大漠北部一帶。西域各國見匈奴實力大不如前，便都不願再進貢、納稅。

　　此時，張騫向武帝進諫說道：「匈奴西部有個名叫烏孫的國家，他們被匈奴侵犯多年，被迫離開了故土。如今，我們要是能結交烏孫王，讓

152

其帶著子民回到故土,就相當於斬斷了匈奴人的羽翼。同時,也能開啟我們與大宛、大夏等國結交的大門。」

漢西域遺址

武帝聞言十分贊同,如果能聯合這些國家共同抗擊匈奴,何患匈奴不滅。

西元前 115 年,漢武帝第二次派出張騫出使西域。這次出行,張騫帶上了三百餘人的團隊,每人配備兩匹馬,帶牛羊萬頭,各種金帛貨物更是不計其數。

沒了匈奴的阻撓,張騫順利到達西域,他分兵多路訪問了西域各國,受到了西域各國君主的熱情招待。這些國家大多被匈奴壓迫得苦不堪言,一聽到漢皇帝要幫他們打敗匈奴都十分高興。

漢帝國不僅不需要交納賦稅,還送來許多禮物,這讓西域各國對漢朝產生了強烈的好感。

西元前 60 年,漢朝還在烏壘城設立了政權機構──西域都護府,把烏孫等十六個西域國家管轄起來。

張騫出使西域不僅加強了漢王朝與西域各國的聯繫,更開闢了一條東西方文明交會的「絲綢之路」。數千年來,絲綢之路成為中國與西方政治經濟文明往來的重要通道。

第五章　西漢東漢：強大的統一王朝

司馬遷著《史記》

漢武帝時期，一位名叫司馬遷的史官寫下了一部非常著名的史書，名為《太史公書》，後人改稱其為《史記》。這是中國第一部系統性的紀傳體歷史著作，該書記錄了從傳說時期的黃帝到西漢武帝時代跨越三千年的歷史。近代著名作家魯迅十分讚賞《史記》，稱其為「史家之絕唱，無韻之離騷」。

司馬遷

《史記》對後世人們了解和研究歷史有著十分顯著的作用，一直是歷史學者們研究歷史的重要參考文獻，經久不衰。

司馬遷是漢武帝時期的「太史令」，他於西元前 135 年出生在一個史官世家，從小就跟在父親司馬談身邊學習、讀書，透過刻苦的學習，司馬遷掌握了大量歷史、文學、哲學等方面的知識。

二十歲時，司馬遷開始尋訪各地。名山大川和古代遺跡風俗都在他考察的範圍之中，這為他之後能夠書寫《史記》提供了有利條件。

西元前 108 年，司馬遷接過了父親的擔子，正式成為一名太史令。工作上的便利，讓他能夠有機會閱讀當時政府所收藏的各種古籍文獻。他從西元前 104 年開始，到西元前 91 年，花了整整十四年的時間完成了

《史記》的編著。

在這十四年間,司馬遷的生活和工作並不順利,甚至還遭受了讓人無法忍受的侮辱。

西元前 99 年,大將李陵被武帝派遣出戰匈奴,行至浚稽山時遭遇匈奴單于的圍堵,由於援兵支援不力,戰鬥陷入困境。援盡糧絕之後,李陵投降匈奴。

對於李陵的投降,漢武帝十分憤怒,群臣紛紛在朝堂上聲討李陵的軟弱無能,但是司馬遷十分公正地說:「素聞李將軍待人恭謹,是個誠實守信的人,身懷報國之心。如今他只帶著五千人的部隊就吸引了匈奴全部力量,殺死了一萬多名匈奴人。儘管戰敗投降,也應該可以將功補過。在我看來,李將軍並非真降,只是保住性命,意圖再次報效國家。」

沒想到,一句肺腑之言竟然遭到了牽連。武帝以「欲沮貳師,為陵遊說」之罪,判處司馬遷斬首之刑。

面對死刑,如果司馬遷慷慨就義的確可以保存名節。但是,司馬遷有一心願未了,那就是他還背負著父親窮盡一生未完成的事業——完成《史記》。

司馬遷深知如今一死毫無價值,而想要生存下來,完成《史記》只有一個辦法,那就是以宮刑取代死刑。為了完成父親的心願,也是其一生最大的事業,面對奇恥大辱,司馬遷絲毫沒有膽怯之意。

終於,在多年的忍辱負重之後,司馬遷完成了史學鉅著《史記》。

《史記》作為二十四史之首,歷來被文人學者所推崇。這本紀傳體史書共一百三十篇,包括十二本紀、三十世家、七十列傳、十表、八書,對後世的史學研究和文學研究影響深遠。

第五章　西漢東漢：強大的統一王朝

霍光輔政，昭宣中興

漢武帝統治末期，由於常年窮兵黷武，導致國內矛盾尖銳，民怨沸騰。為此，漢武帝下《輪臺詔》，一改以往政策，重新拾起了漢初輕徭薄賦、發展生產的統治政策。在此之後即位的漢昭帝、漢宣帝延續了這個政策，為西漢帶來了新一代盛世。

在漢武帝死後，年僅八歲的漢昭帝即位，此時的政事多由大司馬霍光決定。在燕蓋謀反失敗之後，霍光徹底清除了朝中的反對勢力，權力達到巔峰。即使在漢昭帝成年後，霍光依然掌管著朝中大權。

在漢昭帝死後，西元前 74 年，漢宣帝劉詢即位。霍光深知劉詢背後並無朝中勢力，所以很放心這位「平民皇子」來做皇帝。劉詢也知道霍光在朝中權位日盛，自己想要掌權就需要講求一定的策略。

在宣帝即位之初，霍光曾表示願意歸政，但宣帝謙遜地表示拒絕。宣帝希望能夠暗中積蓄力量剷除霍氏家族，重新掌握中央政權。

直到霍光死後，宣帝才等來這個機會。在霍光去世後，宣帝宣布親政，但是霍禹、霍山等人依然掌握著朝中大權，為此宣帝採取了一系列措施，逐漸將霍氏家族從權力中心驅離。

不甘失敗的霍氏密謀謀反，但是計劃敗露，霍氏家族悉數被誅滅。自此，宣帝真正將權力握在了自己手中。

掌權後的漢宣帝在具體政策方面，與昭帝時期霍光的治政方針並無太大差別。除了多次減免全國租賦外，宣帝還將都城的公田借給農民耕種。在人才選拔上，漢宣帝很重視地方官吏的選拔，公卿大臣也多從政績優秀的地方官吏中選拔。

此外，為了緩和社會矛盾，漢宣帝還頒布特赦令，廢除了許多漢武帝時期的嚴刑酷法。透過這些舉措，改變了漢武帝時期「人人自危」的社會風氣。但是在貪腐方面，漢宣帝則主張嚴明律法，嚴厲懲治不法官吏和豪強。

昭宣二帝很好地繼承了漢武帝任用賢能的用人舉措，同時注重減輕人民負擔，發展農業生產。這些重要舉措讓西漢重新興盛起來，延續了漢武帝時期的輝煌。

第五章　西漢東漢：強大的統一王朝

王莽篡漢

西元前 87 年，漢武帝去世，漢昭帝即位。漢昭帝和其後的漢宣帝雖承接武帝時期強盛的帝國軍力，但是立足於發展經濟、與民休息，從而締造了一段安居樂業的昭宣盛世。

然而，在漢宣帝去世之後，帝國開始急遽衰落。

漢宣帝的繼承人漢元帝性格柔弱，在外戚、宦官和權臣的三重壓力下失去了權柄，帝國政局開始陷入混亂。

此後，帝國曆經漢成帝、漢哀帝、漢平帝，政局每下愈況，執政者荒淫無道，朝廷大權逐漸落入外戚手中，其中最有權勢的外戚家族就是王氏。

漢元帝的皇后王政君的幾個兄弟，王鳳、王商、王音、王根四人和其姪子王莽先後出任掌握大權的大司馬。大司馬是當時手握政務和軍事大權的高官。除此之外的刺史一類官員也多為王氏家族成員。整個朝野都籠罩在王氏家族的權力影響之下。

漢平帝即位時剛剛年滿九歲，完全沒有執政能力。在王莽的淫威之下，平帝言聽計從，成了王莽的提線木偶。

此後，王莽進一步擴大自己的勢力，開始收買和拉攏地主階級、知識分子和官僚階級。在他認為時機成熟之後，就用毒害死了平帝，轉而立孺子嬰為新君，自己徹底把持朝政。

但是這還沒有讓王莽滿足，野心勃勃的他於西元 8 年乾脆廢黜了孺子嬰，直接登上皇位，漢帝國從此中斷，一個國號「新」的帝國出現了。

王莽畫像

這種明目張膽的篡位行為當然引起了劉氏後裔的不滿，一時間社會危機十分嚴重。

為了緩和矛盾，王莽推行了一系列改革。首先他打出了《周禮》的旗號，宣布全國的土地均為「王田」，不得買賣，並頒布了類似於古代的井田制的土地政策。這種做法不但沒解決社會的土地矛盾，反而讓農民的生活更加困難。

同時，王莽還實施了多種貨幣改革，使用了大量物體充當貨幣，其中就包括早已淘汰的龜殼和貝殼等。這造成了嚴重的金融混亂，貨幣大大貶值。而實際上，王莽的這種做法不過是為了更好地搜刮百姓，每一次貨幣改革，都是對百姓的一次大掠奪。

王莽還實行了所謂的「五均六筦」，在全國各大城市設立負責管理市場、平衡物價等工作的部門。這些管理者都是王莽任命的大富商。王莽賦予他們特權，這些家財萬貫的富商們便可以伺機「收賤賣貴」，發各種投機取巧的財。

實際上，這也是王莽另一種變相搜刮百姓的方式。那些被搜刮到一貧如洗的百姓們，生活異常艱苦，因為無論他們從事什麼工作都要交稅，包括打獵、捕鳥、縫補，甚至算卦。此外，他還從民間挑選了大批女子入宮，以供他淫樂。

王莽統治末期，天下大亂，沉重的徭役和連年的騷亂讓百姓無法生存，一系列百姓起義風起雲湧般地爆發了。

第五章　西漢東漢：強大的統一王朝

東漢建立

終新朝一世，全國對王莽的反對就沒有停止過。新朝建立之初，各地農民起義接踵而至，王莽的政權也處在了風雨飄搖般危險的境地。

見此時局，一位名叫劉秀的青年萌發了恢復漢室的念頭。

劉秀於西元前 6 年生於蔡陽，是漢高祖劉邦的第九世孫。地皇三年（西元 22 年）十月，劉秀和哥哥劉縯一起，打著「恢復漢室」的旗號發動了舂陵起義。

當時舂陵兵只有七八千人，難成大事。於是劉秀兄弟便主動投奔了聲勢浩大的綠林軍。

西元 23 年，綠林軍推舉劉玄為帝，建元更始。王莽見起義軍日益壯大，十分恐慌。他召集了一百萬大軍發起鎮壓。

同年五月，王莽的十萬先鋒軍隊圍困了義軍的昆陽城。由王邑率領的王莽軍隊氣焰十分囂張，聲稱要將昆陽屠城。危急時刻，劉秀帶著十三名騎兵在夜幕之下出了城，趕赴定陵縣、郾縣調集援兵。

此後，王邑發起了對昆陽城的進攻，並且挖掘地道，建造雲車。昆陽城內的守軍只能苦苦堅守，等待援軍。終於，六月一日，劉秀帶著萬餘人軍隊抵達昆陽。他親率千餘名精銳部隊反覆進攻王莽軍，很快就斬殺了千餘名王莽軍士兵，綠林軍士氣大振。

接著，援軍又派出了三千勇士迂迴到敵軍的後方，從昆水偷渡，向王邑的大本營發起猛烈進攻。

傲慢的王邑依然驕傲輕敵，下令各營勒卒自持，不得擅自出兵，自

行與王尋率萬餘兵力迎戰。結果驕傲的王邑陷入了包圍，王尋在戰鬥中死亡，諸將卻不敢出兵增援。

光武帝劉秀

昆陽守軍看到反擊的時機到了，立即傾城而出。在雙面夾擊之下，王邑軍大敗，士兵們慌作一團，紛紛四散奔逃，新朝號稱百萬的大軍主力就這樣全軍覆滅於昆陽城下。

昆陽之戰後，王莽政權很快便土崩瓦解，地皇四年（西元 23 年）九月，綠林軍攻入都城長安，王莽在混戰之中死亡，至此新朝覆滅。

為復漢立下汗馬功勞的劉縯企圖取代劉玄，自己稱帝，但是很快就被劉玄發現，結果身首異處。

劉秀看到哥哥被處死後，十分憤怒，但是他深知自己現在還不是劉玄的對手，便忍氣吞聲，不為兄長服喪。為了讓劉玄安心，劉秀從不炫耀自己在昆陽所立下的戰功，反而只講自己的過失。

天衣無縫的偽裝使劉玄放鬆了對劉秀的戒備，還封他為武信侯，拜破虜大將軍。當年十月，劉玄把都城遷到了洛陽，並派劉秀去河北收撫義軍。

離開洛陽後，劉秀開始努力發展自己的部隊。為了獲得民心，他廢除了王莽昔日的苛政，同時還釋放囚犯，以此來取得河北地主階層的支持。經過為期一年多的苦心經營，劉秀終於在河北地區站穩了腳跟。更始三年（西元25年）六月，劉秀自立稱帝，復國號漢。

為了實現統一大業，劉秀稱帝之後並不急於剿滅混戰中的農民起義軍，而是等綠林軍和赤眉軍殺得兩敗俱傷之後，他再坐收漁翁之利收拾殘局。

用這種方法，劉秀消滅了河南、河北等地區的起義軍，然後開始剿滅割據一方的封建勢力。經過多年征戰，劉秀終於在西元40年，平息了全國大大小小的割據勢力，使漢王朝重歸統一。

完成統一的劉秀吸取了新朝和前漢滅亡的教訓，廢除了由王莽設立的新政，並以「柔道」的政策進行管理。他一方面加強中央政權，另一方面又分封了大量的功臣和外戚，隨後再以各種藉口勸他們告老還鄉，不問政治。

光武中興

連年征戰讓光武帝深感疲憊，他深知再繼續征戰下去，百姓將持續處於水深火熱之中。到時候，即使戰爭獲得了勝利，民心已失，社稷荒廢，得不償失。為此，光武帝決定致力於恢復和發展經濟。

在不斷加強中央集權的同時，光武帝採取了與民休息、抑制豪強的政策舉措。

為了緩和社會矛盾，安定社會秩序，光武帝曾多次下詔釋放奴婢、刑徒。同時還規定虐待殺傷奴婢的人皆處罪。

西漢後期，尤其是王莽時代末期，因戰亂和饑荒，大量流民為奴為婢，刑徒也逐漸增多，這使得西漢末年階級矛盾十分尖銳。如果不能妥善解決這個問題，必將會引發聲勢更為浩大的社會動亂。所以光武帝才會釋放大量奴婢和刑徒，其主要目的還是維護統治的穩固。

輕徭薄賦、偃武修文也是光武帝施政的一個重要舉措。在西元30年，光武帝下詔恢復三十稅一的賦制。同時，否決了大臣北擊匈奴的奏請，其目的都是恢復和發展經濟，維護政權穩定。

在抑制豪強方面，光武帝實行度田政策，嚴厲追查那些反對度田的地方豪強。一些地區的地方豪強掀起武裝叛亂，各地也因此盜賊橫行。

對於這兩種反抗勢力，光武帝採取了安撫與鎮壓並舉的手段。一方面嚴懲各地盜賊，另一方面將各地作亂首領遷往其他地區，嚴厲打擊豪強地主。這一舉措也成為東漢中後期實行的主要政策。

在文化教育方面，光武帝繼承了西漢時期獨尊儒術的思想，以儒家思想治理天下。同時，光武帝還極為重視檢書收藏，他廣納四方賢士，

遍集舊典新籍，奠定了東漢國家藏書的基礎。

在劉秀的努力之下，國家政局恢復了穩定，人民再次過上穩定的生活，社會經濟也由此復甦，漢王朝又一次繁榮起來。

蔡倫造紙

　　光武帝劉秀去世之後，即位的漢明帝、漢章帝都繼承了光武帝的施政理念，帝國一片繁榮景象。

　　在這種繁榮中，宦官勢力、外戚勢力又有所抬頭。不過，在宦官和外戚當中，也有一些人以其過人的能力建設著漢帝國，其中宦官蔡倫就是一個這樣的例子。

　　蔡倫自幼聰明好學，為人謹慎且飽讀詩書，因此很受漢和帝賞識。西元97年，和帝將蔡倫任命為尚方令，主要負責製造寶劍和軍械。

　　蔡倫為人十分怪僻，他不善於與人交際，每逢休息之時，總是閉門讀書。蔡倫經常會接觸到由簡冊和縑帛記載的古籍文獻，這種記載材料不僅使書價十分昂貴，而且閱讀時也非常不方便，因此蔡倫便下定決心要研發出一種理想的書寫材料。

蔡倫

　　其實，先前中國記載文字的載體已有不小的改良。最早在殷商時期，人們把文字刻在龜甲和牛骨上，故而被稱為「甲骨文」。春秋戰國時

期，人們改用簡牘，用木片和竹片取代了難以獲得的龜甲。但是使用簡牘仍有很多缺點，首先，簡牘能記錄的面積小，寫成一篇文章往往要用不少片，之後用繩子串成「策」後，不僅體積巨大，難於攜帶，閱讀起來也不方便。那時，人們還發明了在縑帛上書寫，但是這種材料十分昂貴，尋常百姓根本消費不起。

蔡倫決定改良記載材料之後，便積極行動起來。透過長期對民間工作的觀察，他受到了人們制絲帛的啟發。

東漢時期，人們經常會紡織、養蠶和繅絲。工人們把蠶繭放到河岸的簾子上，用木棒反覆敲打。經過反覆敲打，很多蠶絲碎絮便留在了簾子上面，它們相互交織在一起，用手揭下之後，簾子上便會留下一層絲綿薄片。這種薄片雖然是在製造絲織品過程中出現的附加品，但已經具備了記載文字的功能。

聰明的蔡倫馬上想道：「如果用蠶絲做載體，還是非常昂貴，如果能找到一些廉價的物體替代就好了。」

蔡倫先想到了破布和漁網，隨後又想到了麻，接著又想到了桑樹皮。他把這些材料收集在一起，經過反覆的實驗，在西元 105 年，蔡倫以麻頭、破布、樹皮和廢漁網為原料，製造出了一種既輕便又廉價的文字載體──「紙」。這是世界歷史上首次有目的地製造出的植物纖維紙，人們稱之為「蔡倫紙」。

雖然這種紙的表面仍十分粗糙，但在歷史的進程上看，已經是非常了不起的發明了，它對人類文明的影響重大，也被稱為中國古代四大發明之一。

蔡倫把製紙的過程和成品獻給了在位的漢和帝，漢和帝看到之後十分高興，馬上就下詔令讓全國上下廣泛使用。

> 蔡倫造紙

　　西元 300 年到西元 400 年之間，蔡倫的造紙術被傳入了日本，接著又傳遍了亞洲。之後又經阿拉伯各國傳入了北美、歐洲大陸，對世界文明的發展有著無法估量的貢獻。但是蔡倫本人卻在西元 121 年因朝廷內鬥而遭到連累，最終斷送了性命。

第五章　西漢東漢：強大的統一王朝

黨錮之禍

東漢末年，漢朝內政混亂，皇帝的權位被架空，外戚和宦官輪流執掌朝政。在這種情況下，一些有能力、有抱負的士人得不到重用，有些人還遭到打壓陷害。

眼看國家將要毀在這些宦官手中，漢朝的士大夫們決定起來反抗，剷除這些禍國殃民的禍患。

看到士大夫們起來反抗，掌權的宦官們惱羞成怒，他們不斷在皇帝面前誹謗士大夫，並以「黨人」之罪嚴厲懲處，兩次黨錮之禍便由此而來。

第一次黨錮之禍發生在東漢桓帝時期。當時，宦官趙津、侯覽等人故意在大赦前犯罪，以期逃脫懲罰。但是成瑨、劉質在大赦之後，依然嚴懲了這些犯罪之人。由此，宦官們便向桓帝進言，嚴懲了這些官員。

太尉陳蕃為維護正直官員向桓帝上書，更進一步引發了宦官對士大夫們的嫉恨，開始展開瘋狂報復。在聽信宦官們的讒言後，桓帝開始大肆抓捕「黨人」，一大批士大夫因此入獄。

在酷刑之下，這些士大夫依然不改其志，一些士人故意供出宦官子弟，宦官們害怕引火上身，便向皇帝進言大赦天下。同年六月，黨人獲得釋放，同時也被終身罷黜，第一次黨錮之禍以此宣告結束。

第二次黨錮之禍發生在東漢靈帝時期。靈帝即位後，陳蕃再次得到重用，同時李膺等士大夫也重新得到任用。但是宦官曹節、王甫等人依然經常向皇帝和皇太后進讒言，妄圖汙衊這些忠臣賢士。

陳蕃、竇武等人商議除掉這些干涉朝政的宦官，但是不曾想被宦官

們先行動手。在建寧元年（西元 168 年）九月辛亥日，宦官們發動政變，劫持竇太后，並假傳詔書追捕竇武、陳蕃等人。

最終，陳蕃、竇武等人遇害，李膺等數百名士大夫也被下獄處死。相比於第一次黨錮之禍，這一次的後果顯然要更為嚴重，不僅有無數正直的士大夫在此次禍亂中遇害，更有無數黎民百姓宗族橫遭劫難，東漢末年的社會環境變得更為動盪。

西元 184 年，黃巾之亂爆發，漢靈帝擔心遭到打壓的士大夫會與黃巾軍一同作亂，便宣布再次大赦天下，免除「黨人」的過錯。但是顯然，現在再補救為時已晚了，即使「黨人」不與黃巾軍一同作亂，漢王朝的江山也已經「大廈將傾」了。

從本質上來講，黨錮之禍屬於統治集團內部的爭權鬥爭，但是在黨錮之禍中正直士大夫忠義直言、慨然赴死的氣魄是值得肯定的。正是因為這些士大夫的努力，東漢的政權才堅持了較長時間，正如《後漢書》中所言「漢世亂而不亡，百餘年間，數公之力也」。

第五章　西漢東漢：強大的統一王朝

外戚與宦官專政

　　經過漢光武帝、漢明帝、漢章帝三代皇帝的勤政治理，東漢帝國基本上恢復了先前西漢時期的強盛。但是漢章帝死後，即位的和帝還十分年幼，只有十歲無法親政，由太后的兄長竇憲把持朝政，皇帝成了有名無實的傀儡，與朝臣們的關係十分疏遠。

　　為了收回大權，和帝只能依靠宦官。西元92年，漢和帝在宦官鄭眾的幫助下，派禁軍消滅了竇家勢力，鄭眾因滅竇有功被封為侯。

　　讓和帝始料不及的是，剛剛趕走了外戚，卻又迎來了宦官干政。有功的宦官們越發積極地參與到東漢的政治之中。

　　漢和帝一朝沒能解決宦官干政的問題，之後的漢殤帝、漢安帝、漢順帝、漢衝帝、漢質帝都十分重視宦官。國勢也隨著宦官的時好時壞而搖擺不定，到了漢桓帝、漢靈帝時期，因為兩任皇帝的昏庸，帝國徹底進入崩潰的邊緣。

　　當時，宦官在朝廷中的勢力已經非常強大，能夠與之抗衡的就只有外戚，於是便形成了東漢末期宦官與外戚專權的局面。

　　西元189年，漢靈帝劉宏去世，年幼的漢少帝劉辯即位，外戚何進輔佐朝政。

　　此時，外戚與宦官早已勢不兩立，何進想除去宦官勢力，他與貴族官僚袁紹密謀剿滅宦官，並不顧朝臣們的反對，讓涼州大軍閥董卓率軍入京，協助他們誅殺宦官張讓和段珪。

　　結果祕密洩漏，何進被張讓等人殺害。袁紹馬上帶兵進入宮中，殺

光了所有宦官。但是此時野心勃勃的董卓已經帶兵進入洛陽，進而引發了董卓之亂。

漢洛陽遺址

董卓仗著手握重兵，廢黜皇帝劉辯，另立劉協為帝，史稱漢獻帝。這位由董卓扶持即位的皇帝實際上沒有任何權力，朝中大權均由董卓獨攬。

董卓為人專橫殘暴，引得朝中上下敢怒不敢言。地方官吏們見董卓亂政，紛紛舉兵反抗，反董聯軍各自為戰，都想著擴張自己的地盤，於是便形成了後來諸侯割據的局面。名義上統一的東漢王朝實際上已經不復存在，一場諸侯混戰就此拉開序幕。

第五章　西漢東漢：強大的統一王朝

黃巾大起義

　　董卓之亂是壓垮漢帝國的最後一根稻草，但是在董卓之亂之前，給漢帝國致命一擊的則是黃巾之亂。

　　東漢末年，中央政局十分不穩定，皇帝無能使得大權旁落，外戚與宦官弄權。同時，與西羌的戰爭已經持續了幾十年，使得國庫空虛，徭役兵役繁重不堪，人民早已怨聲載道。加之土地兼併嚴重，底層的農民生活在水深火熱之中。

　　此時，一個名為張角的道教徒，與兩位弟弟張寶、張梁建立了太平道教，他們在魏郡用法術和符咒到處為人治病，聲稱生病的百姓喝下張角的符水之後便不醫而愈。於是，張角被百姓們奉為活神仙，從而聲名鵲起，越來越多的人慕名前來成為張角的追隨者，張角徒眾達到了數十萬人之多。

黃巾軍

　　張角把這些人按軍事組織改編成了三十六方，大方的人數在一萬以上，小方則為六七千。每方都設有「渠帥」，即地方長官，統一由張角指揮。

　　隨後，張角透過對洛陽政局的觀察，預定於西元184年（甲子年）以「蒼天已死，黃天當立，歲在甲子，天下大吉」為口號興兵反漢。

　　所謂「蒼天」就是指東漢，「黃天」則指張角所創立的太平道。根據五德終始說的演算，漢屬火德，火生土，而土為黃色，因此所有信

徒都以黃頭巾為記號，表示要推翻腐敗的東漢王朝。

在準備工作進行得如火如荼之時，張角的一個名為唐周的弟子叛變了，他把張角起義的計畫出賣給了東漢政府，於是東漢當局馬上派出兵力抓捕和剿殺企圖叛亂的人員，一時間，洛陽城內的千餘名教徒遭到了政府軍的殺害。

就在這十分緊急的時候，張角當機立斷決定提前一個月發動起義，他向全國各地傳達了起義的指令，各地紛紛積極響應。農民們放下農具，拿起了武器，頭裹黃巾，發動了歷史上著名的「黃巾起義」。

黃巾軍把矛頭對準了東漢政府和地主階級。他們所到之處，四處燒殺劫掠，殺死政府官吏，開啟糧倉賑濟饑民，短短一個月的時間，全國七州二十八郡都發生了戰事。

由於人民積苦久矣，百姓紛紛加入黃巾軍。黃巾軍一路勢如破竹，攻占了多個州郡，京都的皇帝和群臣十分不安，緊急調兵遣將鎮壓反軍。

雖然黃巾軍在戰鬥中表現十分英勇，也打了不少勝仗。但是他們最終還是沒能敵過政府軍和地方武裝。特別是在張角病死之後，黃巾軍的精神領袖沒有了，很快就喪失了戰力，被軍閥和政府軍鎮壓了下去。

儘管黃巾軍失敗了，但是這場內亂已經把東漢王朝攪得翻天覆地。同時，腐朽的封建地主階級也遭到了沉重的打擊，很多農民從地主的手中奪回了土地，也在一定程度上緩解了社會的矛盾，推動了社會的進展。

第五章　西漢東漢：強大的統一王朝

附錄：第五章主要參考文獻

[1] 司馬遷·史記 [M]·北京：中華書局，2011·

[2] 呂思勉·秦漢史 [M]·武漢：華中科技大學出版社，2016·

[3] 呂思勉·中國史 [M]·北京：中國社會科學出版社，2008·

[4] 人民教育出版社課程教材研究所歷史課程教材研究開發中心·普通高中課程標準歷史讀本：中國古代史 [M]·北京：人民教育出版社，2017·

[5] 王子今·秦漢：穿越千年的文化符號 [N]·北京日報，2018-11-12·

[6] 司馬光·資治通鑑 [M]·北京：北京聯合出版公司，2016·

[7] 白壽彝·中國通史第4卷：秦漢時期 [M]·上海：上海人民出版社，2004·

[8] 高建勳·秦漢風雲人物 [M]·武漢：武漢出版社，2008·

[9] 彼得·弗蘭科潘·絲綢之路：一部全新的世界史 [M]·杭州：浙江大學出版社，2016·

第六章
三國魏晉南北朝：南北民族大融合

「話說天下大勢，分久必合，合久必分」，泱泱中華五千年燦爛文明，如果要選擇一個最精彩的時代，三國魏晉南北朝一定會被選中。這段時期是中國歷史上政權更迭最頻繁的一個時期，戰爭成為這個時期的主旋律。這個時代不僅發生了眾多精彩動人的故事，同時也出現了許多影響後世的歷史人物。這些故事和人物成為中華文明浩瀚星河中閃亮的星點。

第六章 三國魏晉南北朝：南北民族大融合

軍閥割據混戰

黃巾起義被鎮壓之後，腐朽不堪的東漢政權已經分崩離析，到了滅亡邊緣。

東漢中央沒有強大的軍事實力可以平亂，只好將軍權下放到地方，命令各地州郡自己募兵以剿滅黃巾之亂。這樣，經過數年的戰爭，黃巾之亂雖然平息，但是各地州郡因為手握兵權，便開始形成大大小小幾十個割據勢力。

董卓之亂爆發之後，漢帝國中央權威徹底崩潰，各地割據勢力先是聯合抗董，董卓潰敗後便陷入無盡的混戰當中。

他們相互爭權奪利、互相兼併，連年的戰亂讓中原地區出現了「白骨露於野，千里無雞鳴」的悲慘景象。

董卓像

具體來說，當時比較強大的割據有：北方以袁紹占據河北，勢力最為強大，其餘是曹操占據兗州、豫州，張楊占據河內，公孫瓚占據幽州，馬騰、韓遂占據西北的涼州，張繡則占據南北交通要道南陽。南方則以占據徐州的陶謙最為強大，其次有占據荊州的劉表，占據漢中的張魯，占據蜀中的劉焉，占據江東的孫策等。

　　經過多年廝殺，在北方，袁紹統一了河北，曹操奪取徐州統一了黃河流域，南方袁術潰敗，孫堅和其繼承人孫策開始壯大江東勢力，劉表在荊州吸納人才開始獨霸一方。

　　此時，呈現出北方強於南方的態勢，而北方又以袁紹和曹操兩大集團針鋒相對，北方的統一勢在必行，因此袁紹和曹操必有一戰。

第六章 三國魏晉南北朝：南北民族大融合

官渡之戰

西元 196 年，曹操遷都許昌並迎來了漢獻帝，漢帝國名義上的中央已經被曹操掌控，他開始「挾天子以令諸侯」。

此後，曹操先後擊敗了呂布、袁術，將兗州、徐州和部分豫州、司隸收入囊中，地盤迅速擴大，大有統一黃河流域的勢頭。

與此同時，河北的袁紹戰勝了公孫瓚，占據幽州、冀州、青州、并州，將黃河以北地區統一到了自己的旗幟下。這樣，同樣稱霸北方的兩大軍事集團勢必要決個你死我活。

呂布像

在雙方的實力對比上，袁紹顯然占據上風，河北之地不但寬廣肥沃，而且人口眾多，可動員的兵力十分可觀。

曹操則處在四戰之地，他的四面全是野心勃勃的軍事集團。除了北方的袁紹，關中還有諸多武將伺機而動，南邊的劉表、張繡十分頑強，東南的孫策英武神勇，就連暫時依附於他的劉備也蠢蠢欲動。

官渡之戰

西元 199 年，袁紹改編了一支由十萬精兵組成的軍隊，想要南下進攻許都。曹操得知消息後非常不安，他認為袁紹的兵力十分強大，難與之抗衡。

不過根據自己對袁紹為人的了解，曹操又放下心來，因為袁紹志大才疏、刻薄寡恩、剛愎自用，有再多的兵也不會指揮。於是，曹操集結數萬兵力準備迎戰。

曹操是個很有軍事才能的人，他依據雙方的情況，做出了如下部署：由臧霸率精兵入青州，進而占領齊、北海、東安等地，以此來牽制袁紹。同時還要鞏固右翼，提防袁紹從東側襲擊許都。

而曹操本人則親率大軍進入冀州黎陽，削弱袁紹正面進軍的攻勢。

同時，曹操還派人鎮撫關中，拉攏涼州，以穩定翼側。

次年二月，袁紹進軍黎陽，企圖渡河與曹操主力軍隊決戰。袁紹派出大將顏良進攻白馬的東郡太守劉延，進而奪取黃河南岸要地。四月，曹操主動出擊，親自帶著軍隊北上援救困於白馬的劉延部隊。戰鬥中袁軍潰敗，白馬之圍被解，袁軍的銳氣大大受挫，士氣也變得低落。

但是袁紹實力尚存，七月，袁軍進至陽武，準備南下攻打許昌。八月，袁紹主力在靠近官渡的地方安營紮寨，與曹軍對峙。十月，曹操採取了謀士許攸的計策，派輕騎兵火燒烏巢的糧草。

袁紹得知曹操正在偷襲烏巢的消息之後便兵分兩路，以輕兵回救烏巢，慌亂中曹軍大破袁軍，殺死淳于瓊，盡燒糧草。袁紹軍心動搖，很多部隊乾脆投降了曹操，兵敗的袁紹倉皇帶著八百騎兵回到河北。

此次官渡之戰以曹操的大勝而告終，戰後，曹操與袁紹的實力有了大逆轉，袁紹於西元 202 年因兵敗而憂鬱致死。五年後，曹操徹底消滅了袁家軍事集團，成了北方無人能敵的霸主。

第六章 三國魏晉南北朝：南北民族大融合

赤壁之戰

曹操稱霸北方後，開始打算向南進軍。建安十三年（西元208年）七月揮兵南下，當時荊州的劉表剛剛病死，在蔡瑁、張允的擁立下，其子劉琮繼任荊州牧。因章陵郡太守蒯越等人的勸說，劉琮投降了曹操。

劉備雕像

九月，曹操抵達了新野。之前失去徐州後依附於劉表並屯兵樊城的劉備向南逃亡，曹操親率五千精銳騎兵追了一天一夜，終於在長坂坡追上了劉備，劉備拋妻棄子才得以成功脫險。

此時，江東政權已經轉移到了孫策的弟弟孫權手中。孫權得知劉備被追南下後，派出謀士魯肅前來打探劉備的口風。在魯肅的建議下，劉備答應帶著所剩軍兵投奔東吳，進駐鄂縣的樊口。

劉備謀士諸葛亮意識到曹操將在不久後發動大戰，主動向劉備要求親自面見孫權，與其聯合。在孫權謀士魯肅的引見下，諸葛亮面見了東吳統治者孫權，並成功說服孫權聯劉抗曹。

孫權召回了駐守在外的周瑜，任命其為左都督，任命老將程普為右都督，共領三萬精兵和劉備的萬餘兵馬迎戰曹操。此外，還任魯肅為贊軍校尉，負責協助籌劃策略。

赤壁古戰場

同年十二月，孫劉聯軍逆水而上，與正在渡江的曹軍在赤壁相遇。當時曹操軍中正在蔓延瘟疫，並且新編的水軍和收編的荊州軍又處在磨合階段，初戰便被東道主周瑜水軍所擊敗。於是，曹操只好把水軍引至江北，與陸軍會合。一方面操練水軍，另一方面也在等待出戰的時機。周瑜沒有繼續進兵，將戰船停靠在南岸赤壁一側，兩軍隔江相望而峙。

在對峙中，周瑜採取了詐降的策略。他派手下黃蓋選取了十艘快船，其上裝滿了柴草油脂，連夜行船詐降曹操。

曹操信以為真，未加阻攔前來的戰船。當黃蓋的戰船距曹軍二里多時，黃蓋下令各船同時點火，當時東南風大作，戰船御風疾行，很快就點燃了曹軍的戰船。火勢藉著呼嘯的大風更加凶猛，很快就蔓延起來，曹操的戰船因為用鐵索相連，而全部未能倖免，連陸地上的營寨也遭到了大火的襲擊。頃刻之間，曹軍大亂。

眼看曹軍陣腳大亂，周瑜等將領率士氣高漲的精銳戰士發起總攻，一通酣暢淋漓的廝殺之後，曹軍大敗。

第六章　三國魏晉南北朝：南北民族大融合

　　曹操死傷的士兵難以計算，但至少在一半以上。曹操回到江陵之後，唯恐後方空虛，馬上回到了北方，只留下了部將守衛南方。

　　赤壁之戰的結果打消了曹操在短時間之內實現統一的計畫，也為將來三足鼎立的局面打下了基礎。

魏蜀吳相繼建國

赤壁之戰之後，鼎足之勢形成，三方雖彼此各有所謀，但是仍然有一種默契的平衡——皆宣稱維護漢帝國，直到西元 220 年。

在此之前，劉備勢力擴張到了蜀地，並把政權中心轉移到了成都。而孫權則進一步穩定了江東，並有向荊州發展的勢態。

西元 220 年，曹操去世，其子曹丕接受漢獻帝禪讓，正式成立魏帝國，史稱曹魏。

次年，劉備在成都稱帝，聲稱延續漢朝正統，史稱蜀漢。

西元 229 年，孫權在建業稱帝，定國號為吳，史稱東吳。至此，三國時期的三個政權全部建立。

曹丕稱帝之後，定都洛陽，曹魏政權從曹丕稱帝到曹奐禪位於司馬炎，共存在了四十六年。其所控制區域包含北方各州，是三國政權勢力最為強大的一支。

曹丕父子

第六章　三國魏晉南北朝：南北民族大融合

　　曹魏的疆域在曹丕稱帝後基本定型，北至山西、河北及遼東，與南匈奴、鮮卑和高句麗相鄰；東至黃海，與東吳對峙於長江、淮河、漢江一帶；西南則與蜀漢對峙於秦嶺、河西一帶。

　　劉備在成都稱帝後，為了表示自身政權的合法性，決定依然使用漢作為國號。因為所控制的區域主要是益州蜀地，所以被稱為蜀漢。在三國政權中，蜀漢的勢力最弱，從劉備稱帝到劉禪投降，蜀漢政權共存在四十三年。

　　蜀漢疆域在赤壁之戰後，從荊州南部開始發展，一度涵蓋了荊州、益州和漢中。此後，在與東吳交戰中失去荊州，又在平定南中之後獲得雲南等地。

　　孫權在西元229年稱帝後，因其政權控制著揚州、交州、荊州等江東地區，所以被稱為東吳、孫吳。

　　在赤壁之戰後，東吳陸續獲得了荊州西部、交州和整個荊州南部。在孫權稱帝後，疆域開始穩定下來。

　　在三國政權形成之後，蜀漢諸葛亮、姜維曾多次北伐曹魏，卻始終沒有改變三足鼎立的局面。

夷陵之戰

　　西元219年，吳主孫權派兵奪取了荊州，並殺死劉備大將關羽。劉備為奪回重鎮荊州，準備親率大軍進攻東吳，孫權緊急求和不成，轉而與曹魏講和，孫劉抗曹聯盟破裂。

　　章武元年（西元221年）七月，劉備親率數萬大軍進攻東吳。面對劉備的大舉進攻，孫權拜陸遜為大都督，統領五萬兵力，抵達前線迎戰。

　　陸遜是個十分謹慎且極具軍事才能的人，他認為劉備兵勢強大，但是遠道而來急於取勝，吳軍只要暫時避其鋒芒，耐心等待時機，一定能擊敗對方。

陸遜

　　於是果斷主動退讓，一直撤到了夷道、猇亭一線，轉入防守態勢，集中兵力，伺機而動。

　　此時，吳軍已經徹底退出了高山峻嶺的地帶，把能展開兵力的數百里山地都讓給了蜀軍。

　　西元222年初，蜀國水軍進入夷陵地區，部署在長江兩岸。二月，劉備帶著主力部隊抵達猇亭，並建立了大本營。儘管蜀軍多番挑釁，但吳軍始終堅守不出。

　　從年初到六月，吳軍一直不肯開戰迎敵，隨著相持時間的拉長，遠離家鄉的蜀軍將士鬥志渙散，十分鬆懈。

第六章 三國魏晉南北朝：南北民族大融合

六月分，江南地區的酷暑更是難耐，蜀軍士兵無法適應炎熱的天氣，劉備也無可奈何，只得讓水軍走上陸地，並把軍營紮在了深山老林之中。

此時蜀軍的處境十分不利。一方面他們深入吳地遠離後方，後勤支援非常困難。另一方面，百里聯營兵力分散而十分薄弱，而這正是陸遜一直等待的結果。

陸遜見時機成熟，於是由守轉攻。先是派出了小部隊試探，後轉而準備火攻蜀軍。

在一日深夜，東吳士兵手持茅草，趁夜向蜀營發起突襲，在蜀營外順著風向點燃茅草。火勢大作，蜀軍亂作一團。陸遜趁著大火率軍一路剿殺，蜀軍只好西退。同時，陸遜派出另一支軍隊從後方攔截撤退的蜀軍，使得蜀軍被困在涿鄉。蜀軍因此大敗，完全失去了作戰能力，除了大部分死亡的將士，剩下的士兵要麼負傷，要麼逃亡，物資軍械也消耗殆盡。劉備見大勢已去，只好連夜出逃，跑到石門山時，還險些被陸遜部下所擒。狼狽不堪的劉備靠著驛站人員焚燒潰兵所棄的裝備堵塞山道，終於擺脫了吳軍的追殺，逃入了白帝城。

此戰劉備軍隊幾乎全軍覆沒，士兵死亡數萬之多。次年四月，劉備因羞惱於夷陵慘敗，大病不起，死在了白帝城。劉備死前，把蜀漢軍政大權完全託付給了丞相諸葛亮。劉備死後，諸葛亮便立即與東吳恢復聯盟，南方戰事再次宣告停止。

蜀漢滅亡

劉備死後，劉禪即位，是為蜀後主。

劉禪令諸葛亮開府治事，諸葛亮為重修與東吳的盟友關係，派使臣出使東吳。同時，在國內展開一系列調整，包括禮儀、官職、法律等方面，一時間國殷民富，全國上下井然有序。

此後，諸葛亮開始籌備北伐曹魏事宜。諸葛亮發起的北伐從西元228年開始，一直持續到西元234年，雖有不少次戰果，但還是未能達成「復興漢室」的最終目標。

長年累月的征戰和治理國家的艱辛讓諸葛亮不堪重負，終於在西元234年，諸葛亮病死在北伐的途中──五丈原，享年五十四歲。

五丈原諸葛亮廟

諸葛亮臨死之前向劉禪上表身後之事，稱蔣琬可接任自己的位置。而在諸葛亮死後，劉禪空下丞相一職，讓蔣琬作為大將軍輔政，並繼續維持與東吳的盟友關係。

從西元234年至246年，蔣琬一共輔政十二年，他繼承了丞相諸葛亮的治國方針，國家被管理得井然有序。

在此時期，劉禪聽聞魏明帝曹叡大興土木，勞民傷財，認為曹魏將要滅亡，於是加任蔣琬為大司馬，駐軍漢中，伺機完成北伐大業。

為此，蔣琬派出了姜維率軍西進，再次北伐。經過多次試探，蔣琬改變了從秦嶺北上的路線，認為秦嶺道阻艱險難以往返，不如廣造船隻，從水路向魏國上庸等地發起攻擊。

但蔣琬的想法遭到了不少朝中大臣的反對，不久蔣琬因病去世，此事便宣告終止。但蔣琬臨死之前上書給劉禪，希望任命姜維為涼州刺史。

蔣琬死後，劉禪任費禕為大將軍輔政。自西元246年起，費禕輔政七年。期間，費禕一心求安，實行休養生息的方針，不再對魏國用兵，此外還裁減了姜維屬下兵力。延熙十六年（西元253年）二月十五日，費禕被魏國降將郭循刺殺而死。

費禕死後，劉禪命姜維總督內外軍事，卻逐漸開始寵幸宦官。

蜀漢後期，姜維的北伐使得國力損耗嚴重，人民不堪重負，加上宦官黃皓等人專權，姜維便不敢再回到成都，只得屯田沓中。

西元263年，魏國大將鍾會治兵於關中，意圖伐蜀。蜀國雖然曾有預警，但宦官黃皓以鬼神之說稱魏軍不會前來，結果魏軍偏師從景穀道偷渡，直進蜀國腹地。劉禪見大勢已去，只得投降，蜀國由此滅亡。

晉代曹魏

　　東漢末期到西晉建立這段時期，整個中原地區一片混亂，從諸侯割據到三足鼎立，你方唱罷我登場。在這段混亂的時期中，有一個家族始終在運籌帷幄，最終成為這個混亂時代中的勝利者，這個家族就是司馬家族。

　　司馬懿是司馬家族的代表人物，同時也是西晉王朝的主要奠基人。雖然在與諸葛亮的較量中，敗績較多，但司馬懿依然成了最後的勝利者。

　　司馬懿經歷三代託孤輔主，培養了眾多自己的支持者。在清除曹爽群黨之後，成功掌控了曹魏的政權。但是此時，司馬懿卻並沒有選擇奪權篡位。個中原因後世有多種解讀，但具體原因為何，可能只有司馬懿本人才能回答了。

　　司馬懿死後，大兒子司馬師繼承了父親的權位。司馬師在平定毌丘儉、文欽之亂的回師途中病逝，後由司馬昭繼承其權位。司馬昭在滅蜀之後，自封為晉王，並立司馬炎為世子。

　　魏帝曹髦大怒，帶了幾百親兵向著司馬家殺去。但是司馬昭早已得到風聲，派了一支精兵在半路殺掉了曹髦。隨後，司馬昭立曹奐為帝，此時的曹魏政權早已落入司馬家族手中。

　　西元265年，司馬昭中風而死，其子司馬炎繼承王位。司馬炎顯然要比父親更果斷，在逼迫曹奐退位之後，司馬炎正式建立西晉，成了晉朝的開國皇帝。

　　到了司馬炎時期，天下已經趨於穩定，很少再有大的動亂。司馬炎

第六章　三國魏晉南北朝：南北民族大融合

便開始撤銷邊防軍事，全力發展農耕。司馬炎的這種寬鬆舉措，在一定程度上緩解了當時的社會矛盾，但是最終卻導致了「八王之亂」的發生。

司馬炎稱帝

東吳滅亡

　　西元 229 年，東吳孫權稱帝。孫權長子孫登於西元 241 年早死，孫權於是立三子孫和為太子，不久後又封四子孫霸為魯王。

　　孫權晚年，孫霸與太子儲位之爭進入白熱化，朝中大臣也因此而分成兩派，功臣陸遜也因為捲入奪儲事件而遭到孫權的斥責，最後氣憤而死。

　　結果是孫和被廢，孫霸被賜死，孫權幼子孫亮被立為儲君。雖然事件得以平息，但是吳國的朝堂也被攪得混亂不堪，自此孫吳政權開始走向衰敗。

東吳孫權

　　神鳳元年（西元 252 年）四月，孫權因病去世，年僅十歲的孫亮即位，諸葛恪、孫弘、孫峻等重臣輔政。曹魏趁機發動了對孫吳的進攻，以司馬昭為都督，領兵七萬直逼東吳。孫吳方面則任諸葛恪為統帥，領兵四萬迎戰魏軍，結果魏軍大敗。

第六章　三國魏晉南北朝：南北民族大融合

西元 253 年，東吳大權被宗室孫峻所得。三年之後，孫峻病死前又將大權交到了弟弟偏將軍孫綝的手上。孫綝為人殘暴，嗜好殺戮，大權在握之後殺死了不少孫吳重要將領，曠日持久的內鬥讓孫吳國力急遽下降，處在分崩離析的邊緣。

西元 258 年，孫綝廢黜孫亮，扶持孫權第六子孫休即位。不久後，孫綝被孫休定計捕殺，年僅二十八歲。儘管孫休在位廣頒良制，施惠百姓，但是孫吳的疲敝之態並未得到根本改善。

西元 264 年，孫休因病去世，此時蜀漢剛剛滅亡，南方的交趾部落也叛吳降魏，孫吳處境十分危險。外患的同時，孫吳內部局勢也不穩定。為了控制這種局面，丞相濮陽興和左將軍張布立孫和的長子孫皓即位。

孫皓當政初期曾廣施仁政，被譽為「令主」。然而沒過多久，孫皓殘暴的一面就暴露出來了。孫皓不僅對臣民十分殘暴，而且生活也奢靡無度，使得人民怨聲載道。

同時，孫皓還不斷向晉發動軍事打擊，雖然晉受到一定困擾，但相較之下，卻給孫吳帶來了更沉重的負擔，進而遭到了江東士族們的集體反對。

孫皓的北伐非但沒能改變晉強吳弱的現狀，反而使事態愈演愈烈。西元 279 年，晉武帝司馬炎下令進攻吳國。當時，孫吳上下已經離心離德，面對強敵毫無辦法，晉軍遂一路勢如破竹，孫吳防線迅速崩潰。

西元 280 年五月一日，晉國軍隊抵達石頭城下，孫皓自知大勢已去，便命人反綁雙手，抬著一口棺材到晉軍面前投降。至此，孫吳政權滅亡，西晉實現了一統中華。

八王之亂

泰始二年（西元266年）二月八日，司馬炎逼迫魏元帝曹奐禪讓，自己即位，定國號為晉，改元泰始，司馬炎也就是後來的晉武帝。

晉武帝即位之後，為防止地方豪強割據、皇族沒有兵權的狀況，一次性分封了二十七個同姓王，並讓他們都有自己的軍隊。

分封子姪的做法，雖然讓司馬家族得以壯大，但是藩王權力過大，導致他們可以與中央分庭抗禮。司馬炎本想以此來鞏固自己的天下，沒想到卻適得其反，為內亂埋下了禍根。

西元290年，晉武帝司馬炎病逝，其子司馬衷即位，史稱晉惠帝。

晉惠帝即位之後，外戚楊駿便以各種手段，取得了獨自輔政的地位，這引起司馬氏諸侯王的不滿。晉惠帝皇后賈南風便祕密聯繫汝南王司馬亮、楚王司馬瑋，要求他們帶兵進京推倒楊駿。

此時的楚王早已躍躍欲試，苦於沒有進京藉口，接到請求後欣然接受，馬上就帶兵進入了洛陽。在楚王司馬瑋的幫助下，賈后成功殺死楊駿。

不久，汝南王也帶兵進入了洛陽。一山豈容二虎，楚王和汝南王馬上就發生了矛盾，賈后利用兩人的矛盾，假傳晉惠帝的密令給楚王，要其把汝南王抓捕後殺死。

事成之後，楚王並沒有想到，賈后心狠手辣，在殺死汝南王的當天晚上，便宣布楚王假造皇帝詔書，擅自殺死了汝南王。詭計多端的賈后就這樣毫不費力地清除了楊駿並連殺兩王，在朝中獨掌大權。

賈后在其掌權的七八年中做盡了惡事。有一次，她把太子灌得大

醉，趁太子意識不清醒之際，讓他手抄一封自己事前準備好的逼皇帝退位的信。結果，第二天賈后便在朝上公布了這封信，稱太子謀反。儘管大臣們都不相信是太子寫的，但無奈賈后勢力強大，最終太子被廢。

太子被廢之後，朝中大臣對賈后更加不滿。趙王司馬倫設計推倒賈后，他先是對外散布謠言，稱大臣們正在密謀讓太子復位。賈后聽聞後信以為真，便派人毒死了太子，趙王便名正言順地討伐賈后。他派禁軍衝進宮中，殺死了正在行樂的賈后。此時太子已死，趙王十分巧妙地除掉兩個心頭大患，可謂一石二鳥。

賈后死後，趙王便逐漸掌握了政權，他的野心也隨之越來越大。不到一年的時間，他就將在位的晉惠帝軟禁起來，自稱為皇帝。

為了鞏固政權，趙王大封同黨，被封的官員數量十分眾多，導致官帽上用來裝飾的貂尾都不夠用了，只好用狗尾充當。後來，民間便編出了一首歌謠來諷刺這種現象，即「貂不足，狗尾續」。

諸侯王們聽聞趙王叛亂稱帝，紛紛展開廝殺，爭權奪利。參與到這場混戰中的諸侯王主要有汝南王司馬亮、楚王司馬瑋、趙王司馬倫、齊王司馬冏、長沙王司馬乂、成都王司馬穎、河間王司馬顒、東海王司馬越，史稱「八王之亂」。

北方少數民族內遷

魏晉時期，中原地區諸強混戰，導致人口不斷減少。在曹魏統一北方之後，為了恢復經濟，曾讓周邊游牧民族內附，因此當時的山西、陝西、河北等地，逐漸形成了大片的游牧民族聚居區。

晉帝國取代曹魏之後，依然延續了這樣的政策。八王之亂爆發，晉帝國各諸侯王為了擴張自己的勢力，紛紛邀請游牧民族勢力加入本方。這些游牧民族被武裝起來之後，逐漸開始反噬晉帝國。

隨著時間的推移，這些游牧民族已經和漢人逐漸融合，漸漸從偏遠地區遷入中華大地。晉武帝時期，就有二十多萬匈奴人遷入內地，與漢人雜居在一起，從之前的游牧生活改變成農業定居生活。

但他們的生活並不安逸，長期以來因為遭受漢族地主的奴役和剝削，過著飢寒交迫的生活。

此後，這些少數民族的上層菁英們和西晉的一些地方長官趁著西晉內亂，紛紛割據一方，建立起自己的政權，隨後開始互相爭奪地盤。

西元304年，匈奴貴族劉淵率先起兵反晉，自稱大單于，隨後建國號為漢，改稱為漢王。

西元308年，他正式稱帝，把都城遷到了平陽。劉淵死後，他的兒子劉聰即位。劉聰曾派大軍進攻西晉，直至拿下洛陽和長安城。西晉的末代皇帝見兵臨城下，只好袒露胸臂，牽著一隻羊羔，拉著一口棺材，嘴叼玉璧，出城投降。至此，歷經四任皇帝，歷時五十二年的西晉政權滅亡了。

雖然劉聰滅了西晉帝國，但是他的好景也不長，兩年後，他就被鎮

第六章 三國魏晉南北朝：南北民族大融合

守關中的劉聰所滅。劉聰把都城遷到了長安，建立了史稱前趙的政權。

西元 329 年，羯人石勒發兵滅掉前趙，自任皇帝，建立後趙政權。後趙政權經過三十年的經營，幾乎統一了中國北方地區。

石勒雕像

石勒死後，他的姪子石虎便殺死了他的兒子，篡奪了後趙政權。石虎為人十分殘暴，為了滿足奢靡的生活，他搶奪民女，勒索百姓，使得民不聊生。

石虎死後，大將軍冉閔成功奪權，建立了魏國。他殺死了石氏家族的所有老小，還大肆屠殺羯人，短短的一天時間，就殺死了幾萬羯人。從前到後，有二十多萬人死在了他的刀下，這激起了少數民族的強烈反抗。西元 352 年，鮮卑慕容部滅掉了冉魏，建立了燕政權。

從西元 304 年劉淵起兵到西元 439 年北魏統一中國北部，共一百三十五年的時間裡，各個民族的統治者先後建立了二十多個國家，其中實力比較強的有十六個，分別為成漢、前趙、後趙、前涼、北涼、西涼、後涼、南涼、前燕、後燕、南燕、北燕、夏、前秦、西秦、後秦，統稱為十六國。

司馬睿建康稱帝

晉帝國經過八王之亂和劉聰占據洛陽後，在北方的統治已經名存實亡。此時司馬睿在琅琊王氏的幫助下，渡長江到南方復興了晉帝國，史稱東晉。

司馬睿於西元276年生於洛陽，其祖父琅琊王司馬伷是司馬懿的庶子。西元249年，司馬懿發動政變，掌控了曹魏實權，並把自己的兒子們分派到各個重要地區出任都督，其中，司馬伷就被分配到鄴城。

此前鄴城是曹操封魏王時的都城，也是曹魏王公們聚集之地，這裡兵糧充足，是個軍政要地。不久之後，司馬伷被封為琅琊王。

在平吳之役中，司馬伷立下大功，進拜侍中、大將軍、開府儀同三司、督青州諸軍事等職。司馬伷死後，長子司馬覲襲得琅琊王，雖然生平碌碌無為，但是他的地位十分顯赫。

西元290年，司馬覲去世，其子年僅十五歲的司馬睿依例繼承了琅琊王爵。西元304年，「八王之亂」越來越激烈，東海王司馬越挾持晉惠帝司馬衷親征鄴城，鎮守鄴城的統帥是成都王司馬穎。

司馬穎此前曾殺死了執政的長沙王司馬乂，迫使惠帝封他為繼承人，司馬穎取得要職之後只顧搶奪宮中財寶帶回鄴城，並且為人專橫獨裁，使得很多貴族權臣不滿。於是，司馬越便以惠帝的名義徵召四方諸侯，共同討伐司馬穎，司馬睿以左將軍的封號也參與了這場討鄴戰爭。

司馬越兵敗逃回封國東海，司馬睿的靠山東安王司馬繇被司馬穎殺害。司馬睿感到十分危險，從鄴城潛逃，十分艱難地回到了洛陽，把自己的家眷接走，帶到了琅琊。

第六章 三國魏晉南北朝：南北民族大融合

西元305年，司馬越再次起兵，任用司馬睿為平東將軍兼都督徐州諸軍事，留守下邳，幫助他料理後方。隨後司馬睿委任王導為司馬。永嘉元年（西元307年）九月，司馬睿偕王導渡江至建鄴，在江東發展勢力。

晉元帝司馬睿

西晉滅亡的第二年，即建武元年（西元317年）四月六日，司馬睿改元建武，建立東晉政權。

司馬睿即位之初，他的勢力還很單薄，沒有足夠的聲望駕馭各個皇族成員，同樣也未能得到南北士族們的支持，根基不夠牢固。於是，王導便建議司馬睿拉攏當地的兩位名士顧榮和賀循。

司馬睿親自上門請二人做官，並委以重任，此後人們才紛紛開始擁護司馬睿。隨後，在王導兄弟的幫助下，司馬睿逐漸在建康站穩了腳跟，鞏固了地位。司馬睿在登基時為了感謝王導和王敦兩兄弟，還請他們一起坐上御座，接受百官的朝拜。

後來，司馬睿封王導為尚書，執掌朝中政事，讓王敦主管軍事。於是在民間就流傳了一句話，「王與馬，共天下」。

淝水之戰

東晉建立，司馬睿政權屢經叛亂，經過幾十年的努力，終於穩固了政權基礎。

而中原地區，經過各政權的廝殺，終於在西元350年之後獲得了短暫的統一，建立了前秦政權。

前秦是由少數民族將領苻堅於西元352年建立的，從西元357年開始，苻堅開始了對其他國家的吞併蠶食。

最早被苻堅滅掉的是前燕，隨後是前梁和代國，至此前秦已經統一了中國北方地區，成為中國歷史上第一個能夠統一北方的非漢民族政權。

北方一統之後，苻堅打起了東晉的主意，想要透過南征來完成統一全國的政治目標。

西元383年，苻堅從全國各地徵召了九十萬大軍，分三路南下徵晉，一路披荊斬棘，攻破了東晉多個城池。

在危急存亡之際，東晉丞相謝安派出了謝石和謝玄，募得八萬府兵之後，趕赴到淮水沿線。透過一番打探，東晉方面摸清了前秦部隊的虛實，派出了由劉牢之率領的五千精兵夜間渡河突襲。

結果，前秦的前哨被破，大大激起了晉軍的士氣。隨後，晉軍部隊趕赴到淝水東岸，準備正面對抗前秦軍。

第六章　三國魏晉南北朝：南北民族大融合

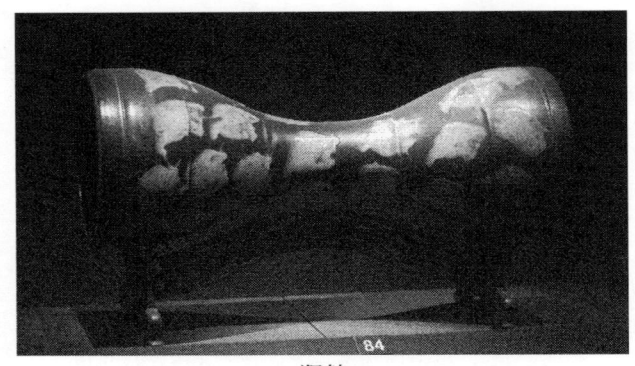

羯鼓

　　苻堅得知晉軍已經抵達淝水之後，便登上了壽陽城城樓，觀望敵軍動向。他看到晉軍列陣整齊，氣勢洶洶，頓時感到十分驚慌，結果錯把山上茂密的草木當成了晉軍。《晉書・苻堅載記》：「堅與苻融登城而望王師，見部陣齊整，將士精銳；又北望八公山上草森皆類人形，顧謂融曰：『此亦勁敵也，何謂少乎？』憮然有懼色。」這就是成語「草木皆兵」的出處。

　　慌亂的苻堅沒有了之前的勇武，與晉軍相持於淝水，按兵不動。

　　但對於晉軍來說，此時不宜久戰，時間拖得越久就越難取勝。於是，謝石、謝玄派人發函給苻堅，稱：「既然兩國已經決定決一死戰，不如找個寬闊的場地打個痛快。請貴軍稍向後撤，等我軍渡河之後決一雌雄。」苻堅同意了，但他心中也有自己的小算盤，等晉軍渡河到一半的時候以騎兵突擊，來個「半渡而擊」，晉軍必然大敗。

　　結果現實完全沒有按苻堅的計畫進行，軍隊剛剛後撤，士兵們就感到莫名其妙，以為前方戰敗，搞得人心惶惶。同時，潛伏在前秦軍的內奸朱序大喊道：「秦軍敗了！」將士們聽罷更加恐慌，爭先恐後地四散逃命。就這樣，前秦軍還沒交手就神奇地敗逃了。晉軍當然不會錯失如此良機，馬上渡河追擊，殺得前秦軍膽顫心驚。前秦軍敗退的同時，還有

大量士兵因為互相踩踏而死。苻堅本人也因混亂而身中流矢,只得帶著幾千人馬逃回淮北。

　　淝水大戰失敗後,前秦元氣大傷,從此一蹶不振。苻堅不久之後也被部將姚萇所殺,短暫統一的北方再次陷於混戰。

第六章 三國魏晉南北朝：南北民族大融合

北魏立國與改革

在前秦短暫統一北方以後，又一個強大的政權出現了，它不但統一了北方，甚至也為中華的統一奠定了基礎，這個政權就是鮮卑人建立的北魏。

鮮卑族拓跋部主要居住在大興安嶺附近，以游牧為生，在東漢以前，拓跋部在拓跋詰汾的帶領下，逐漸向西遷移，進入漠北地區。到了拓跋力微時期，拓跋部又遷居到盛樂，當時的拓跋部仍然處於氏族部落聯盟階段。

西元315年，拓跋力微之孫拓跋猗盧被西晉封為代王。西元338年，拓跋什翼犍建立代國，定都於盛樂，此後拓跋部勢力開始強大起來。但是在西元376年，代國在前秦苻堅的進攻下滅亡。

西元386年，前秦瓦解，拓跋什翼犍之孫拓跋珪重新召開部落大會，恢復了代國，定都牛川。此後又遷都盛樂，改國號為魏，自稱為魏王。為了與曹魏相區別，後世將拓跋珪建立的政權稱為北魏。

為了復興拓跋氏，拓跋珪四處征戰，不僅擊敗了匈奴的劉顯、劉衛辰兩個部落，同時還擊敗了北方的高車族。

西元398年，拓跋珪遷都平城，稱帝。此後，太武帝拓跋燾即位後，開始主動對外進攻。他曾先後十三次出兵柔然，征服了漠北一帶。同時還在西元431年滅胡夏，平山胡，西逐吐谷渾。在西元436年滅亡北燕，西元439年滅亡北涼，最終統一北方，與南方的劉宋政權形成南北對峙的格局。

北魏立國與改革

太武帝去世之後，從文成帝拓跋濬開始，北魏實施改革，將游牧經濟逐漸轉變為農業經濟。在眾多改革中，孝文帝拓跋宏改革的影響最為深遠。

孝文帝拓跋宏

孝文帝在即位後，為了緩和階級矛盾，實行了一系列改革措施。孝文帝改革的主要內容是漢化運動，其中包括均田制、戶調製、遷都洛陽，改漢易俗等內容。這些舉措不僅促進了北魏社會經濟的發展，同時也促進了民族融合。

西元493年，孝文帝決定將都城從平城遷到洛陽。遷都後，將官制改成了魏晉南朝制度。孝文帝的改革遭到了保守的鮮卑貴族反對，西元496年，企圖叛亂的拓跋恂被孝文帝處死，舊貴族在平城的兵變也被孝文帝鎮壓。孝文帝透過一系列強硬舉措，保證了改革的順利進行。

孝文帝的改革讓北魏變得更加強大，但是在孝文帝死後，僅僅三十年時間，北魏就迅速走向了滅亡。

第六章 三國魏晉南北朝：南北民族大融合

宋武帝劉裕

儘管淝水之戰取得了大勝，但是東晉並沒有迎來國力的蒸蒸日上，反而出現了內亂。

權臣桓玄繼承了父親桓溫的遺志，再次發動篡位，但沒過半年就被「北府兵」著名將領劉裕擊敗。隨後，劉裕迎晉安帝到建康，晉安帝成為劉裕所操控的傀儡皇帝。

雖然劉裕在滅桓玄的過程中展現了出色的軍事才能，但是他在朝中立足不久，根基不穩，沒有太高的政治威望。為了服眾並站穩腳跟，劉裕開始了北伐，第一次是拿十六國中的南燕開刀。

當時南燕的領導者是個堪比桀紂的暴君，做出了不少荒淫無道的事，劉裕決定教訓他們一番。

義熙五年（西元 409 年）四月，劉裕率大軍從建康出發，經水路抵達下邳後棄船登陸，拋下了輜重，只帶乾糧輕兵疾行。劉裕軍隊孤軍深入，又無險可守，如果敵人於後方截斷退路，前方堅守不出，則會陷入十分危險的境地。

但劉裕準確地預料到荒淫的慕容超絕非有耐心之輩，為了建立軍功，他一定會出城迎戰。結果，當年六月，燕軍果然出戰應敵，與晉軍在臨朐遭遇。劉裕擺出四千輛車子從兩翼推進，打得燕軍騎兵只能和劉裕步兵膠著而戰。同時，劉裕還派出了一支萬人部隊突襲臨朐，並在正面發動猛攻。此戰，晉軍斬殺燕軍十餘名大將，大敗燕軍。

義熙六年（西元 410 年）二月，劉裕經過長時間的圍城終於迫使南燕鎮南長史、尚書悅壽開城投降，慕容超在突圍的過程中被抓，至此，南

燕被劉裕所滅。

劉裕北伐的同時，與他政見不合的廣州刺史盧循發動了叛亂。盧循和部將率領軍隊從江西贛江乘船南下，出發建康。劉裕馬上帶兵提前趕回了建康，堅守不出。叛軍面對堅守的劉裕軍隊感到束手無策，只能在附近地區徘徊劫掠。相持數個月之後，叛軍已經十分疲憊，只好撤兵。劉裕看準時機，派出一支軍隊遠攻廣州，拿下了叛軍的老巢，使得叛軍只能在江浙沿海地區搶劫逃竄。沒過多久，流離失所的叛軍覺得與其這樣逃亡下去，不如孤注一擲奪回廣州。結果叛軍被劉裕殺得大敗，叛軍首領全部被斬首。

經過一番征戰，劉裕樹立了威信，站穩了腳跟，很快就掌握了東晉王朝的實權。西元419年，他把晉安帝活活勒死，偽造遺詔傳位給司馬德文。司馬德文即位之後，劉裕被封為宋王。但劉裕絕不滿足於此，司馬德文的皇帝當了不到兩年的時間，劉裕就開始了篡位行動。他先是逼迫司馬德文禪讓王位，隨後用被子把司馬德文捂死在床上。司馬德文死後，劉裕就安安穩穩地坐到了皇帝的寶座上。

西元420年，篡位成功的劉裕建立了宋朝，至此東晉滅亡。

宋武帝劉裕

第六章 三國魏晉南北朝：南北民族大融合

元嘉之戰

東晉滅亡之後，中國進入了「南北朝」對峙階段。中國自此進入了歷史上最為黑暗的時代，但同時也湧現了很多英雄良將。

劉裕代替東晉建立劉宋政權的同時，北方的拓跋氏則透過一系列的征戰兼併，統一了北方，建立起了北魏政權。這兩個新興政權起初都忙於掃除附近的敵人，而無暇顧及彼此。

經過兩代帝王的苦心經營，西元450年時，宋、魏兩朝都已經安然度過了建國早期的動亂，國力日臻強盛，人民安居樂業。

俗話說「一山不容二虎」，在兩朝完成富強大業之後，一場決一雌雄的大戰也不可避免地爆發了，這就是歷史上著名的「元嘉之戰」。

北魏瓦當

元嘉二十七年（西元450年）二月，北魏太武帝派出十萬大軍攻打宋朝的懸瓠，還寫給宋文帝一封極具侮辱性的書信。宋文帝於當年七月派大軍分兩路北上，西路由名將柳遠景統領，經湖北北部打到弘農、潼關；東路由王玄謨率領，渡黃河攻滑臺。

宋軍作戰一度十分順利，完全可以趁勢北上，大舉進攻北魏腹地，

但是問題出現在了將領身上。在圍城期間，王玄謨不聽部下勸告，喪失攻城良機，又搜刮民財，大失人心，結果阻礙了北伐的繼續。

此時，魏軍發動了大舉反撲，多次擊退了東線的宋軍主力。西路軍見東路受挫，因兵力有限不敢孤軍深入，也只得南撤。

宋軍的南撤並沒有穩住戰局，反而大振了魏軍的士氣，加緊大舉南下，一直打到了長江北岸的瓜州。宋朝見形勢緊急，從各地調配了大量軍民，駐防於長江沿線。當時已經到了寒冷的冬季，魏軍糧草無法供應，宋軍又堅守不出，魏軍只得撤軍。

次年春天，魏軍捲土重來。此時的宋軍已經沒有當初北伐時的雄心壯志，所守的防線逐漸從河北地區撤到了淮北，最後退到了淮南。至此，勢均力敵的南北對峙轉向了「北強南弱」。這一次魏軍雖然又一次無功而返，但宋軍也只剩下抵抗的餘力。

因為宋文帝的年號為元嘉，所以歷史上稱這次戰爭為「元嘉之戰」，這次戰爭使得宋朝元氣大傷，只得偏安於南方，再無力北伐。

第六章　三國魏晉南北朝：南北民族大融合

劉宋滅亡

　　元嘉之戰讓劉宋政權元氣大傷，但是真正導致其滅亡的卻是內部的自相殘殺。

　　宋文帝一共在位三十年，在動亂的南朝算是在位時間很長的了。但是沒想到，宋文帝的太子劉劭因為等得不耐煩而找到了女巫嚴道育，以歪門邪道詛咒老皇帝。

　　西元452年，詛咒敗露，文帝既憤怒又悲傷，但他又不忍心廢掉太子，只是痛斥太子，四處抓捕女巫嚴道育。沒想到的是，嚴道育居然藏在太子府中，文帝終於決定廢黜太子。但是此時，太子已經選擇先發制人，發起了政變。

　　西元453年，劉劭召集了兩千餘名士兵衝進內城，以假詔書騙開了城門，帶兵的張超之手持兵器直接殺死了正在討論廢立之事的文帝。隨後，劉劭將重要大臣們全部拘禁起來，在幾十名朝臣的「擁立」之下登基。

　　太子弒父篡位的消息很快就傳到了地方皇子的耳朵裡，遠在湖北的三皇子劉駿馬上舉兵討伐，一時間各地軍政長官也紛紛響應。

　　不到三個月，失道寡助的劉劭就被討伐軍推翻，劉劭本人及全家老小被全部處死。

　　西元453年，孝武帝劉駿即位。劉駿上臺的第一件事就是清除異己，還殺死了親兄弟劉鑠，因為當初劉鑠是父親文帝最喜愛的兒子，劉駿嫉恨已久。

　　西元454年，劉駿的叔父劉義宣也起兵叛亂，企圖與姪子爭奪王位，結果失敗，劉義宣本人及其十六個兒子都被處死。

劉宋滅亡

劉駿的另一個親兄弟武昌王劉渾從小就頑劣成性，他覺得當皇帝是件好玩的事，便在雍州自立為楚王，還像模像樣地建立了年號，任命了百官。結果，很快就被告發，劉駿將其貶為庶人，不久後責令其自殺。

目睹皇室宗親紛紛被殺，原本與劉駿關係要好的劉誕心生恐懼。為了自保，劉誕開始招募士兵，儲藏軍備。西元459年，劉誕被人告發謀反，孝武帝馬上派兵圍困了劉誕的廣陵城。數月後，城門被破，劉誕被殺。

石頭城遺址

就這樣，宋文帝死後，皇室成員爆發了大規模手足相殘的內亂，政局因此混亂不堪。

劉駿死後，其子劉子業即位，此人更是個殘暴的君主。他因懷疑叔父造反，便將其四肢砍斷。已經八十歲高齡的老臣沈慶之直言進諫，卻招來嫉恨，使得全家被滅門。

最後連劉子業身邊的侍衛都看不下去他的暴行了，終於在其獨身一人的時候將其殺死。

劉宋政權內部的廝殺和君主的無道統治，終於把這個王朝折騰得搖搖欲墜。

西元479年，執掌禁軍職權的蕭道成迫使末代皇帝劉宋順帝禪讓皇位，這個持續了六十年的劉宋王朝終於在宮廷廝殺中斷送了國運。

第六章 三國魏晉南北朝：南北民族大融合

短命的南齊

蕭道成取代了宋朝建立起了齊朝，為了與南北朝時期的其他齊朝相區分，歷史上稱其為「蕭齊」或「南齊」。

南朝齊墓葬

蕭道成遠沒有劉宋建立者劉裕那樣的顯赫功績和非凡能力，因此在其即位之後低調了很長一段時間。他對內實行節約的政策，鼓勵農耕發展經濟，對外則盡量與北朝保持和平，維護國家的安定。

蕭道成因為目睹了劉宋王朝的滅亡，深知手足相殘是王朝覆滅的重要原因，於是臨死之前語重心長地告誡太子切勿手足相殘。

後來上任的太子蕭賾聽從了父親的遺命，善待同族兄弟，進一步實行勤儉節約的國策，在此期間社會比較安定。

武帝蕭賾去世的半年前，太子已先一步去世了，哀傷的武帝只好立自己的孫子蕭昭業為皇太孫。

當時年僅二十一歲的蕭昭業是個十分聰明的人，但是他的人品卻十分卑劣，善於做戲。當他得知父親死後，第一反應便裝出了悲痛萬分的

樣子，可是一回到寢宮便開始飲酒作樂。

蕭昭業得知自己成為皇太孫後，馬上叫女巫詛咒祖父早死。雖然此事並未被祖父發現，但大臣們已經看透了蕭昭業的狼子野心，希望改立賢能的蕭子良為儲君。

武帝病危之時，蕭子良一直帶領眾大臣在一旁侍候，雖然看上去是在盡孝，但其實也是心懷鬼胎。武帝去世前，先是假裝昏了過去，大臣們見狀馬上換上了喪服，拿出了早已準備好的假詔書，企圖宣布蕭子良即位。

出乎意料的是，武帝竟然迴光返照，甦醒了過來，他馬上派人叫皇太孫。蕭昭業立即帶著士兵衝進了內宮，此時齊武帝已經死去，蕭子良的奪位計劃便沒能得逞。

蕭昭業即位成為南齊的第三位皇帝，史稱齊文帝。雖然蕭子良篡位的陰謀已經被其識破，但蕭昭業上任之後並沒有急著報復，而是將那些擁立蕭子良的大臣們全部殺死。蕭子良為此感到十分羞愧，再加上對未來的恐懼，不到一年就鬱鬱而終了。

南齊共存續了二十四年，經歷了七任皇帝。而前兩位皇帝就占去了大半時間，後面五位皇帝政權更替的頻繁程度可見一斑。

可以說，南齊皇室自相殘殺的猛烈程度完全不亞於劉宋，蕭道成最不願看到的手足相殘還是上演了。

西元502年，齊和帝被迫把帝位禪讓給了蕭衍，至此，短命的南齊正式滅亡了。

第六章　三國魏晉南北朝：南北民族大融合

北魏內亂

　　北魏孝文帝的改革讓王朝的國力盛極一時，但是讓人始料不及的是，北魏卻也為此付出了慘痛的代價——分裂亡國。

　　孝文帝所強力推行的漢化制度徹底激化了胡漢之間的民族矛盾，以至於發生了六鎮兵變。

　　所謂「六鎮」是指北魏國境上的六個軍事重鎮，這裡駐守著鮮卑最為精銳的部隊，其領導者本人也是鮮卑的皇親貴冑。

　　邊境的主要敵人柔然敗退後，北魏朝廷開始把軍事中心轉移到了南部，並大舉開展漢化改革。那些本想以軍功建功立業的貴族們受到了冷落，他們的地位和待遇迅速下降。朝廷的漢化改良派認為這些行伍出身的將軍們胡化程度很高，不適合到朝中為官，於是上奏皇帝排擠武將，把武將們從重要官吏中剔除。

　　為國家立下赫赫戰功的六鎮將軍們被徹底激怒了。一時間，北魏竟然形成了「洛陽派」和「北鎮派」，兩派猶如水火一般，內亂的爆發只是早晚的事情。

北魏千佛石塔

　　不久後，「六鎮起義」終於爆發。內部矛盾重重的中央政府已經沒有能力控制混亂的局面，使得地方豪強迅速壯大，其中一個名為爾朱榮的將領發展最為迅速。

北魏內亂

爾朱榮透過集結北方豪強，鎮壓了各地方的起義軍，隨後他平定了叛亂，也掌握了北魏大權。

被控制的孝莊帝不甘任其擺布，便聯合其他勢力，親手殺死了前來朝見的爾朱榮。結果，孝莊帝沒過幾天就被爾朱榮的弟弟爾朱兆所殺害。隨後爾朱兆也像哥哥一樣，擁立了傀儡皇帝。但在此時，各地區的割據勢力再次興起，其中以高歡和宇文泰最為強大。

高歡曾是爾朱榮的部下，爾朱榮深知高歡的能力和野心，曾告誡弟弟不要讓高歡帶兵外出，但爾朱兆卻沒有聽從哥哥的建議。

正如爾朱榮所預料的那樣，高歡後來擁兵坐大，殺死了爾朱兆，立了傀儡皇帝孝武帝。

孝武帝又不甘心做高歡的傀儡，便策劃暗殺高歡，將重任交到另一個豪強宇文泰身上。

但高歡久經政治沉浮，提前做好了準備，當他得知宇文泰入都後，便先發制人，發兵洛陽。結果孝武帝無法抵抗，只好潛逃出城，直到遇到宇文泰手下的李賢才躲過一劫。

但是，在宇文泰的勢力之下，孝武帝仍然是個傀儡，不甘心做傀儡的孝武帝最後還是因為與宇文泰不和而遭到毒殺。

西元534年，宇文泰擁立元寶炬為帝，以長安為都城，重操國事，史稱西魏。而高歡因自感無力討伐宇文泰，便也擁立清河王世子元善見為帝，定都鄴城，史稱東魏。從此，北魏王朝一分為二，東西兩魏對峙自立，北魏實際上已經亡國了。

第六章 三國魏晉南北朝：南北民族大融合

南梁滅亡

蕭衍篡位之後建立了梁朝，史稱梁武帝。武帝在位時，北魏已經陷入動亂當中，南梁因此得以喘息。

梁武帝為人節儉，勤政愛民，在他的治理之下，南梁大大恢復了國力，甚至有趕超北魏之勢。

但是到武帝後期，他開始崇信佛教，為了弘揚佛教，他不僅免掉了僧侶們的賦稅，還大興土木建造寺廟，使百姓飽受徭役之苦。

天寧古禪寺

同時，皇室宗族和官員們還藉此機會搜刮百姓，使得國庫空虛，人民怨聲載道。

西元547年，東魏的一位將領侯景與權臣發生矛盾，請求帶著自己所管轄的河南十三州歸順南梁。武帝明知侯景其人複雜多變，非常不可靠，但是他希望能借侯景之力統一天下，於是武帝接受了侯景的投降，並封以要職。

南梁滅亡

後來侯景在北伐戰爭中大敗，使得東魏抓住機會南下伐梁。武帝為了保存梁國，竟與東魏商議獻出侯景求和。

此事被侯景得知，走投無路的侯景盛怒之下乾脆舉兵叛變，他率領的軍隊直接攻破了建康。梁武帝被俘，餓死於獄中。

侯景為了斬草除根，屠殺了江南士族和蕭梁子孫，進而篡位建漢。至此，南梁已經土崩瓦解。

西元552年，廣州太守陳霸先與湘東王蕭繹聯合攻破建康，侯景在逃亡中被部下所殺。

侯景死後，那些蕭家子孫紛紛擁兵自立，隨後又是一番手足相殘。江陵稱帝的蕭繹求助於西魏，滅掉了蜀地稱帝的蕭紀。第二年，蕭詧又借西魏之力殺死了蕭繹，成為西魏的傀儡皇帝。

蕭繹死後，陳霸先擁立了傀儡皇帝蕭方智，此時南朝的政權已經牢牢握在了陳霸先的手中。

西元557年，陳霸先廢蕭方智自立為帝，建立南陳政權，史稱陳武帝。至此，南梁徹底滅亡了。

陳武帝陳霸先

南陳在南朝四代中疆域最小，兵力最弱，雖然經過陳霸先的勵精圖治，但是仍然沒有達到劉宋時期的水準，完全成為了一個偏安割據勢力。

南陳的建立，預示著南朝在與北朝的對峙中徹底失敗，華夏統一的大勢已經不可逆轉，唯一的疑問是，這個統一會由哪一個北朝政權來完成。

第六章 三國魏晉南北朝：南北民族大融合

北周統一北方

　　高歡和宇文泰所扶持的東西兩魏沒過多久，就各自被他們的繼承人所推翻了。

　　西元 550 年，高歡之子高洋滅掉東魏，建立北齊。西元 557 年，宇文泰之子宇文覺也推翻了西魏，建立了北周。從此，中國北方開始了周、齊對立時期。

　　高洋統治初期，對北齊治理還算賢明。他不但發表一系列改革政策，還真正地使北齊在短時間強盛了起來。但是好景不長，沒過幾年，高洋就搖身一變成為典型的昏君形象，整日沉溺於酒色，不理朝政，還大興土木，勞民傷財，使得國力衰微。

　　西元 559 年，無道的高洋因病去世，終年只有三十一歲。儘管高洋死了，但是北齊的命運絲毫沒有好轉，接下來即位的君主都是昏庸無能之輩，朝政越來越混亂。

　　相比之下，北周則日漸強盛。西元 560 年，一位才能出眾的帝王宇文邕即位了，史稱北周武帝。他在位期間，不僅對國家內政實施了有力的改革，還逐漸吞併了周圍各個少數民族的勢力，使國力逐漸強盛，大有統一北方之勢。

　　西元 575 年，北周武帝親率大軍攻伐北齊，但是因為途中生病不得不撤軍回朝。次年十月，北周武帝捲土重來，大舉出兵北齊，值得一提的是，後來的隋朝建立者楊堅此時就是軍中的一位將領。

北周武帝孝陵雙闕

　　以強盛的北周攻打衰敗的北齊，結果可想而知。北周軍隊一路攻城拔寨、勢如破竹，連續攻下多個北齊城池。

　　西元 577 年，北周軍攻破了北齊都城鄴城。時任北齊皇帝的高緯在慌亂之中，把皇帝之位傳給了剛剛八歲的兒子高恆，隨後帶著高恆企圖潛逃到南方的陳國。

　　結果，高緯與幼子在途中被北周軍士兵抓獲，最終被賜死。至此，北齊滅亡，北周統一了中國北方。

第六章　三國魏晉南北朝：南北民族大融合

北周滅亡

北周武帝是一位十分有才能的君主，可惜的是他在剛滅亡北齊的第二年就因病去世了。西元578年，北周武帝的兒子，荒淫無道的宇文贇即位了，史稱北周宣帝。

武帝去世時，宇文贇曾用手指著棺材大罵道：「老賊，你終於死了。」他在位的時候，根本無心管理朝政，每天沉浸在享樂之中，親近奸臣小人，亂殺了很多忠臣良將。

這樣的日子也只持續了不到一年時間，厭倦了應付各種朝政的宇文贇把皇位傳給了他的兒子宇文闡，自己退到背後當起了太上皇。

當時宇文闡剛剛年滿七歲，即位當天害怕得大哭，宇文贇所為可謂胡鬧到了極點。

雖然宇文闡坐上了皇位，但朝中大權仍掌握在宇文贇手中，他把持朝政，卻又不理朝政，整日縱慾嬉遊。宇文贇的健康狀況不斷惡化，終於在一年之後病逝，時年僅二十二歲。

宇文贇死後，大權仍然沒有交到小皇帝手上。此前，楊堅身為皇太后楊麗華的父親身居高位，在朝中一直有很大的勢力。藉此良機，楊堅便替小皇帝宇文闡主政了。

隋文帝時大佛

楊堅攝政之後主抓軍事大權，當時的一位大臣顏之儀強烈反對外戚過度干政，提出應由宗室親王當政。楊堅對此十分不悅，罷免了顏之儀

的官職，將其發配到了邊遠地區。

同時，宇文闡的六個兄弟也顯得十分礙眼。楊堅一方面將他們封為高官，另一方面則架空他們，剝奪他們的實權，使他們有苦難言。同時，楊堅為了防止這些宗室皇親到地方尋求支援，還以守孝為名，將他們軟禁在長安。

宇文闡還有一位年歲較大的叔父名叫宇文贊，他經常圍在小皇帝的身邊，這讓楊堅懷疑他們在密謀反抗。於是，楊堅便送了多名美女給宇文贊，使其沉溺在美色之中無暇他顧。此種做法十分管用，很快，宇文贊便忙得連屋門都不出了。

穩定了朝中局勢之後，楊堅還要對付地方的反對勢力。當時的相州府總管尉遲迥是他的心腹大患。為了除掉尉遲迥，楊堅讓尉遲迥的兒子請尉遲迥回到京師會葬先帝，同時又派自己的心腹韋孝寬接任相州府。尉遲迥早已猜到了楊堅有叛逆之心，便一邊推延趕赴的時間，一邊積極準備作戰。

在與尉遲迥的敵對中，楊堅終於下定了篡位的決心，他派韋孝寬率大軍發兵攻打尉遲迥，最終尉遲迥兵敗被殺。

楊堅除掉外患之後，皇室宗親們更加不安，便密謀於酒宴中刺殺楊堅。奈何楊堅早有防備，名正言順地以謀反之罪殺掉了宇文家的全部王爺。

西元581年，楊堅已經做好了篡位準備。朝中上下基本上都安插了楊家氏族，他已經徹徹底底把皇帝架空了。面對此種局面，宇文闡只好聽從了大臣們的意見，主動把皇位讓給了外公。

附錄：第六章主要參考文獻

[1] 司馬光·資治通鑑 [M]·北京：北京聯合出版公司，2016·

[2] 陳壽·三國志 [M]·北京：北京時代華文書局，2014·

[3] 呂思勉·呂思勉文叢：三國史話 [M]·武漢：華中科技大學出版社，2016·

[4] 呂思勉·極簡中國史 [M]·天津：天津人民出版社，2016·

[5] 呂思勉·兩晉南北朝史 [M]·武漢：華中科技大學出版社，2016·

[6] 王仲犖·魏晉南北朝史 [M]·上海：上海人民出版社，2016·

[7] 唐長孺·魏晉南北朝史論從 [M]·北京：商務印書館，2010·

[8] 姜正成·一次閱讀知南北朝 [M]·北京：當代世界出版社，2015·

[9] 易中天·易中天中華史十二卷：南朝，北朝 [M]·杭州：浙江文藝出版社，2016·

第七章
隋朝大一統：亂世後的特殊時期

作為中國歷史上又一個大一統時代，隋朝的建立不僅結束了魏晉南北朝的分裂局面，更成為中華燦爛文明的新開端。隋朝雖然短暫，卻建立起了統一的多民族國家，透過強而有力的中央集權，來管理幅員遼闊的疆域。在一些制度體制方面，還為唐朝的制度建設打下了堅實基礎。

第七章　隋朝大一統：亂世後的特殊時期

隋統一天下

　　陳霸先建立陳朝之後，雖然透過武力穩定住了國內的局勢，但此時的陳朝遠沒有劉宋時那般強盛。

　　陳朝前三位君主都稱得上是明君，在他們的苦心經營下，遭到毀壞的江南經濟有了很大恢復。但是昏君陳後主即位之後，徹底讓前人的努力化為烏有。

　　西元582年，陳後主即位。這是一位荒淫無道的君主，他在位期間每日都要與妃嬪、群臣遊宴，把精力全部放在了吟詩弄墨上，徹底荒廢了朝政。

　　此外，陳後主還大興土木，為了建造自己心儀的豪華宮殿，不惜大量損耗百姓的勞力和財力。

　　當然，這樣的昏君也最愛任用腐敗的臣子，朝中重臣無論是宰相江總還是尚書孔范，都可以說是國家的「蛀蟲」。他們看到陳後主整日沉溺於酒色，不但不加以制止，反而竭盡阿諛諂媚之能，陪著皇帝通宵達旦地喝酒作樂。

　　就在陳後主與大臣們盡情享樂的五年中，陳朝已經被侵蝕得民困國貧，而北方的隋此時已經逐漸壯大，陳朝的命運也將走到盡頭。

　　西元589年年初，隋朝分八路大軍南下攻陳。儘管前線接連傳來不利的戰報，但陳後主絲毫不為所動，自信地認為陳朝有長江天險，隋軍就算再強大也無法渡江進攻。

隋文帝與陳後主

　　然而短短的兩個月後，隋朝大將賀若弼和韓擒虎就已經帶著大軍渡過長江，直逼建康。此時的陳後主如夢初醒，意識到必須召集軍隊抵抗了，但是早已錯過了最佳時機，陳朝滅亡的大勢已定。隋軍一路風捲殘雲般攻進了建康城中，不僅俘虜了大量陳國將士，還把絕望的陳後主收入監牢。

　　至此，曾憑藉長江天險而偏安江南一百多年的南朝徹底結束了，已經分裂近三百年的中國疆土再次重歸統一。

第七章 隋朝大一統：亂世後的特殊時期

開皇之治

楊堅建立隋朝，攻滅陳朝後，結束了魏晉南北朝時期的分裂局面，實現了國家統一。與此同時，他還在政治、經濟和文化等諸多方面，實施了一系列改革，徹底改變了魏晉南北朝時期的社會局面，創造了一個社會安定、百姓富足、文化繁盛的社會景象。

開皇之治對於後世的影響是異常深遠的，雖然其不如貞觀之治那樣家喻戶曉。但隋文帝時期的一系列改革舉措，不僅結束了魏晉南北朝的混亂局面，更開創了新的大一統時期的繁榮局面。短短二世而亡的隋朝，也為大唐盛世留下了大量的寶貴財富。

隋文帝的改革措施主要表現在政治、經濟和軍事等方面。

在政治上，隋文帝實行了一系列改革，包括政治體制、土地制度、法律等內容。在政治體制上，隋文帝首創了三省六部制，同時還廢除了在中國實行三百多年的九品中正制，創立了科舉制度。這些舉措對後世歷朝歷代都影響深遠。

在地方政治體制上，隋文帝簡化了地方行政組織，將過去的州、郡、縣三級制改為州、縣二級制，同時還合併了一些郡縣。

隋文帝所建立的新政治體制，一直延續到清朝，成為中國封建社會新階段的重要代表。

在經濟方面，隋文帝推行了輕徭薄賦的富民政策，同時，還推行了均田令、輸籍法，進行全國性戶口調查，增加了國家稅收收入。

為了統一度量衡，隋文帝廢除了各種古幣和私人鑄造的錢幣，統一使用五銖錢，進一步推動了隋朝經濟的發展。

> 開皇之治

　　在軍事方面，隋文帝改革了府兵制，規定三年一揀點以補充缺額。透過兵散於府，將歸於朝的方式，可以有效防止將帥擁兵自重。

　　在統治時期，隋文帝還下令修建了西京大興城和東京洛陽城，開鑿了廣通渠，對後世中國造成了深遠影響。隋文帝時期採取的一系列舉措，共同造就了「開皇之治」的出現。

　　當然，「開皇之治」伴隨著隋文帝的離世而逐漸消失，隋煬帝的暴政讓隋朝成為第二個二世而亡的朝代。隋文帝所開展的一系列舉措，都成為後世效仿和學習的典範。

第七章 隋朝大一統：亂世後的特殊時期

隋煬帝即位

隋文帝楊堅是中國歷史上少有的長時間只寵愛皇后一人的皇帝，他的五個兒子也都是獨孤皇后所生。早年，楊堅立楊勇為太子，楊勇仁孝，這讓楊堅十分滿意。

然而，隨著楊堅在位時間越來越長，便開始對太子日益不滿。他認為楊勇為人不思進取，沒有上進心，缺乏權謀和駕馭臣下的手腕。

有一年冬至，楊堅感覺到群臣對他的朝賀有所怠慢，便認為太子有意收買人心，從而孤立自己，因此越來越反感。

與此同時，獨孤皇后也對楊勇十分不滿意，原因是楊勇貪戀美色，娶了很多妃子，氣得太子妃元氏鬱鬱而終。於是，獨孤皇后便經常在楊堅耳邊說楊勇的壞話。

相比之下，楊廣則更有心機，也更懂得做戲。每次皇帝和皇后駕到，他都很早迎接。當他外出時又總會先入朝告別，甚至痛哭流涕，表現出一副十分不捨的樣子。這樣長此以往，讓楊廣漸漸有了取太子而代之的機會。

楊廣從他的一個心腹宇文述口中聽說，楊堅十分看重其屬下楊素，甚至達到了言聽計從的地步，而楊素凡事都願意與其弟楊約商議。於是楊廣便讓宇文述以賭博和飲酒等娛樂形式接近楊約，很快，宇文述便獲得了楊約的好感，並說服了楊約投靠楊廣。

隨後，楊約又傳達給楊素楊廣的意圖，楊素心頭一熱，同意幫助楊廣謀奪太子之位。

楊素要楊廣主攻皇后，他在酒宴上稱讚楊廣的為人，又讓楊廣派親

信探聽楊勇不軌的言論。一番努力之下，楊廣和楊素製造了很多太子企圖謀反的言論，稟告給了楊堅，楊堅聽後信以為真，便廢黜了太子，改立楊廣。

被廢掉的楊勇被幽禁起來，含冤的他為了引起父親的注意進而陳述冤情，爬到樹上大喊大叫。楊素卻對楊堅說道：「楊勇此時已經瘋了，被鬼怪附體，不要再見他了！」楊堅相信了楊素，便再也不願見楊勇。

隋大興城遺址

楊堅晚年到長安西北的仁壽宮避暑，因病情嚴重，便召楊廣入宮侍疾。結果，此時已經全無顧忌的楊廣終於表現出了他淫虐的一面，他色膽包天，企圖非禮楊堅最寵愛的陳夫人，陳夫人慌亂之下，還沒來得及繫緊衣帶便回到了仁壽宮。

楊堅看陳夫人神情慌亂，便詢問發生了什麼事，陳夫人如實相告後，楊堅氣得喊道：「獨孤誤我！」楊堅馬上讓他的兩名親信去長安召回楊廣。

楊素得知之後，假傳聖旨把楊堅的兩名親信關入大牢，與外界隔絕的楊堅不久病死，隨後楊廣即位，因為後來的暴虐無道，史稱隋煬帝。

第七章 隋朝大一統：亂世後的特殊時期

三省六部制

雖然我們常聽說唐朝的「三省六部制度」，但是這套制度，其實最初創於隋朝。自隋朝起，三省六部制度便被用來建構嚴密的中央組織，之後一直到清朝末年封建王朝瓦解，其中的「六部」制度才逐漸消亡。

三省六部制，其三省為「中書省」、「門下省」、「尚書省」；其六部則為「吏部」、「戶部」、「禮部」、「兵部」、「刑部」、「工部」，這六部皆屬於尚書省，且每部都分為四司，共為三省六部二十四司。

三省六部制是嚴格貫徹君主命令的官職制度，也是統治者加強君主專制的重要手段。下面我們具體來看一下該制度的功能模式。

三省・中書省

作為封建王朝的官署名稱，中書省早在三國時期就被魏國君主曹丕設立，其功能是掌管各類機要文案，並釋出君主政令。到了隋文帝時期，中書省又被稱作「內史省」，而後才改為中書省。中書省是掌管行政大權的部門，其長官權力如同宰相。到了宋代，中書省與掌管軍事的「樞密院」合成二府，成為代表君主意思的最高機構。

三省・門下省

與中書省相同，門下省亦為官署名稱。早在東漢時期，朝廷便設立了「侍中」一職，其功能為跟隨皇帝左右，侍從參乘，方便皇帝問策。可到了南北朝時期，門下省官員充分發揮「近水樓臺先得月」的優勢，成為

與中書省共分權力的中央政權機構中心，權力逐漸擴大。到了隋朝，門下省則依舊以「皇帝侍從機構」而存在，但可以與中書省官員共商國政，並負責簽署奏章、審查詔令。

三省・尚書省

漢朝時，尚書省的前身為「尚書檯」，其功能即皇帝的祕書機關。到了南朝宋時期，尚書檯正式更名「尚書省」，成為朝廷的最高政令機構之一。尚書省在隋朝正式定型，並且劃分為六部二十四司。六部長官皆以「尚書」掛名，如吏部尚書、禮部尚書等。而其下屬的二十四司長官，則以郎官為名，負責執行各部尚書的命令。

六部・吏部

自隋朝起，吏部便掌管了全國官員的任免、升降與調動，可以說是大權在握。吏部共分四司，司長官為郎中，副長官為員外郎，屬官則有主事、令史、書令史等。到了明清時期，吏部四司分別為文選清吏司、驗封司、稽勳司和考功司，每司負責的事務不同，主要是作吏部的整體功能輔助之用。

六部・戶部

戶部為封建王朝掌管戶籍的機關，同時也負責整理財政經濟，是接觸錢銀最多的機關。由於戶部既管戶籍又管經濟，其長官戶部尚書在不同時期，又被稱作地官、大司徒、計相、大司農等。其下四個司，皆作管理戶籍錢糧的輔助之用。

六部・禮部

　　禮部作為六部中最無實權的機構，其功能主要負責禮儀、祭祀等。但經過演變，其後期逐漸發展為管理全國科考事務與外邦往來之事，變得逐漸熱絡起來。其下設四司，亦皆為輔助禮部各項事宜之用。

六部・兵部

　　兵部最早起源於三國時期的「魏五兵制」，三國時期，魏國設定了中、外、騎、別、都五兵，並且令其武官掌管兵籍、軍械、軍令等。到了隋朝，隋文帝將這些統一合成兵部，此官署機構一直沿用到清朝末年。到了清光緒三十二年（西元 1906 年）時，朝廷才廢掉兵部，改設陸軍部。

六部・刑部

　　刑部為古代主管全國刑罰與政令的官署機構，由隋文帝初設，沿襲了北齊置都官。自隋煬帝後，刑部與最高法院大理寺並列，專門掌管法律與刑律。其下四司，皆透過審理、整合各地區死刑案件與京畿地區待罪案件，作輔助刑部功能之用。

六部・工部

　　工部為古代掌管各項工程事項的官署機構，也是起源最早的古代官署機構。周朝時便有負責修繕工程的冬官，漢成帝時期，則設定三位「民曹」，專門負責修繕宮宇及土木工程。隋文帝時期，工部的主要功能是負責全國的各項工程，包括屯田與水利工程等。

三征高句麗

　　隋文帝楊堅時期，是一個承襲北朝並統一中國的時代，這期間中原地區雖然漸漸被統一的隋帝國所統治，但是並沒有徹底解決邊境地區游牧民族的侵襲問題。

　　先是北方的突厥人入侵被擊退，之後東北地區的高句麗也不斷侵擾遼西地區。為了解決東北邊患，隋文帝楊堅曾經派出三十萬大軍遠征高句麗，但因士卒多病，且高句麗又主動投降謝罪，楊堅便退兵了。

　　隋煬帝楊廣即位後，高句麗對遼西邊境的侵犯又間歇不斷，再加上楊廣好大喜功，因此很想畢其功於一役地滅掉高句麗。

　　西元611年，楊廣以不合禮數、不來參見的藉口對高句麗宣戰。他動員全國之力連夜趕工建造戰船、戰車，徵召收集了大量民夫和糧食。一時間，隋朝全國的道路上都是滿載兵甲糧草的車輛。

　　西元612年，隋煬帝第一次親征高句麗，好大喜功的他共組織軍隊一百一十三萬、民夫兩百萬，對外宣稱總兵力達五百萬，想一口吞下高句麗。

　　一開始，隋煬帝手下大將宇文述率先帶著三十萬大軍一路狂飆，兵鋒直指平壤。為了加快行軍速度，甚至連糧草都丟了，輕裝前行，以一天獲勝七次的效率擊敗對手。

　　然而，高句麗將平壤城修建得十分堅固，易守難攻，隋軍只得暫時駐守在三十里開外的地方。當時，隋軍先頭部隊已經遠離了大部隊，糧草接濟不上，隨著時間的推移，飢餓和寒冷的問題突顯出來，宇文述只好退兵。高句麗軍趁機大舉殺出，打得隋軍大敗而逃。

第七章 隋朝大一統：亂世後的特殊時期

在這次戰役中，隋軍主力部隊的軍官們都害怕擔責任，事無鉅細都要向皇帝彙報，讓楊廣決斷。結果使得軍隊行動脫節，錯失戰機。遇到宇文述的敗兵之後，更是一瀉千里。就這樣，楊廣第一次遠征高句麗失敗了。

高句麗文物

但楊廣並沒有灰心，他繼續為第二次遠征高句麗做準備。

西元613年，楊廣第二次親征高句麗。這次進攻十分順利，二十多天的戰鬥後即將制服高句麗。結果就在這時候，禮部尚書楊玄感起兵叛隋，導致楊廣不得不放棄進攻，馬上回朝。就這樣，第二次遠征高句麗也失敗了。

平定叛亂後的第二年，隋煬帝決定第三次親征高句麗。但是連年戰爭已經讓兩國的軍民疲憊不堪，全國上下怨聲載道。此時，隋朝國內頻繁爆發農民起義，高句麗也疲於戰爭，主動遣使請降，隋煬帝稍稍挽回了顏面，最終決定撤軍。

雖然對高句麗的戰爭停止了，但是隋朝國內的矛盾已經不可調和。頻繁的戰爭加之勞民傷財的大興土木終於造成天下大亂，致使隋朝最後走向了滅亡。

開鑿大運河

在一些傳記小說中，隋唐大運河的開鑿被說成是隋煬帝貪圖享樂之舉，這不免有些冤枉了隋煬帝。誠然，隋煬帝在歷史上的確有荒淫的名聲，但是在開鑿大運河這件事上，他卻做出了一個明智的決策。

中國開鑿運河的歷史，最早可以追溯到先秦時期，春秋末期吳國開鑿胥溪、邗溝、黃溝三條運河，秦朝時期開鑿了靈渠，漢朝開鑿了漕渠、陽渠，魏晉南北朝時期，不同地區也開鑿了一些地方性運河。這些運河的開鑿，都為隋朝開鑿隋唐大運河提供了重要條件。

隋唐大運河主要是梳理、連線歷史上不同朝代開通的地方性運河，並不是重新選址開鑿一條新的運河。而隋唐大運河與現在的京杭大運河也並非同一條運河。

隋朝開通運河的原因與其他朝代開鑿運河的原因基本上相同。從政治方面，主要是為了鞏固政權和統一局面；在軍事方面，則是利用運河輸送軍需物資；在經濟方面，主要是為了解決南糧北運的問題。所以隋唐大運河的開通並不是因為隋煬帝自己貪圖享樂的需求，而是為了加強中央集權統治。

在隋文帝時期，開通了永濟渠和山陽瀆。永濟渠主要是在漢代漕渠基礎上修建的，而山陽瀆使用的則是春秋時吳國的邗溝故道。

隋煬帝所修建的隋唐大運河主要分為四條，分別是通濟渠、邗溝、永濟渠和江南運河。通濟渠主要是利用汴渠的河道開通的，並非重新開拓河道。邗溝位於通濟渠和江南運河之間，主要是利用東漢時期開鑿的邗溝直道建設而成。同樣，永濟渠和江南運河也不是隋朝才開鑿的，同

第七章 隋朝大一統：亂世後的特殊時期

樣是在前朝基礎上開鑿而成的。

這四條運河共同構成了北起北京，南到杭州的隋唐大運河。之所以被稱為隋唐大運河，是因為此後唐朝也疏濬和開鑿了這條運河，這才使得這條運河能夠繼續使用。

隋唐大運河的河道非常容易淤塞，必須時常疏濬才能使用。以至於此後多個朝代對其疏濬和修整，但到南宋年間，因為缺乏及時疏濬，部分河道便因淤塞而廢棄。

現在的京杭大運河是在元朝時期，疏濬、修整了前朝運河，又重新開鑿了濟州河、會通河、通惠河，才最終形成的。

隋唐大運河的開通加強了南北方之間的溝通交流，同時也促進了沿河城市的經濟繁榮，對於隋朝政權的穩固有著一定作用。

當然，在開鑿運河期間，大量徵發民工從事運河開鑿工作，死傷無數，為人民帶來了沉重災難。這在一定程度上也加重了人民對隋朝統治的不滿，加之此後隋煬帝的暴戾統治，最終導致了隋朝末年農民起義的發生。

隋末農民起義

　　隋煬帝堪稱中國歷史上暴君的典範，他只為實現自己的政治目標，不顧人民死活。

　　他修馳道、修大運河、三征高句麗，這些浩大的政治舉動背後，幾乎全部是人民的血淚。同時，隋煬帝又窮奢極欲，他三下江南，引外國使節來朝，所耗費的巨資都來自民脂民膏。

　　隋煬帝的暴行，讓人民生活在水深火熱之中，幾乎到了「不反即亡」的地步，這一點僅從當時詩人王薄的一首《無向遼東浪死歌》就能窺見端倪。

　　被國家徵發會死，造反也會死，那麼與其被殘暴的隋煬帝虐待，不如鋌而走險起來反抗。因此，農民紛紛起義反抗，有的地方連官兵都加入了反隋隊伍當中。

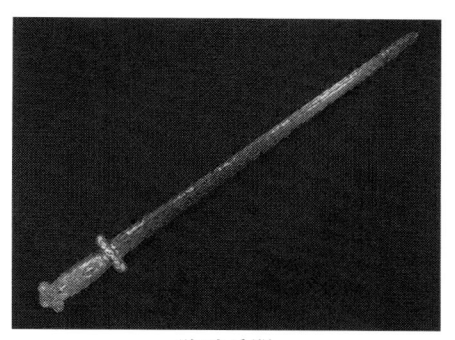

隋時兵器

　　在反隋起義軍中，瓦崗軍是比較大的一支。瓦崗軍的首領原來是一個小官，名叫翟讓，他因為得罪了長官而被打入監牢，判了死罪。一位獄吏見他十分可憐，便偷偷釋放了翟讓。

翟讓馬上跑到瓦崗寨召集了一些貧苦農民，開始起義反隋。起義軍透過搶奪滎陽一帶的官府富商，獲得了大量金錢物資，從而進一步壯大。

在瓦崗軍的發展過程中，出身顯赫的讀書人李密有很大作用。李密善於謀略，幫助翟讓把瓦崗軍的勢力坐大，而真正讓瓦崗軍名動天下的，則是擊敗了名將張須陀。

張須陀是隋朝老將，曾受命剿滅起義軍，他也曾多次擊敗翟讓。但是在李密的謀劃下，張須陀中了瓦崗起義軍計策，最終全軍覆滅，自己也身死沙場。

擊敗張須陀之後，翟讓和李密還帶軍隊攻打了興洛倉，為了體恤那些苦難的百姓，瓦崗軍開倉發糧，這樣讓瓦崗軍更加受到了百姓的歡迎。

隨著李密在瓦崗軍中的地位越來越高，瓦崗軍的最高權力也就逐漸到了李密的手中，此後李密便廣造聲勢，號召全國人民起來反抗隋煬帝的統治。

河北的竇建德、江淮的杜伏威、輔公祐相繼起義之後，隋帝國風雨飄搖，終於走到了滅亡的邊緣。

隋亡唐興

在隋帝國滅亡的過程中，給予隋帝國最致命打擊的是農民起義軍，但是最終取隋而代之的並非農民起義軍將領，而是隋的貴族——李淵。

李淵是北周權貴李虎的孫子，隋文帝篡位北周，李虎因為有功於隋文帝，被封為唐國公。西元566年，李淵出生在大興（即唐長安），七歲世襲唐國公爵。

鮮卑生活

李淵和隋煬帝還有另外一層關係，他們都有鮮卑血統，李淵的母親獨孤氏和隋煬帝的母親獨孤氏是親姐妹，李淵是隋煬帝的表兄。

西元616年，已五十歲的李淵被隋煬帝派往太原負責剿滅動亂、防禦突厥。

當時，長安流傳著一首民謠《桃李章》，稱李氏將成為下一任君王。隋煬帝聽聞後十分不悅，再加上李淵與突厥的戰事經常失利，使得隋煬帝萌生了除去李淵的想法。

反觀李淵方面，他早就十分不滿隋煬帝的荒淫殘暴，同時民間大規

第七章 隋朝大一統：亂世後的特殊時期

模爆發了農民起義，隋帝國處於風雨飄搖之中，為自己的前途考慮，李淵也動了反隋的念頭。

西元 616 年，隋帝國在北方已經完全陷入混亂當中。瓦崗起義軍和隋軍在河南對峙，河北竇建德起義軍則幾乎統一了河北。此時，隋煬帝卻仍然堅持要巡幸江南，把北方的爛攤子留給了大興百官。

隋煬帝的胡作非為，更堅定了李淵反隋的決心。西元 617 年陰曆七月，李淵見時機已到，帶著大兒子李建成和二兒子李世民大興進軍隋都，後方太原則交給四兒子李元吉把守。

此時，隋軍主力正在河南與瓦崗軍對峙，李淵軍隊得以乘虛而入，很快就占領了隋的東都洛陽。但此時，李淵還不敢稱帝，他推出了傀儡皇帝楊侑，遙尊隋煬帝為太上皇。

一年之後，隋煬帝在江都被禁軍宇文化及的叛軍殺死。同年，李淵廢掉楊侑自稱皇帝，大隋帝國就這樣滅亡了。

附錄：第七章主要參考文獻

[1] 司馬光. 資治通鑑 [M]. 北京：北京聯合出版公司，2016.

[2] 呂思勉. 極簡中國史 [M]. 天津：天津人民出版社，2016.

[3] 呂思勉. 隋唐五代史 [M]. 武漢：華中科技大學出版社，2016.

[4] 岑仲勉. 隋唐史 [M]. 北京：商務印書館，2015.

[5] 崔瑞德. 劍橋中國隋唐史：589——906 年 [M]. 北京：中國社會科學出版社，1990.

[6] 李蒙. 帝國的黃昏：解密二十四朝末代皇帝 [M]. 北京：中共黨史出版社，2006.

[7] 黃仁宇. 中國大歷史 [M]. 北京：生活·讀書·新知三聯書店，2014.

第七章　隋朝大一統：亂世後的特殊時期

第八章
大唐盛世：中國歷史的輝煌篇章

唐朝是中國歷史上最為輝煌的朝代之一，這個時期的中國國富民強、人才輩出，無論是政治、經濟，還是文化，都處於世界領先地位。新羅、百濟、日本等周邊國家紛紛派遣唐使來唐朝學習先進制度和文化，這也是這些國家的政治體制和風俗文化與中國十分相近的原因。

第八章　大唐盛世：中國歷史的輝煌篇章

李淵稱帝建唐

在隋帝國滅亡之後，中華大地的割據政權有十數個之多，其中最強大的是河北的竇建德、江南的杜伏威、隋朝叛軍王世充、江南的輔公祐、河南的瓦崗軍和李淵的唐軍。

而李淵之所以能夠脫穎而出，就在於他非常能夠審時度勢。

早前，李淵就曾面對是否和瓦崗軍結盟的問題。當時，李淵並沒有同意李密的結盟請求，但也不想讓李密干擾自己的計畫，便回信稱願意輔助李密取得天下，實際上就是一種韜光養晦。

占領大興城的過程中，李淵一方面賙濟貧苦百姓，另一方面則以嚴明的軍紀來約束軍隊，使得大興的士紳土豪、文武百官都傾心於他。

此後，他又擁立楊侑為帝，和很多留在北方的隋帝國軍隊達成了統一戰線，讓這些部隊都歸於自己陣營。

隋煬帝去世之後，李淵於西元618年正式稱帝，他建國號為唐，將隋都大興稱為長安。

隨後，李淵開始攜唐軍四處征伐，而他的征伐也往往採取遠交近攻的策略，鼓動競爭對手彼此敵對，從而獲取漁翁之利。

唐高祖李淵

　　唐軍用反間計平定河西，用強兵收納江南，分化竇建德、王世充聯軍，用緩兵之計麻痺突厥。經過數年的戰爭，天下基本被李淵所平，此時，一個嶄新的大唐帝國才真正出現在華夏大地上。

　　然而，當大唐帝國統一的曙光馬上就要到來時，李淵卻因為一場皇族的內部爭鬥而失去了皇位。

第八章 大唐盛世：中國歷史的輝煌篇章

玄武門之變

西元618年，李淵稱帝之後立長子李建成為太子，次子李世民為秦王，四子李元吉為齊王。

對這三個在他稱帝過程中有著重大作用的兒子，李淵想要一視同仁，卻根本做不到。

秦王李世民在建唐舉事中立下過最大的戰功，可以說，唐帝國能夠在群雄逐鹿中脫穎而出，李世民有著最大的作用。

但在建國之後，李淵卻把長子李建成立為太子，這無疑讓太子和秦王很難相處。

一方面，秦王功勳卓著，朝野內外有一大批人擁護；另一方面，太子面對秦王的時候也總覺得受到很大的威脅。

而齊王李元吉，則是抱定讓太子和秦王兩敗俱傷的想法，所以站在了相對較弱的太子一邊，共同排擠秦王。

太子李建成先是把秦王手下的謀臣大將一一調離京城，隨後又在父親面前詆毀秦王。早已對太子不滿的秦王見此更是怒火中燒，決定反擊。有一天，秦王聽說太子要在某天早朝時除掉自己，便決定先下手為強。

武德九年（西元626年）六月初三，秦王把太子和齊王的種種惡行彙報給了李淵，還說兩人與皇帝愛妃有曖昧關係，在後宮胡作非為。李淵聽後十分震驚，覺得應該馬上處理，便吩咐三人明日早朝當面對質。

唐太宗

　　早朝之前，李世民就已經做好了準備，他用重金收買了玄武門守將何常，安排長孫無忌和尉遲敬德等人埋伏在玄武門附近。

　　太子和齊王也聽到了風聲，於是便備好兵馬，準備隨時與秦王開戰，但是沒想到秦王下手這麼快。

　　當兩人毫無準備地走到宮城玄武門時，齊王突然意識到了氣氛不對，二人連忙調轉馬頭往回跑。結果這時有人喊道：「太子殿下和齊王為何不前去上朝？」

　　齊王向後一看，秦王正拉弓搭箭瞄準他們。齊王躲過箭之後馬上反擊，結果三箭都沒能射中秦王，而太子卻已經倒地身亡了。

　　齊王趕快下馬鑽進了樹林中，但是秦王帶人隨後趕到，在一番廝殺之後，齊王被秦王手下大將尉遲敬德殺害。

　　太子和齊王的手下們聽聞二人遭遇不測，便帶兵趕赴秦王府，秦王見他們來勢洶洶，就讓尉遲敬德馬上稟告高祖李淵。

第八章 大唐盛世：中國歷史的輝煌篇章

此時，李淵正在泛舟遊玩，身穿盔甲的尉遲敬德跪在地上說道：「太子和齊王謀反，秦王派我前來護駕。」

李淵大驚失色，問道：「太子和齊王身在何處？」

尉遲敬德答道：「如今已被秦王處死。」

李淵聽罷十分痛心，一時間兩個兒子突然死亡，但鎮定片刻後，馬上與大臣們商議對策。

宰相答道：「秦王功勳卓著，深得人心。如今皇上的兩位兒子已死，不如順水推舟，立秦王為太子。」

還沒等李淵想好，尉遲敬德便催促道：「此時秦王危在旦夕，盡快調兵保護秦王是當務之急！」李淵無奈，只好依從尉遲敬德的意思，傳了聖旨。玄武門之變三天之後，李淵便把秦王李世民立為太子。兩個月之後，又讓位給李世民。

玄武門爭鬥雖然是李氏王朝內部的一幕慘劇，卻讓大唐帝國揭開了嶄新的一幕。隨後，文成武德的李世民成為國家的領導者，在他的統治下，一個強大繁榮的貞觀盛世載入了中華的史冊當中。

貞觀之治

西元 626 年，李世民奉李淵為太上皇，繼皇帝位，也就是後來的唐太宗。

隋朝的衰落對唐太宗的內心造成了很大的影響，他下定決心吸取教訓，以隋煬帝為反面教材，開始了一系列改革。

這個時期，國力有了迅速的發展，也大大提高人民生活水準，廣為後世讚頌，被稱為「貞觀之治」。

在政治制度上，唐太宗在位期間使隋制更趨於完善。他延續了三省六部制，特設政事堂，行合議問政，收三省互相牽制之效。他還鼓勵官員積極進諫，不要因為畏懼觸怒皇帝而停止諫言。魏徵就是勇於向皇帝進言的代表人物，他曾多次犯顏直諫，被後世稱為「一代名相」。

用人方面，唐太宗十分愛才，任人唯賢，不問出身貴賤。因而在其當政時期，得以從社會各界蒐羅出很多傑出人才。其中就包括人稱「房謀杜斷」的房玄齡和杜如晦；忠直廉潔之士長孫無忌、楊師道、褚遂良等；一代名將李靖、李等。

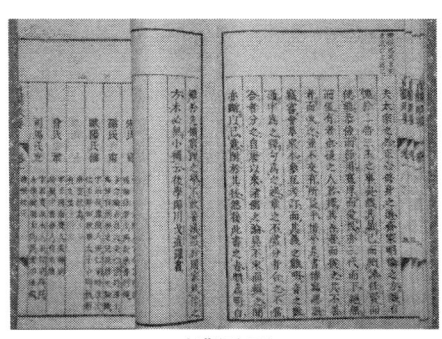

貞觀政要

刑罰方面，唐太宗十分重視法治，常常以身作則，帶頭守法。同時，唐太宗重新修訂了法律，推行了《貞觀律》，減輕了刑罰，使社會穩定，大大降低犯罪率。

軍事方面，唐太宗大力推行府兵制，多次對外征戰。先後攻滅了突厥汗國、吐谷渾汗國，高昌、焉耆、龜茲等西域諸國、薛延陀汗國，還把漠南、漠北、西域、青海納入唐朝的統治範圍之內，又先後擊敗高句麗、吐蕃，使吐蕃稱臣於唐朝。一時間，唐朝威名遠揚，太宗被周邊的諸族稱為「天可汗」。

經濟方面，唐太宗知道人民的重要性，常說「水能載舟，亦能覆舟」。為了改善人民的生活，太宗輕徭薄賦，讓百姓休養生息，從不輕易徵發徭役。

此外，唐太宗還十分重視商業發展。先前各朝各代往往看不起商人，實行「重農抑商」的政策，使得商人的地位遠遠低於農民，國家商業和經濟發展緩慢。經唐太宗改革之後，商人不再受到歧視，政府反而為他們提供了很多便利條件，新興商業城市就像雨後春筍般破土而出。

貞觀之治為後期的開元盛世奠定了良好的基礎，同時也將中國傳統農業社會推向了更為繁盛的時期。

玄奘西行取經

在貞觀末期，大唐國力日盛，文化也達到了繁榮昌盛的頂點，在此時期，宗教也逐漸發展到了高峰，具有代表性的事件就是玄奘法師西行取經。

玄奘出生在一個殷實的官吏家庭，他從小就聰明好學，性情溫良純樸。當時，玄奘的二哥在洛陽淨土寺做和尚，經常帶玄奘念佛聽經。久而久之，玄奘便對佛教產生了濃厚的興趣，十三歲那年便決定出家為僧。

出家之後，玄奘刻苦鑽研佛經，加之天資聰穎，經常能把剛剛講過的佛法複述下來，全寺和尚都自愧不如。到了二十八歲時，玄奘已經成了佛學界的後起之秀。但是，對佛經的研究越深入，玄奘就發現越多困惑和不解。加之當時所翻譯的佛經與原文有很大出入，使得國內出現了各種版本的解讀和體系，因此，玄奘決心到佛教的發源地天竺求學。

當時，國家對邊境的管理十分嚴格，還不允許國民出入國境，導致很多決定一同出行的僧人都開始卻步，但玄奘沒有放棄。

西元629年，玄奘開始了遙遠的西行之路。他先是遇到了從長安學經完畢，要回甘肅秦州的僧侶孝達，二人便結伴而行，隨後又與一名護送官馬的官差乘羊皮筏到達涼州。

當時涼州的都督李大亮聽聞玄奘要越境出關，便下令讓他馬上回京。結果，當地的一位法師因欽佩玄奘的壯志，便派兩個弟子護送他走到了河西走廊的最後一個城市——瓜州。

第八章　大唐盛世：中國歷史的輝煌篇章

大雁塔

　　恰逢瓜州的地方長官也是個佛教徒，他聽聞高僧玄奘要來，便欣然招待了他，並告知西行路線。西行之路不僅有連綿的沙漠，而且還要越過五座烽火臺，一經守軍發現就有生命危險。兩位護送的和尚一看，馬上就離開了。

　　但玄奘決心已定，什麼也阻止不了他。他一個人偷偷溜出了玉門關，在通過五座烽火臺時，玄奘被軍官發現，差點死於非命。好在這一路遇到了很多佛教徒，最後玄奘繞過第五座烽火臺後，就進入了八百里長的莫賀延磧大沙漠。

　　一路艱難險阻，整整四年之後，玄奘終於來到了心中的聖地天竺，開始了他的求學生涯。

　　西元645年，玄奘千辛萬苦帶著六百五十七部從天竺取來的佛經回到了大唐。回國之後，玄奘請求唐太宗支持他翻譯佛經，並開始了中國史上規模最大的一次譯經行動。七十五部一千三百三十五卷重要經論在玄奘和眾多佛學家們的筆下翻譯完成。

　　他還將他西行取經的過程寫成了《大唐西域記》，對後世認識西域的歷史和文化等方面有十分重要的影響。

文成公主入藏

在貞觀末年，另一件影響深遠的大事就是唐吐和親，文成公主入藏。

貞觀年間，隨著大唐的強大，很多偏遠的少數民族都主動向唐朝示好，少數民族的首領前來向唐朝提親，以求加強政治交往，這在當時是非常常見的外交事件，唐太宗為了穩定與鄰邦的關係，也樂得讓他們如願。

在和親歷史上，一位來自吐蕃，名叫松贊乾布的首領就迎娶了唐朝的文成公主，成就了一段佳話。

松贊乾布是吐蕃王朝第三十三任贊普，而實際上卻是吐蕃王朝立國之君。他先後平定了吐蕃內亂，實現了西藏地區的統一，正式建立了吐蕃王國。

統一吐蕃之後的松贊乾布早就對鄰邦盛唐有著深深的仰慕之情，西元634年，松贊乾布派出了使者遠赴長安與大唐天子交好。當他聽說突厥與吐谷渾都娶得了唐朝的公主時，便命使者帶著厚禮提親，但是當時唐太宗並沒有答應。

使者無功而返後，對松贊乾布說：「剛開始唐朝對我禮遇有加，但是恰逢吐谷渾王入朝，在中間挑撥，使得唐朝君王不願遠嫁公主。」

松贊乾布聽罷十分氣憤，不久便發兵吐谷渾，將吐谷渾人趕到了青海之北。

西元638年，松贊乾布率大軍攻打唐朝松州，結果唐朝的主力部隊還沒出手，先鋒部隊就已經擊敗了吐蕃軍。松贊乾布大驚失色，馬上帶

著部族退出了党項、白蘭羌、吐谷渾等地，並遣使向唐朝謝罪，送來了無數奇珍異寶。這一次，唐太宗終於同意將文成公主嫁給松贊乾布。

西元641年，唐朝派江夏王、禮部尚書李道宗一路護送文成公主進入吐蕃。

松贊乾布和文成公主像

回到吐蕃之後，松贊乾布喜悅地對左右部下說：「當年我的父輩祖輩都沒能與上國通婚，如今我娶得了大唐公主，真是榮幸啊。我願為公主建築一城，以向後代誇耀我的事蹟。」於是，松贊乾布不久就為文成公主建築了城邑和宮殿。

由於文成公主不喜歡吐蕃人的赭面習俗，松贊乾布便下令停止了赭面習俗。為了表達對唐朝的友好，松贊乾布還換下了傳統的吐蕃服飾氈裘，轉而穿上大唐流行的絲綢衣物，還派出吐蕃貴族子弟到唐朝學習文化，如《詩》、《書》等，又請唐朝的文人來幫助治理吐蕃。

經過這一次和親，中原漢文化傳入吐蕃，而吐蕃的風俗也傳入了中原，中原與吐蕃之間的交往由此開啟。

日本遣唐使

從西元七世紀到西元九世紀，日本為了學習中國先進的制度和文化，多次派出遣唐使。據統計，在二百六十年裡，日本一共派出了十九批遣唐使，其中有十六批遣唐使到達了大唐。

西元 630 年，日本第一次派出遣唐使。西元 838 年，則是日本最後一次派出遣唐使。在西元 894 年，日本原已經任命了遣唐使，但由於管原道真的勸阻，日本開始停止派遣遣唐使來唐。

在這二百多年間，從日本派出的遣唐使來唐可以看出明顯的時期劃分。不同時期日本派出遣唐使的目的和規模也有所不同。一般來說，日本遣唐使來唐的歷史主要可以分為下面幾個階段：

第一階段是西元 629 年到西元 661 年。這個時期正處於貞觀之治和武則天統治時期，唐朝政治經濟達到鼎盛。日本派出遣唐使主要是為了學習唐朝先進的政治體制，從而在日本建立同樣的中央集權體制。

這個時期日本派出的遣唐使規模較小，各類人員配備也不夠齊全，其主要目的在於學習和開展外交活動。

第二階段是西元 662 年到西元 671 年。這個時期日本派出遣唐使的規模依然不大，但明顯改變其目的。雖然同樣要學習唐朝的先進制度文化，但更多是為了修復與唐朝之間的關係。這是因為在西元 663 年，唐朝與日本在朝鮮爆發了一場白江口之戰。

在此次戰爭中，唐朝水軍以不到 200 艘戰船的兵力，擊敗了有千餘艘戰船的日本水軍，焚毀無數日本戰船，上千名日本水軍喪生白江口。在取得白江口之戰的勝利後，唐軍和新羅聯軍進一步攻占了百濟國。

第八章　大唐盛世：中國歷史的輝煌篇章

隨後，唐朝派使者前往日本，日本為護送使者回唐，派出了第五批遣唐使，此後的第六批遣唐使來唐也是為了修補與唐朝的關係。當時的日本很擔心唐朝會趁著白江口之戰的勝利，進攻日本本土。

第三階段是在西元 697 年到西元 758 年，這個時期也是日本派出遣唐使規模最大的一個時期。這個階段唐朝正處於開元盛世時期，政治、經濟、文化、軍事都處於鼎盛時期，日本遣唐使來唐為日本帶回了許多盛唐先進的文化與技術，在相當程度上促進了日本經濟的發展和文化的繁榮。

第四階段是從西元 770 年到西元 850 年，這個時期日本遣唐使的規模同樣不小，但當時唐朝的政治經濟發展已經處於末期，朝廷內外一系列爭權奪利的鬥爭讓大唐盛世不復存在，可供這些遣唐使學習的東西也變得少之又少。

由於日本派出遣唐使需要耗費大量的經費，加之唐朝末期動亂不斷，日本於西元 894 年決定停止派出遣唐使。

日本遣唐使來唐需要經歷千辛萬苦，波濤洶湧的大海隨時會吞沒他們的船隻。在眾多批次的遣唐使中，很少有不遭遇海難的。即使如此，日本遣唐使依然源源不斷地來到唐朝，將先進的制度和文化帶回到日本。

正是這種對先進技術和文化的探求精神，才讓日本的經濟文化得到發展。也正是借鑑了盛唐的先進制度和文化，日本才逐漸形成了自己獨具特色的制度文化體系。

武周代唐

西元 649 年，唐太宗去世。因為早年的儲位之爭，太宗嫡長子李承乾和嫡次子李泰相繼被貶謫，太子之位便落到了太宗和長孫皇后的第三子李治身上。

李治仁孝，性格謙和，但也因此缺少政治手腕，在其登上皇位後的一段時間裡，朝政大權一直掌握在顧命大臣長孫無忌、褚遂良等人的手中。

為了奪回政治的主動權，李治在后妃武則天的幫助下，籠絡了一批可以和長孫無忌等人分庭抗禮的庶族官員，但沒想到，此舉雖然打擊了長孫無忌，卻讓武則天有了實現其政治野心的機會。

武則天是唐朝開國功臣武士彠的次女，祖籍為并州文水縣，西元 624 年生於利州。西元 637 年，太宗李世民聽聞武則天儀容美麗便召其入宮，封為五品才人，賜號「武媚」，當時武則天才十四歲。

武則天入宮之後並沒有得到太宗的寵愛，地位一直沒有提高。直到李世民病重，武則天與照料太宗的太子李治產生了感情。

西元 649 年，李世民病逝，按照制度，沒有為太宗生育子女的嬪妃們要一起進入感業寺為尼，武則天就是其中之一。

有一天，李治到感業寺祭奠太宗周年忌日，恰巧與武則天相遇，因無子而失寵的王皇后看準時機，主動請求把武則天納入宮中，目的是打擊情敵蕭淑妃。李治欣然同意，武則天得以再次入宮。

武則天進宮之後，很快就為李治生了一個兒子，取名李弘。西元 652 年，武則天被拜為二品昭儀，獨寵後宮。此時，意識到問題嚴重性的王

皇后和蕭淑妃開始聯合，她們經常在皇帝面前詆毀武則天，但李治充耳不聞。

武則天工於心計並且心狠手辣，她用計謀先後除去王皇后和蕭淑妃，一步步爬上皇后的位置。在這個過程中，她借用李治對長孫無忌等人的不滿，培植了強大的個人勢力。

當初，在廢立皇后的過程中，長孫無忌等人堅決反對廢立，而中書舍人李義府則堅決支持「廢王立武」。李治和武則天重重賞賜了李義府，朝中的中層官員們看到了實惠，便紛紛投入到「廢王立武」的陣營中。

西元655年，李治下定決心，頒布詔書，將武則天立為皇后。

西元659年，在李治和武則天的共同努力下，長孫無忌、于志寧、韓瑗、來濟等一批元老大臣終於被削職免官，逐出了京師。

李治早年患有風疾，發作起來便不能上朝，武則天曾為此想盡辦法。西元660年，李治風疾復發，頭暈不止，無法處理朝政，只好讓皇后武則天代為處理。

藉著這個機會，武則天玩弄權術，進一步培植勢力，並鍛鍊出很強的政治手腕。

西元683年，李治因病駕崩，廟號唐高宗。高宗留下遺詔令太子李顯即位，是為唐中宗，武則天被尊為皇太后。

身為皇太后的武則天當然不肯讓出權柄，她尋找機會廢掉了李顯，轉而立第四子李旦為皇帝，是為唐睿宗。

睿宗是一個淡泊權力的人，一生只追求安逸，因此不會對武則天造成任何威脅，武則天也樂得兒子是個不管事的天子。

武則天像

　　此時，武則天的權力已經非常大了，可以臨朝稱制，自專朝政。

　　武則天的專權惹來了很多人的不滿，功臣之後徐敬業以支持廬陵王李顯展開號召，在揚州舉兵反對武則天，十多天的時間就召集了十萬部眾。武則天派李孝逸為揚州道大總管，率兵三十萬前往征討，徐敬業兵敗自殺。

　　這件事後，朝野上下再也沒有人敢挑戰武則天的權威了。

　　西元689年，武則天舉行了一次規模宏大的「敬獻圖寶」典禮，在這次儀式上，她自封為「聖母神皇」，稱帝之心已經昭然若揭。

　　一年之後，武則天正式稱帝，她將國號改為「周」，年號為「天授」，自稱為「聖神皇帝」，成為中國歷史上前無古人的第一任女皇。

第八章　大唐盛世：中國歷史的輝煌篇章

武則天之治

　　從西元690年登上皇帝位，到西元705年病逝，中國第一任女皇帝的王朝維持了十五年，在崇尚男權的中國古代，一位女皇帝能夠當這麼久，唯一的原因就是，武則天真的做得比較出色。

　　在武則天剛剛登上皇位的早期，她曾殘酷屠戮李姓宗室和反對者，並用酷吏實行恐怖統治，一時間朝野人人自危，這成為了她最大的歷史汙點。

　　除此之外，她寵信佞臣，尤其是武家宗室裡的小人，不但袒護而且重用，這也成了她的罪狀之一。

　　除此之外，武則天在內政外交上雖然達不到唐太宗的水準，但至少要遠遠好過她的丈夫唐高宗。

　　武則天輕徭薄賦，與民休息，雖然她也曾為政治目的大興土木，但終武周一朝，基本上讓百姓過上了安居樂業的生活。

　　即位之初，為了打擊反對派，武則天曾任用大批庶族人才，尤其是強力推行科舉制，給予底層上升階梯，這對於整個民族的發展來說，無疑是極大的好事。

　　並且，武則天基本上維護了中華帝國在當時的國際地位，對外戰爭雖有勝有負，但最終還是挽回了高宗時期帝國在西北、東北邊陲的頹勢，重振了帝國雄風。

武則天陵前無字碑

　　西元 705 年,武則天身體日漸衰弱,趁此機會,忠於大唐的官員發動宮廷政變,擁立廬陵王李顯復辟皇位,維持十五年的武周帝國就此宣告終結。

　　當年年底,武則天在上陽宮的仙居殿病逝,享年八十二歲。在遺詔中,武則天省去帝號,稱「則天大聖皇后」,並赦免王皇后、蕭淑妃二族以及褚遂良、韓瑗、柳奭三人的親屬。

第八章 大唐盛世：中國歷史的輝煌篇章

開元之治

　　武則天去世之後，唐朝的政局就一直很不穩定。先是即位的唐中宗被皇后韋氏毒死，韋后把持朝政，想重現武則天故事，這招致了李唐宗室的不滿。

　　武則天四子李旦的兒子李隆基與武則天的愛女太平公主聯合發起政變，除掉了韋氏一干黨羽。由此把李旦推上了王位，是為唐睿宗。

　　唐睿宗淡泊恬靜，將李隆基立為太子之後，便將全部政事都交給了兒子和妹妹。

　　野心勃勃的太平公主也想效仿武則天篡權奪位，李旦見機不妙，便趕緊把皇位讓給了李隆基，自己只顧逍遙快活，讓李隆基去應對太平公主的陰謀。

　　李隆基先發制人，以陰謀叛亂之罪一網打盡了太平公主及其黨羽。自此，李隆基成為名副其實的皇帝，史稱唐玄宗。

　　唐玄宗登上皇位之後勵精圖治，很快就讓大唐政局煥然一新。

　　武則天在位時，為籠絡人心，提拔了大批官吏。中宗即位之後，他的皇后和女兒又大肆賣官，使得唐朝官吏十分冗濫，官場烏煙瘴氣。

　　李隆基除掉太平公主後，所做的第一件事就是大刀闊斧地裁減多餘無用的官吏。據相關史料記載，李隆基曾一次性裁掉了數千名官吏，隨後，他又恢復了太宗時期的諫官制度和史官參政制度。

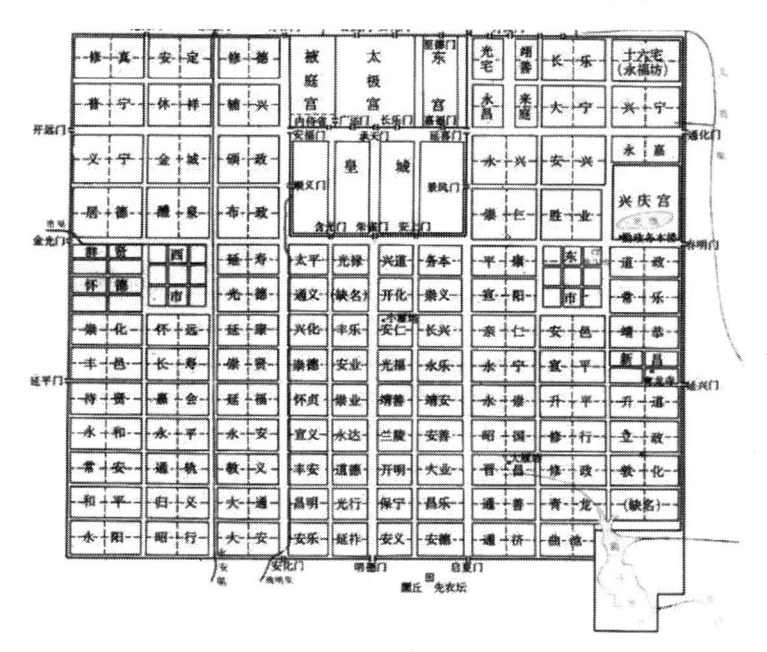

全盛時長安城圖

為了讓基層官員能真正服務百姓，唐玄宗還親自出題考查縣官，留下那些優秀的，不合格的則一律淘汰。總體來說，唐玄宗在選賢舉能和懲罰貪官上，做出了不錯的功績。

同時，唐玄宗還著手發展唐朝經濟。當時的豪強和寺廟占據了很大一部分土地，使得農民少地，甚至還出現了「天下戶口逃亡過半」的情況。為了改變這種局面，唐玄宗下令把那些搶占的土地收歸國有。同時，為了有震懾作用，還拿薛王開刀，把他所搶占的民田收繳，並嚴加懲處。

由於當時佛教的惡性膨脹，寺廟占據了大量的土地，又不繳納租稅，給國家造成了很大的負擔。因此，唐玄宗下詔裁掉了不少僧尼，使得國內的納稅人增多，財政支出減少。同時，還減少了不少後宮宮女，提倡節儉，反對奢華之風。

第八章　大唐盛世：中國歷史的輝煌篇章

　　透過唐玄宗的一系列改革，大唐帝國煥然一新，從朝廷到民間都沐浴在玄宗新政的春風裡，很快國力便有了全面的提升。當時，長安城內店鋪林立，人如潮湧，很多商人不遠萬里來長安通商，其中不乏波斯、大月氏的商人。

　　如此繁華的盛唐時代，引無數後人敬仰。當時的唐朝已經達到了中國封建時代最繁榮鼎盛的時期，被後人稱為「開元盛世」。人們都在心中默默祈禱，希望此種繁華能長久持續下去，然而讓人遺憾的是，僅僅二十多年後，這一切就都化為了泡影。

安史之亂

　　唐玄宗執政後期，繁榮的社會和安定的國防讓他漸漸變得懈怠，進而從早期的勵精圖治轉變為追求享樂。

　　後期的唐玄宗窮奢極欲，且寵信佞臣，他再也聽不進逆耳的忠言，國家政事都由口蜜腹劍的宰相李林甫把持。

　　李林甫為人精明能幹，但無比奸詐狠毒，在他把持朝政的十幾年裡，對上矇蔽玄宗，對下則阻塞言路，玩弄權術。

　　唐朝初期有邊將立功之後被徵召入朝成為宰相的慣例，李林甫為了穩固自己的位置，大量任用沒有文化的胡人出任邊將，從而堵住了邊將入朝的通道，但也為大唐的衰落埋下了禍根。

　　李林甫死後，這個禍根終於爆發，一場由突厥胡人的混血兒安祿山主導的叛亂如潮水般淹沒了大唐帝國。

　　安祿山是營州柳城人，父親在他很小的時候就去世了，他的母親帶著他嫁給了突厥將軍安波至的哥哥。不久之後，安祿山離開了突厥部落，與一些朋友過起了居無定所的生活。

　　安祿山從小沒讀過書，更不識得漢字，但是相傳他做過胡漢買賣仲介，因此會說六種游牧民族的語言。在一次犯罪之後，他被當地官吏抓獲，幾經審訊，安祿山非但沒有被判罪，還被一位官員看重選為親兵，這位官員就是幽州節度使張守珪。

　　安祿山身材肥胖，皮膚白皙，作戰勇猛還十分機靈。張守珪非常器重他，後來甚至收他為義子，將他提拔為偏將。

　　安祿山外表給人的感覺十分耿直，甚至有些癡，但是他內心卻十分

狡詐。一次，他受命攻擊契丹部落，為了殺死契丹人，先是請他們喝放有迷藥的酒，隨後等他們睡熟了便喚人將其殺死，憑藉這個陰毒的方法，他殺死了幾十個契丹首領。

胡人牧馬

在張守珪的照顧下，安祿山在幽州的地位越來越高，終於，朝廷也注意到了這位能征善戰、足智多謀的胡人守將。

後來安祿山得到了面見唐玄宗的機會，他十分諂媚，竭盡所能討好玄宗。他對玄宗說：「當時，我的家鄉鬧了一場蟲災。我焚香起誓，若我對皇上不忠，便叫這些蝗蟲吃了我的心。若我忠心不二，就讓蟲子散去吧。說罷，天上飛來無數禽鳥，把蝗蟲全部吃掉了。」玄宗聞罷十分開心，還命史官記下了此事。

玄宗愛好歌舞，安祿山便投其所好，向李龜年學習舞蹈。結果因身材肥胖，跳出的舞蹈顯得十分笨拙。但是他仍然經常找機會向玄宗展示，引得玄宗發笑。

有一次，玄宗開玩笑地問安祿山：「你這肥胖的肚子裡裝的是什麼？」

安祿山答道：「沒有別的，全是對皇帝的赤誠之心。」安祿山的巧嘴使得他深受皇帝的寵愛。

隨著安祿山逐漸得寵，他開始對權傾朝野的李林甫有些傲慢無禮。

> 安史之亂

但是後來他發現，滿朝文武都對李林甫十分恭敬，而且李林甫能把自己的想法看得一清二楚。於是，安祿山轉變了態度，開始對李林甫卑躬屈膝。當他聽到李林甫誇讚他時，便高興得手舞足蹈，喜不自勝。若聽到李林甫批評他，他便捶胸頓足，唉聲嘆氣。

當時楊貴妃得玄宗萬千寵愛於一身，安祿山便也想辦法取得楊貴妃的寵愛。儘管安祿山比楊貴妃年長，但是仍認楊貴妃為乾娘，並以此得到了自由出入宮廷的特權。

每次進宮後，安祿山都先去拜見楊貴妃，後來告知玄宗稱：「胡人的禮儀是先敬母親，後敬父親。」玄宗十分高興，並深信不疑，還為他建造了豪宅，賜予他皇家勝地華清宮的沐浴權。

隨著李林甫的去世，朝廷中再也沒有了能夠制衡安祿山的人，此後，再無顧忌的安祿山不斷向玄宗要權要錢要兵，並把河北三鎮都納入了自己的管轄之下。

唐玄宗在位時期，由於均田制被破壞，建立於其基礎上的府兵制亦隨之瓦解，朝廷開始實行募兵制。唐玄宗大量擴充軍鎮，設節度使，賦予其軍事統領、財政支配及監察管內州縣的權力。當時，朝廷共設有九個節度使和一個經略使，其中北方諸道權力的集中更為顯著，經常以一人兼任兩三鎮節度使，安祿山身兼范陽、平盧、河東三鎮節度使，完全有了與朝廷抗衡的資本。然而，對於安祿山的坐大，唐玄宗依然茫然無知，還貶謫那些勸他警惕安祿山的大臣，從此，朝野上下再也沒有人敢說安祿山一個不字了。

西元755年，安祿山叛亂如期而至，此時，唐玄宗才如夢方醒，但是為時已晚，繁榮昌盛的唐朝走到了崩潰的邊緣。

數年之後，安祿山和其繼任者史思明相繼死去，安史之亂宣告平息，大唐帝國再次統一了中華版圖，但是此時的大唐已經再也找不回往日的模樣了。

第八章　大唐盛世：中國歷史的輝煌篇章

馬嵬坡之變

　　天寶十四年（西元 755 年）十二月十六日，安祿山以「憂國之危、奉密詔討伐楊國忠」為藉口在范陽起兵。安祿山帶兵從范陽一路長驅直入，僅用三十五天的時間就攻占了東都洛陽，進而控制了河北大部分地區，河南的很多郡縣也都望風投降。

　　唐朝軍隊此時完全可以死守潼關，保衛京師。但是由於玄宗想盡快平叛，加之楊國忠藉機挑唆，迫使哥舒翰率領二十萬倉促組建的軍隊出關迎戰安祿山的百戰勁旅，結果唐軍慘敗。

　　潼關失守，關內就再也沒有關隘可守。加之安祿山一路連勝，士氣正旺，唐軍根本無法阻擋，一路上很多官員都擅離職守，棄城逃亡。此時，紙醉金迷的玄宗終於意識到情況的緊急，他馬上詢問宰相楊國忠解決辦法。楊國忠經過與大臣們的商議，建議皇上帶著楊貴妃逃離長安，前往蜀地。

　　於是，玄宗聽從了楊國忠的建議，當天晚上便帶著楊貴妃出城逃亡。

　　玄宗本以為一路上會有各地官員接待，沒想到地方官員早就逃跑了，飢腸轆轆的玄宗只好讓太監到百姓家中討要食物，結果送來的只有高粱饃饃，甚至沒有餐具。

　　當朝天子唐玄宗勉強嚥下乾硬粗劣饃饃的時候，有位老人擠到御駕之前，對玄宗說：「那安祿山早就想造反了，多年前就有人告發，結果都落個關押被殺的下場。誰也不敢再說什麼，那些朝廷大臣只顧阿諛奉承，矇蔽了陛下的雙眼！」

> 馬嵬坡之變

　　唐玄宗更加悲傷了，說道：「都怪寡人太糊塗，悔不當初啊！」

　　數天艱苦的路程後，隊伍來到了馬嵬坡，此時將士們又累又餓，想到匆匆逃出長安而沒來得及帶走的家眷，很多人都心中憤恨，加之天氣炎熱，士兵勞累過度，拒絕繼續前進。

　　此時，楊國忠的政敵——太子李亨、宦官李輔國和陳玄禮一致認為，除去楊國忠的時機已成熟，於是他們謀劃了一個計策來殺掉楊國忠。

　　計策是由陳玄禮出面煽動將士，說這場叛亂全是由楊國忠引起的，殺了楊國忠就可平息叛亂。

　　這時，正好有二十多名吐蕃使者在驛站西門外堵住楊國忠的馬頭，向他請求供給。

　　激怒了的士兵們立即包圍他們，並大喊：「楊國忠與吐蕃謀反！」楊國忠逃進西門內，軍士們也衝了進去將其亂刀砍死。士兵們殺死楊國忠後，又把玄宗的驛館圍了起來。

　　玄宗聽聞外面十分吵鬧，便向太監詢問發生了何事，太監只好如實相告。玄宗大驚失色，走出驛館想要安撫士兵們回營休息，結果士兵們不聽玄宗的安撫，依舊吵嚷。

　　玄宗找來了陳玄禮，詢問士兵不散的原因。陳玄禮回答道：「楊國忠已死，楊貴妃也不能留下來。」

　　玄宗當然捨不得自己最為寵愛的妃子，便問道：「貴妃深居宮中，如何謀反？」

　　一旁的賢宦高力士小聲對玄宗說：「雖然貴妃無罪，但是如今將士們殺了貴妃的哥哥楊國忠，如果留著貴妃，他們怎麼會安心呢？請陛下慎重考慮，要保住陛下的安全，就得讓將士們心安。」

第八章　大唐盛世：中國歷史的輝煌篇章

　　玄宗為了保全性命，狠心讓兩個內侍勒死了楊貴妃。陳玄禮驗明之後，向將士們傳達了貴妃已死的消息，將士們終於放心地回到了營中休息，馬嵬坡兵變得以平息。

虢國夫人遊春圖

　　馬嵬坡之變後，玄宗因為楊貴妃的去世，對一切都失去了興趣，而太子李亨則在李輔國的協助下與玄宗分道揚鑣。數月之後，玄宗入蜀，而太子李亨則即位皇帝，開始主持平叛大業，是為唐肅宗。

　　經過唐肅宗和其子唐代宗兩代人的努力，安史之亂終於被平定了，但是此時，大唐已經告別了玄宗時的輝煌鼎盛，江河日下了。

河北藩鎮割據

西元763年，安史之亂終於平定，破碎的大唐山河重歸一統。然而，表面上統一的背後，卻是大唐再不復往日榮耀，究其原因就是藩鎮已經坐大，進而開始威逼中央。

所謂藩鎮割據，就是地方上擁有軍政大權的節度使，雄踞一方，不服從中央命令，財政收入歸己所有。節度使死後，象徵權力的節杖由他的子弟或部將繼承，並由中央朝廷在形式上追認。他們是世襲的獨立國王，是名副其實的土皇帝。大唐的藩鎮肇端於西元711年，為了防止吐蕃入侵，賀拔延嗣被任命為涼州都督，全權負責防禦吐蕃，這使得河西藩鎮成了唐朝的第一個藩鎮。

在唐玄宗時期，藩鎮開始大量出現。如西元717年置幽州藩鎮節度使和朔方藩鎮節度使，西元718年置安西四鎮節度經略使，到了天寶年間，節度使已經達到了十個。隨著藩鎮的不斷設立，府兵制也開始被募兵制所取代，募兵代替府兵，更讓藩鎮有了獨霸一方的可能。

安祿山叛亂被平定之後，因為軍力有限，唐帝國中央並沒有一舉平定所有的割據勢力，帝國被迫接受了一些叛亂部將的投降，重新任命他們為節度使。在八世紀中期，全國出現藩鎮四十多個，形成了「天下盡裂於方鎮」的割據局面。在這些節度使中，以河北三鎮勢力最為強大，這些節度使自行世襲，擁兵自重，導致中央沒有足夠力量去插手管理。

所謂河北三鎮，指的是位於河朔地區的三個主要勢力，分別是范陽節度使、成德節度使、魏博節度使。

范陽又稱幽州或盧龍，在如今中國河北北部，北京、保定及長城附

近一帶；成德在幽州以南和山西接壤的地區，在如今中國河北的中部；魏博後改稱天雄，是如今中國渤海灣至黃河以北。

這三個地區是安史之亂主要的策源地，這裡胡漢雜居，民風彪悍。安史之亂後，安史降將和帝國軍閥相繼割據於此，依仗武力不聽從朝廷號令，甚至與朝廷分庭抗禮，到代宗一朝也沒有解決這些問題。

唐開元通寶錢

唐代宗去世，唐德宗即位，德宗力圖削弱藩鎮勢力，結果激起河北藩鎮叛亂，朝廷出兵進剿。正當雙方處於膠著狀態時，鎮壓叛亂的一支軍隊在都城譁變，譁變的士兵占領了長安並大肆搶掠，史稱「涇原兵變」。

「涇原兵變」爆發的原因是出征部隊十分不滿於帝國給予的後勤，又遭到帝國管理者的欺凌，義憤之下，終於把矛頭指向了帝國。

唐德宗逃到漢中後，用了四年時間才把叛亂平息下去，因此對河北藩鎮的討伐也只能不了了之。

唐德宗之後，經過唐順宗、唐憲宗、唐穆宗、唐敬宗四朝，藩鎮問題仍然沒有改變。其實，解決藩鎮問題的曙光曾在唐憲宗時出現過。

唐憲宗即位之後，開始討伐叛鎮。西元806年，西川節度使劉闢叛亂被鎮壓；西元814年，彰義節度使吳少陽之子吳元濟舉兵叛亂遭到鎮壓；西元818年，淄青節度使李師道舉兵叛唐也遭到鎮壓。

然而，憲宗雖然鎮壓了藩鎮割據，卻沒有從根源上解決藩鎮制度存在的問題。在唐憲宗死後，唐穆宗即位，主張裁減兵員，河北三鎮的將士成為主要裁減對象，這使得「河朔三鎮」又舉兵叛亂。朝廷派兵討伐，卻無功而返，由於軍費開支過大，朝廷只得承認現狀。

唐敬宗之後，唐文宗和唐武宗都立志削藩，但最終無功而返，此時，大唐已經步入帝國晚景了。

到了晚唐時期，藩鎮開始互相兼併。為了鎮壓農民起義，唐朝中央徵集各鎮士兵。許多藩鎮利用這個機會擴充實力，藩鎮割據現象愈演愈烈。隨著唐朝中央政權的瓦解，藩鎮割據成了既成事實。

第八章　大唐盛世：中國歷史的輝煌篇章

宦官把持朝政

從中國歷史發展來看，宦官專政主要出現在每個朝代的中後期，唐朝也是如此，與其他朝代不同的一點是，唐朝宦官專政的出現與安史之亂有著重大關聯。

在安史之亂前，唐朝宮廷就有寵幸宦官的歷史，如唐玄宗寵幸高力士。然而，當時的宦官仍然是以皇帝家奴的身分出現的，絕沒有把持朝政的可能，直到安史之亂發生。

安史之亂中，李輔國輔佐唐肅宗順利獲取帝位，他也因此成為唐代權宦的第一位。在此之後，程元振、魚朝恩等一批權宦登上歷史舞臺，甚至還出現了宦官欺凌皇帝的現象。

安史之亂不僅讓唐王朝由盛轉衰，同時也造成了藩鎮割據的局面。天下變得動盪不安，統治階層內部鬥爭日趨激烈，這些因素都為宦官專權創造了條件。

藩鎮叛亂和朝臣反叛使皇帝對大臣心生猜忌，在此情況下，皇帝不再相信朝臣，而轉向相信身邊的宦官。唐朝宦官把持朝政並不是透過干涉皇帝的想法和行為，而是直接擔任具體的官職，包括樞密使、神策軍中尉等職位，這當中具有轉折性的事件就是「涇原兵變」。

「涇原兵變」發生時，唐德宗隻身逃亡，沒有任何身邊文臣武將來護駕，還是一群宦官率領神策軍先趕來護駕。這使得德宗對朝臣大失所望，轉而把之前斥退的宦官當成了忠臣，在平亂之後，更是讓宦官執掌神策軍兵權，全權負責護衛皇城。

宦官把持朝政

神策軍碑

　　有了兵權，宦官就有了說話的本錢，所以在唐朝中後期，朝廷正事大都由宦官插手，皇帝和大臣很多時候根本做不了主，原因就在於兵權在宦官手中。

　　除了處理政事之外，宦官們還掌管著宰相、大臣的任命。對於奉承自己的人，他們會極力推薦。對於與自己作對的人，則會極力排斥。

　　在唐朝後期，宦官甚至掌握了廢立、生殺皇帝的權力。順宗在位僅一年，就因為觸犯宦官的利益，而被逼退位。文宗更是在「甘露之變」後遭到宦官監視。將皇帝當作提線木偶來掌控，這可以說是唐朝宦官把持朝政的獨有特點。

第八章　大唐盛世：中國歷史的輝煌篇章

甘露之變

在中國歷史上，最典型的一次宦官專權事件就是甘露之變。

寶曆二年（西元826年）十二月，唐敬宗被宦官李克明殺死，文宗李昂被扶植稱帝。即位的文宗一心想剷除宦官勢力，奪回政權，於是便想建立自己的班底，他從下層官吏中分別提拔了鄭注、李訓為御史大夫和宰相，將二人作為心腹。

文宗採納鄭注等人的建議，先是利用宦官之間的矛盾，任命權宦王守澄部下仇士良為左神策中尉，掌管一部分禁衛軍，以削弱王守澄的軍權。

接著，文宗又用計徹底削去王守澄的兵權，下令王守澄飲毒酒自盡。

此後，鄭注又從鳳翔挑選出幾百名勇士，裝備棍棒和利斧成為親兵，準備在宦官們參加王守澄的葬禮時，派親兵將宦官全部消滅。

但是在計劃的實施過程中出了問題，原因在於李訓為了搶占功勞，力勸文宗改變計劃，更換動手的時間。結果文宗聽從了李訓的新計劃。

太和九年（西元835年）十一月的一個早上，李訓先是暗中派人上報皇上在左金吾大廳後的石榴樹上出現甘露，乃祥瑞之兆，接著李訓又聲稱派官員前去檢視，結果並非甘露。文宗此時按照計劃派仇士良等宦官再次前往一探究竟，目的當然是把宦官一網打盡。

在李訓的心腹韓約的陪同下，仇士良走向了左金吾門口，機警的他見韓約的表情十分緊張，便懷疑有問題。結果，仇士良發現了早已埋伏的親兵，馬上轉身跑到皇上休息的地方。

仇士良把皇帝推進了轎子，帶到了宦官們的勢力範圍。李訓拉住轎子，卻被宦官們推倒在地，只得眼睜睜地看著文宗被帶走。

唐文宗陵

挾持文宗之後，窮凶極惡的仇士良馬上指揮神策軍四處搜尋，殺害朝中的一千多名官員。最終，他們在終南山找到並殺死了李訓。鄭注聽說計劃敗露，便馬上退回到了鳳翔，但也被監軍張仲清所殺。

文宗被抓住之後，被軟禁了起來，鬱悶的他只能以飲酒賦詩來排解心中的鬱悶。後來，他徹底心灰意冷了，對翰林學士周墀說：「我雖貴為天子，如今卻被家奴宦官所欺辱。還不如那些亡國之君！」

西元840年，憂勞成疾的唐文宗去世，年僅三十歲。

第八章 大唐盛世：中國歷史的輝煌篇章

武宣之治

唐文宗去世之後，帝國皇位落到了唐文宗的弟弟李炎手中，是為唐武宗。

唐武宗即位之初韜光養晦，逐漸把權力從宦官手中奪了回來，之後他任用賢相李德裕，對帝國弊政實行了一系列的改革。

武宗君臣嚴刑峻法，讓社會風氣一時井然有序；加強相權，讓中樞政治代替宦官政治；對外強勢，對吐蕃等西疆部落軟硬兼施，穩定了帝國邊境；打擊藩鎮，樹立了中央的權威；釐清稅負，減輕了人民的負擔；消減僧尼，增加了政府的財政收入；削減門蔭，給寒門士族以科舉上升的通道。

會昌開元通寶

在唐武宗和李德裕的治理下，大唐終於有了重振雄風的樣子。然而不幸的是，唐武宗的統治只持續了六年時間，西元846年，唐武宗服食丹藥而亡，他的叔叔李忱即位，是為唐宣宗。

唐宣宗繼承唐武宗的改革成果，並在此基礎上發揚，讓大唐帝國獲得了短暫的中興。

然而由於宣宗本身的問題，這場短暫的中興又很快宣告終結，大唐帝國在宣宗後期，已顯現出亡國的態勢。

李忱早年比武宗更善於韜光養晦，這也使得宦官們誤認為他容易控制，所以在武宗病逝之後，宦官們極力推舉李忱即位。

宣宗即位之後，一改往日頹唐的作風，他打擊不法權貴，貶斥宦官，對外用兵，為文宗時死於宦官之手的大臣平反昭雪，在很多方面都頗有建樹。

宣宗天資聰穎，且十分勤勉，這都讓他對中興大唐無比自信。

然而，他剛一登基便貶謫了武宗時的名相李德裕，讓很多士人為此寒心，唐詩中都留下「八百孤寒齊下淚，一時南望李崖州」之語。

且宣宗性格刻薄多疑，雖然可以說得上是御下有術，但也讓真正有才能的官員沒有施展的空間，所以終宣宗一朝，執掌中央的宰相不是唯唯諾諾之輩，就是鑽營諂媚之徒。

宣宗的勤政加上武宗的政治遺產，讓宣宗時期的大唐再次出現了短暫的繁榮景象，因此歷史上對這個時期也有「大中暫治」的美譽。

但最大的問題是，這樣的繁榮是建立在宣宗一個人努力的基礎上的，他並沒有建立起一個健康且高效的政治團隊，所以在大中末期，當宣宗身體和精神都有所倦怠之後，帝國就逐漸出現了敗象。

西元859年，宣宗病逝，長子李漼即位，是為唐懿宗。唐懿宗是一個沉溺享樂不理政事的天子，又趕上宰相無能，大唐帝國便再也不可能復興了。

第八章 大唐盛世：中國歷史的輝煌篇章

黃巢之亂

唐宣宗末年，摧毀大唐王朝的第三支利劍——農民起義終於到來，浙江裘甫率義軍反唐，拉開了唐末農民起義的序幕，而農民起義的最高潮則是歷史上著名的黃巢之亂。

黃巢於西元820年出生於曹州冤句的一個鹽商家庭。自幼粗通筆墨，略有詩才，但是擅長騎馬射箭，有一身好武藝。

成年後，黃巢屢試不第，科舉沒能讓他走上仕途，卻堅定了他造反的決心。一次落第之後，他寫下一首《不第後賦菊》：「待到秋來九月八，我花開後百花殺。沖天香陣透長安，滿城盡帶黃金甲。」從這首詩也能看出黃巢想要一展抱負的決心。

當時是唐懿宗年間，浙江農民起義雖然被平息了，但中原起義仍然此起彼伏。其中一個叫王仙芝的人聚集一支一千多人的隊伍，揭竿而起，在山東掀起了很大的波瀾。

一年後，黃巢效仿王仙芝聚集一支兩千多人的隊伍，並與王仙芝會合，打著推翻腐敗唐朝的旗號，號召人民起來反抗。一時間，引起了很多人的響應，特別是那些被苛捐雜稅壓得走投無路的人。短短的幾個月後，黃巢的隊伍就發展到了幾萬人之眾。

西元875年，黃河流域發生了特大洪災。沒過多久，又趕上了蝗災，越來越多的農民開始對生活感到絕望。走投無路之下，很多人加入了黃巢的隊伍，由此起義軍的隊伍越來越壯大。

一路披荊斬棘，起義軍的領地不斷擴大，從山東一直蔓延到中原地區。

唐代武士

　　此時，唐王朝意識到了危機，便調集了各路人馬企圖從四面包圍義軍。但是黃巢等義軍領導者十分靈活，他們竭力避開朝廷的主力部隊，開向空虛的城池。很快，大片空虛的城鎮就被義軍所占領。

　　西元878年，起義軍一號人物王仙芝被俘後遭到殺害。黃巢進而成了起義軍最高領袖。經過多年苦心經營，農民起義軍一度發展到了六十五萬大軍。

　　西元881年，黃巢率軍兵臨長安城下，攻破長安之後，黃巢自立為帝，建國號為「大齊」。

　　但是好景不長，唐朝軍隊兩年之後又圍困了長安，黃巢內部的主要將領朱溫變節降唐，黃巢只好從長安退出，回到山東繼續發展力量，以期日後反撲。

　　西元884年，黃巢的起義軍被唐徵召的沙陀軍隊李克用軍打敗，黃巢死於非命，一場轟轟烈烈的農民起義宣告結束。然而此時，大唐帝國其實也早已在這場起義中名存實亡了。

第八章 大唐盛世：中國歷史的輝煌篇章

唐朝滅亡

唐懿宗即位之後，皇帝不理政事，宰相自私無能，加上藩鎮跋扈，外敵強大，實際上大唐王朝已經不可能再有所作為了。

一場場農民起義，雖然沒有完全摧毀唐朝，但掌握實權的地方勢力其實早已不把中央當一回事了。

西元873年，唐懿宗病逝，皇位由其第五子李儇繼承，是為唐僖宗。唐僖宗和其父一樣，只知道享樂而毫無勵精圖治的作為。經過這父子二人，到了僖宗兄弟唐昭宗即位時，唐朝政權實際上已經不屬於李唐，而歸朱溫掌握了。

朱溫本是黃巢手下的一位將領，在黃巢起義後期反叛黃巢，受了唐朝的招安。但是當時，唐帝國已經沒有屬於中央的部隊了，派出剿滅黃巢的不是反叛的農民軍，就是徵召的游牧民族部隊或藩鎮部隊。

朱溫在投降唐朝後，唐僖宗曾賜名全忠，官拜沛州刺史、宣武軍節度使。隨後，朱溫與帝國各路人馬一起圍困長安，使得黃巢招架不上只得撤退。

後來朱溫奉命又聯合沙陀軍李克用部隊一起剿滅黃巢。此時，大唐帝國內具有較強實力的軍事組織就是朱溫部隊、李克用部隊和軍閥李茂貞部隊。

戰勝黃巢之後，野心膨脹的朱溫立即就把矛頭指向了李克用，他設計想要除掉李克用，結果被李克用識破，兩人從此分道揚鑣。

> 唐朝滅亡

朱溫像

　　李克用統兵回到河西，朱溫則將矛頭指向李茂貞，在一番明爭暗鬥之後，朱溫從李茂貞手中奪得了天子唐昭宗，學著曹操的樣子，挾天子以令諸侯。

　　在長安，朱溫對掌權勢力展開血腥殺戮，那些宦官、宗室、士族幾乎都被他逐個消滅。此後，他又強迫唐昭宗把都城遷往洛陽。其他割據勢力對此十分不滿，結成了同盟軍，打著唐昭宗的旗號一起討伐朱溫。

　　在一片討朱聲勢中，朱溫殺死了唐昭宗，另立年幼的皇子李柷為帝，是為唐哀帝。

　　在成功平息了討伐聯軍之後，朱溫終於挑明野心了。開平元年（西元907年）四月，他逼迫唐哀帝禪讓皇位，在部下和官僚們的擁戴下登上了皇帝寶座，建號為大梁，統治中國將近三百年的大唐王朝就此滅亡。

第八章　大唐盛世：中國歷史的輝煌篇章

附錄：第八章主要參考文獻

[1] 司馬光·資治通鑑 [M]·北京：北京聯合出版公司，2016·

[2] 蔡東藩·中華史：唐史 [M]·北京：北京聯合出版公司，2019·

[3] 呂思勉·極簡中國史 [M]·天津：天津人民出版社，2016·

[4] 呂思勉·隋唐五代史 [M]·武漢：華中科技大學出版社，2016·

[5] 岑仲勉·隋唐史 [M]·北京：商務印書館，2015·

[6] 黃仁宇·中國大歷史 [M]·北京：生活·讀書·新知三聯書店，2014·

[7] 崔瑞德·劍橋中國隋唐史：589——906 年 [M]·北京：中國社會科學出版社，1990·

[8] 斯圖亞特·戈登·極簡亞洲千年史 [M]·長沙：湖南文藝出版社，2017·

[9] 張國剛·唐代兵制的演變與中古社會變遷 [J]·中國社會科學，2006(4)·

[10] 楊志玖·試論唐代藩鎮割據的社會基礎 [J]·歷史教學，1980(6)·

[11] 彼得·弗蘭科潘·絲綢之路：一部全新的世界史 [M]·杭州：浙江大學出版社，2016·

第九章
五代十國：輝煌之後的衰落

五代十國是中國歷史上的又一大分裂時期。五代是指唐朝滅亡之後，中原地區依次更替的後梁、後唐、後晉、後漢和後周五個政權。十國則是指中原地區之外，包括前蜀、後蜀、南吳、南唐、吳越在內的十餘個政權。作為中國歷史上最為混亂的一個時代，五代十國連線著隋唐和宋元。這個時代出現的新變化深刻地影響了宋元時期的社會經濟和文化風貌。

第九章　五代十國：輝煌之後的衰落

契丹的壯大

唐王朝滅亡之後，中原王朝陷入了數十年的混亂當中，這數十年裡，五個王朝疊代出現，然而讓人沒有想到的是，在這五代更迭的過程中，有著關鍵作用的居然是曾經位於唐帝國邊陲的游牧民族——契丹。

契丹的壯大要得益於其部落的一位英雄——耶律阿保機。

遼太祖耶律阿保機

耶律阿保機剛出生時，契丹內部正在爭奪首領之位，其祖父耶律勻德實遭到殺害，父親和叔伯們紛紛逃往異地，他在祖母的保護下才得以安身。

等阿保機稍稍長大一點，他開始顯露出遠遠高過同齡人的聰慧。阿保機在幼年時期便能談論國家大事，等他父輩執掌國政，遇到一些難題時也都會詢問這個孩子。

阿保機長大成人之後，身材變得十分魁梧強壯，善於騎射，他組建了自己的侍衛親軍，征戰各個鄰近小部落，迅速崛起，成為契丹的一個後起之秀。

其伯父被殺之後，阿保機繼承了伯父的職位——於越，相當於中原王朝的宰相。他帶著自己的親兵先後擊潰並降服了小黃室韋，破越兀、兀古、六奚諸部。

經過多年征戰，阿保機憑藉赫赫戰功，於西元907年當上了可汗。但是阿保機不滿足於此，他的理想是開疆擴土，稱霸天下。為了使自己的部族發展得更為強大，他主動向先進的漢人學習，建造了不少冶煉銀鐵的作坊，鼓勵本族人與漢人交易貨品。

但是他的改革很快就引起了一些契丹貴族的反對，最先謀劃叛變的是他的幾個弟弟。

阿保機得知弟弟們叛變的消息後，先發制人把弟弟們全抓了起來。但是他深知改革一定會讓很多傳統的契丹貴族感到不解，便耐心地向弟弟們解釋自己的用意，還寬容地釋放了他們，並一同上山盟誓。

但是阿保機的寬容並沒有換來弟弟們的珍惜。他的弟弟們又發起了第二次、第三次叛亂。

他的一個弟弟刺葛逃向了北方，阿保機帶兵緊追其後。直到土河地區，阿保機停止了追擊，對部下說：「現在攻擊，叛軍必定盡力反擊。等過些日子，將士們會因為遠離家鄉而對刺葛不滿。到時候我們再進攻，必定大獲全勝。」果然如阿保機所預測的那樣，沒過幾天，叛軍們就發生了內訌，阿保機趁機進攻，輕鬆取勝。阿保機放了幾個弟弟，但是把其他三百餘名大小首領砍頭示眾了。

阿保機做可汗九年後，他的改革為契丹帶來了翻天覆地的變化。但其他七位酋長密謀發動兵諫，強迫阿保機退讓可汗之位。

面對武力脅迫，阿保機假裝同意，並交出了旗鼓。隨後，他對眾人說：「我已在可汗之位坐了九年，收服了很多漢人，我想帶領自己的一部

第九章 五代十國：輝煌之後的衰落

統治漢人，可以嗎？」得到同意之後，阿保機藉機邀請各部首領集會，實則暗中設下伏兵，等大家喝得大醉時，將各部首領全部殺死。

奪回了軍政大權後，阿保機於西元916年在龍化州設下祭壇，正式稱帝，國號契丹，史稱遼太祖。

阿保機稱帝之後，並沒有停止征伐的腳步。他先後向西北打敗了強悍的突厥、党項羌等民族，向南攻占了漢人的很多領土，向東消滅了渤海國。

西元926年，阿保機在返回京都的途中因病去世。此時，他已經為後人建立了一個強大的政權——遼。

後梁的建立與滅亡

　　契丹在北方發展的同時，在北方唐帝國的故土上，朱溫建立的後梁開始了艱難的創業。

後梁開平錢

　　為了穩定國家，朱溫從偏重軍事的立場轉到了以政治為綱的立場。他開始關注人民和土地，盡最大努力恢復農業發展，以求人民得以休養生息。為了防止武將尾大不掉，他開始警惕那些握有重兵的將領，一旦發現有可疑跡象，便馬上採取行動，或殺或關，毫不留情。

　　當然，朱溫自立為帝的做法也激起了其他諸侯的憤怒。如劉仁恭、劉守光、李茂貞、趙匡凝等人，紛紛發動討伐後梁的戰爭。其中最難對付的就是他的宿敵李克用、李存勖父子。

　　朱李雙方一直沿黃河對峙，李克用父子在對峙中一直占據著主動地位。

　　後梁建立當年，朱溫與李克用軍隊發生了潞州之戰。後梁軍隊先是長驅直入，將潞州團團包圍。此時李克用正好去世，朱溫便因此有些驕惰。沒想到李存勖趁此時機，帶兵發動了偷襲，一舉擊敗了後梁軍。

第九章　五代十國：輝煌之後的衰落

在西元 910 年和西元 911 年這兩年裡，雙方又發起了柏鄉之戰。後梁再次戰敗，元氣大傷，從此，後梁徹底轉為被動。

乾化二年（西元 912 年）六月，朱溫之子郢王朱友珪見自己即位無望，便弒殺了父親，即位稱帝。沒想到剛過半年時間，朱友珪就被朱溫的另一個兒子朱友貞所殺。朱友貞把黃袍披到了自己身上，當上了皇帝，史稱後梁末帝。

後梁末帝上位之後，開始打壓敬翔、李振等元老重臣，重新任用了趙巖、張漢傑及張漢倫等新臣，並把他們安排到十分重要的職位上。

這些人逐漸掌握權力後，開始中飽私囊，把朝局攪得烏煙瘴氣。西元 920 年，就爆發了以毋乙、董乙為首的起義，但很快就被朝廷鎮壓了下去。

除了要解決國內起義，後梁末帝還要著手解決將領擁兵自重的問題。節度使楊師厚病死後，末帝把其駐守的魏博鎮分為二鎮，使得兵力分散，結果這個做法造成了魏博兵變，二鎮很快就歸附了李存勖。由此後梁的實力越來越衰弱了。

同光元年（西元 923 年）十月，李存勖於夾河大戰大敗後梁軍，生擒後梁大將王彥章，襲破開封。後梁宗室全部被殺，後梁末帝自殺而死，至此後梁滅亡。

後唐的興滅

滅後梁之後，李存勗建立後唐，並決定定都於洛陽。當時，後唐的國力還算強盛，攜著滅後梁的餘威先後吞併了岐國和前蜀。

但是，隨著帝國的發展，後唐內部卻出現了重重的憂患。定都洛陽之後，李存勗召回了之前被趕走的宦官，對他們委以樞要之職，還任用了李襲吉等保守派，使得內政與唐朝後期一樣逐漸衰敗。

與此同時，李存勗也漸漸不思進取，開始不務政事，醉心於縱慾玩樂，還自取藝名「李天下」，寵信伶人敬新磨、伶官景進等人。

皇帝不在其位，李存勗的妻子劉皇后便開始大肆干預朝政，收受賄賂，她將國家一半的稅收吞入後宮，還迫使朝廷暫扣軍糧，用以補充其他支出，從而導致後唐軍在征討蜀國的時候發生兵變。

後唐繪畫出行圖

雖然李存勗的愛將郭崇韜完成了滅蜀任務，但是另一位大將李繼岌對不能深入參與軍事事務感到不滿，於是他向朝廷密報，企圖陷害郭崇韜。在劉皇后的胡亂干預下，郭崇韜被處決。從此，後唐軍的軍心渙散，兵變反叛接連發生。

不久之後，趙在禮率領魏博軍於魏州叛亂，朝廷派李嗣源前往平叛。結果，李嗣源反而倒戈相向。各路後唐軍此時都不願繼續效命於朝廷，汴州與洛陽很快就被叛軍攻陷了，李存勗也在內亂之中被流箭射死。

李嗣源攻進洛陽之後開始屠殺反對者，然後自稱為帝，即後唐明

第九章 五代十國：輝煌之後的衰落

宗。李存勖的兒子李繼岌在長安自殺。

後唐明宗對朝政實行了一番改革，他誅殺宦官，任用賢人，廢除了不少冗餘機關，建立了三司等財政機關，改善百姓生活，提倡節儉節約，興修水利工程，加強中央軍實力。在他的努力下，朝政和國家逐漸穩定下來。然而，在後唐明宗晚年，內亂再次爆發。

西元933年，明宗病重，其子李從榮因奪位被殺，幼子李從厚即位，史稱後唐閔帝。

閔帝即位時，鳳翔節度使李從珂和河東節度使石敬瑭擁兵自重。宰相本想以調動節度使的方式來分散兵權，結果反而激起反叛。

西元934年，李從珂打著「清君側」的旗號，帶兵攻入都城洛陽。閔帝在逃跑的路上被石敬瑭抓獲，最終被李從珂殺害。李從珂自立為帝，史稱後唐末帝。

在此期間，先前被滅掉的前蜀也反叛建國。當時，李存勖吞併前蜀之後，任命孟知祥為西川節度使。等到後唐明宗叛變奪位之時，孟知祥趁機發動叛變，稱帝建國，史稱後蜀。孟知祥去世，其子孟昶即位。孟昶是個無能之輩，不僅嬖倖寵妃，還信任庸才，勉強維持後蜀三十年。

後唐末帝素來與石敬瑭不和，末帝登基之後，越發猜忌石敬瑭。石敬瑭也非常擔心末帝會對自己下手，因而隨時準備著叛變。

西元936年，末帝將石敬瑭調任天平軍。石敬瑭在桑維翰與劉知遠的建議之下，與契丹取得了聯繫，向遼太宗耶律德光稱兒，以事後割讓燕雲十六州為代價，請契丹發兵支援。在契丹人的幫助下，石敬瑭於太原建立後晉，史稱後晉高祖。西元937年，後晉軍與契丹軍聯合發兵南下，後唐將領楊光遠、趙德鈞等人先後投降。在後晉軍攻入洛陽的同時，後唐末帝自焚而死，至此後唐滅亡。石敬瑭按照事前的約定，將燕雲十六州割讓給了契丹國。

後晉滅亡

石敬瑭雖然獲得了帝位，但是日子過得並不安穩。一方面，他遭到了軍方的強烈敵視，成德的安重榮和河東的劉知遠都準備起義奪帝了；另一方面，石敬瑭的屈辱行為也為契丹人不齒。每當有契丹使者來到都城，石敬瑭都要在別殿拜受詔敕，儘管如此，仍然經常遭到契丹人的責難。終於，石敬瑭在西元942年憂鬱去世。

後晉高祖石敬瑭

石敬瑭死後，其姪石重貴即位。早年因為哥哥早死，石敬瑭收石重貴為義子。由於石敬瑭的五個兒子都已早死，而石重睿年紀尚幼，只好讓石重貴即位，史稱後晉出帝。

石重貴即位之後，朝中大權被侍衛親軍都指揮使景延廣所掌管。此人不僅無勇無謀，還狂妄自大。他改變了先前以契丹為敬的外交政策，不光拘禁契丹使者，還殺死契丹商人，掠奪契丹貨物，引得契丹大為不滿。兩國矛盾激化，大戰一觸即發。

狂妄的景延廣不但不積極備戰，反而口出狂言挑釁對方。結果契丹

大怒，派出大軍侵犯中原。

連年的對戰中，後晉軍民積極抵抗外敵，契丹軍隊屢次戰敗而退。

西元946年，契丹皇帝耶律德光再次進攻後晉。他讓降將趙延壽與瀛洲刺史詐降，將假情報送到後晉朝廷。後晉出帝求勝心切，馬上派杜重威統領大軍北上。杜重威深入敵營之後，一邊請求朝廷增兵，一邊整日作樂，不顧軍事。

儘管後晉朝兵多將廣，實力上強於契丹，但是由於主帥無心作戰，整日沉溺於酒色，契丹軍抓住機會截斷了後晉軍的糧道，情況十分危急。

其實，戰況一直是按照杜重威的計畫進行的。他本來的意圖便是投降契丹，如今時機已到，便與副將李守貞商議，派出使者聯繫契丹，進而投降。契丹方面雖然包圍了後晉軍，但是奈何後晉軍人多勢眾，想要取勝也絕非易事。

當耶律德光收到杜重威投降的消息之後，非常高興。馬上許下承諾，事成之後，立杜重威為帝。達成共識之後，杜重威召集諸將，宣布即將投降的消息。很多將領都不願意，但在刀斧手的脅迫之下，只好同意。杜重威向全軍宣布投降的消息之後，全軍上下哭成一片。

後晉軍主力部隊投降之後，汴京城內早已空虛。契丹大軍輕鬆攻進開封府，抓獲了石重貴全家，將其全部遷往了契丹境內的建州。次年，耶律德光在後晉留下的皇宮中宣告統治中原。統治中原十一年的後晉，至此滅亡。

後漢的瞬興瞬滅

　　早在石敬瑭去世之時，身為河東節度使的劉知遠就預料到天下即將大亂。他一邊經營自己所管轄的太原地區，一邊處死了吐谷渾首領白承福，奪得了大量金銀財寶和馬匹裝備。然後，當契丹大舉進犯汴梁時，劉知遠採取了「坐山觀虎鬥」的策略，既不反抗也不趁機造反。等契丹徹底滅了後晉之後，劉知遠主動示好契丹。沒過多久，中原人民便積極起兵反遼，很多將領勸說劉知遠發兵攻遼，但是劉知遠依然不為所動。

　　契丹人自知無法控制中原，便向北撤軍。劉知遠終於看準時機，在太原稱帝。為了掩人耳目，劉知遠十分小心，只稱帝不改年號，稱這一年為天福十二年，即西元947年。後晉出帝石重貴被契丹人挾持北上之後，他表現出傷心欲絕的樣子，帶著親兵迎接後晉出帝。但實際上，他剛走到壽陽，便掉轉方向回到了太原，趁中原地區空虛，渡黃河進入洛陽，殺死了契丹人走前所立下的傀儡皇帝李從益，自立為帝。他冒稱為漢高祖劉邦之後，故以漢為國號，史稱後漢。

後漢高祖劉知遠

　　劉知遠稱帝之後，他昔日的幕僚也搖身一變成了朝廷重臣，占據了各個要害官職。這些人大多凶殘貪婪，做出了不少駭人聽聞之事。比如宰相蘇逢吉，當年他還在河東做幕僚的時候，劉知遠以「靜獄祈福」為由大赦囚犯，結果蘇逢吉卻擅自把全部囚犯通通殺死，把靜獄理解為全部殺光。成為宰相之後，蘇逢吉依舊如故，他

第九章 五代十國：輝煌之後的衰落

曾草詔把盜竊者的本家、四鄰和保人全族處斬。但是最終由於太過殘酷，遭到人們的駁斥，只好勉為其難刪去「全族」二字。

中央高官殘暴無道，地方官吏也上行下效。衛州刺史葉仁魯對待盜賊的方法十分殘忍，有的直接殺死，有的則挑斷手筋腳筋，扔到深山老林之中，讓其自生自滅。這些「宛轉號呼，累日而死」的人中，有很多並非盜賊，而是無辜的百姓。後漢統治時期，此類暴政不勝枚舉，百姓生活在水深火熱之中。

後漢高祖劉知遠在位時間很短，剛做了一年的皇帝就病死了。其子劉承祐即位，史稱後漢隱帝。當時，隱帝年紀尚幼，沒有能力駕馭朝中眾臣。朝政大權被楊邠、史弘肇、王章、郭威等人所掌握。那些帶兵打仗的武官往往瞧不起文臣，由此引發了文武官員之間的矛盾。

這些專橫跋扈的武夫悍將們根本沒把年幼的皇帝放在眼裡，在朝堂之上大吵大鬧，甚至舞刀弄劍。隱帝實在無法容忍，便和親信商議除掉這些囂張的大臣。他先是將士兵埋伏於殿門之後，等楊邠、史弘肇、王章上朝之時，一舉消滅。隨後又密謀殺死鎮守鄴都的郭威。結果消息走漏，郭威盛怒之下起兵造反，帶著大軍殺入了汴梁。隱帝在逃亡途中，被捕獲殺死。

郭威又演了一齣好戲。他先請太后臨朝稱制，下令迎劉知遠之姪武寧節度使劉贇為帝。結果還沒等劉贇趕到，郭威便派人假報契丹入侵，自己帶兵迎敵。行軍途中，士兵譁變，突然將黃袍加於郭威身上，郭威被擁為皇帝，不僅不再迎敵，反而回到汴梁。劉贇行至半路，就被人所殺。

西元951年，郭威正式登基，定國號為周，史稱後周。郭威史稱後周太祖皇帝。至此，短命的後漢存在了三年便宣告滅亡了。

後周的建國與發展

　　後周是五代最後一個朝代。後周開國皇帝郭威是後漢高祖劉知遠的顧命大臣，在後漢隱帝時期，郭威多次平定藩鎮叛亂。

　　登基後，郭威實行了一系列改革，減輕了百姓的徭役。同時，還整頓了軍紀和朝廷內部的政治風氣。

　　後周的興盛與後周太祖郭威的厲行節儉有很大的關係，他不僅禁止各地進貢珍奇美味，同時還將宮中的金玉器具全部砸碎，以此來表示自己厲行節儉的決心。在經濟方面，他下令獎勵耕種，平均賦役，促進了北方社會經濟的發展。在文化方面，他重視儒學，注重科舉選士。在軍事方面，限制藩鎮權力，堅決鎮壓反叛的藩鎮。這種全面綜合的管理方式，讓後周經歷了一段時期的繁榮。

　　後周太祖郭威死後，他的兒子們因為在其起兵鄴都的時候全部被殺，所以只能由其養子柴榮即位，史稱後周世宗。柴榮即位之後，不僅在高平之戰中成功抵禦了北漢的進攻，同時還屢次對外發起戰爭。

後周世宗柴榮

第九章　五代十國：輝煌之後的衰落

後周的首都是開封，其統治範圍包括了中國如今的河南、山東、山西南部、河北中部、陝西東部、甘肅北部和長江以北的安徽、江蘇地區。後周世宗柴榮即位後，從西元955年到西元958年，他三次親征南唐，幾乎吞併了南唐在長江以北的所有地區。在西元959年，柴榮又北上攻遼，幾乎攻打到了幽州地區。

在北上攻遼的過程中，後周軍隊一路長驅直入，接連攻下莫州、瀛洲和易州等地。但是在向幽州進軍時，後周世宗因為身染重病，只得班師回朝。同年，後周世宗病逝於汴梁。

後周世宗病逝之後，年僅七歲的恭帝即位。西元960年，陳橋兵變爆發，殿前都點檢趙匡胤被擁立為皇帝。趙匡胤即位後，將國號改為宋，同樣定都開封。歷經三帝，享國十年的後周就此滅亡。

「十國」興亡

唐朝滅亡後，中國歷史進入了一個新的大分裂時代。中國北方先後出現了後梁、後唐、後晉、後漢和後周五個勢力較強的王朝，南方的形勢則表現得較為混亂。

南方地區先後出現了九個規模較小的割據政權，在中國歷史大舞臺中上演了「你方唱罷我登場」的戲碼。加上北方地區的北漢政權，五代十國的政權正式湊齊。

「十國」不僅出現時間、存在時間參差不齊，版圖大小和帝王名號也都千差萬別。

南吳的創始者是吳王楊行密，他死後由其子楊渥即位。西元908年，楊渥因兵變被殺，楊隆演繼其位，並於西元919年正式成為吳國國王。

但是此後一段時間，南吳大權一直掌握在大丞相徐溫手中。即使在西元927年楊溥稱帝後，皇帝依然沒有實權。西元937年，徐溫養子徐知誥成為南吳統治者，並將國號改為齊（史稱徐齊），自此，南吳滅亡。

南唐的發展史最早也要從徐溫說起，透過發動政變，徐溫和張顥殺死了楊渥。在爭權鬥爭中，徐溫又殺死了張顥，獨攬南吳大權。此後其養子徐知誥在937年建立徐齊，而在939年，又稱自己為唐王室後裔，改名李昪，並改國號為唐，此即為「南唐」。

李昪去世後，其子李璟繼承皇位，並積極對外擴張。其在西元951年滅了南楚，但是在西元957年又被後周世宗打敗去掉了帝號。其子李煜即位後，在詩詞方面取得較大成就，但在治國方面少有建樹。西元975

第九章　五代十國：輝煌之後的衰落

年，宋軍攻破金陵後，南唐滅亡。

前蜀由西川節度使王建建立。其在位時大力發展經濟，依靠著成都平原得天獨厚的自然條件，前蜀在經濟、政治方面取得了不錯的成績。但是在王建死後，其子王衍並沒有像其父親那樣勵精圖治，在西元925年，被後唐軍隊所擊敗，成為亡國之君。

後蜀由西川節度使孟知祥所創，在後唐滅前蜀後，孟知祥趁後唐內亂之時，自立後蜀。其子孟昶勵精圖治，讓後蜀國勢日漸強盛。但其在統治後期，也開始貪圖享樂，最終在西元965年，後蜀被宋軍所滅。

南漢發跡於嶺南地區，在青海節度使劉隱的鋪陳下，其弟劉巖稱帝建國。劉巖在世時，大力推廣科舉制度，這使得南漢國力蒸蒸日上。但是在劉巖以後，幾代皇帝大多昏庸無道，致使南漢國力每況愈下，最終被宋攻滅。

南楚為武安軍節度使馬殷所創，該政權先後依附後梁、後唐，在西元927年，馬殷改潭州為長沙府，作為南楚的國都。其後，馬氏家族內部的爭權鬥爭讓南楚一片混亂，南唐藉此機會在西元951年攻滅南楚。但是在南唐滅南楚後，楚將劉言起兵擊敗南唐軍，繼續占有湖南。隨後，湖南地區政權歸屬幾經更迭，最終在西元963年被北宋占據。

吳越政權由鎮海、鎮東節度使錢鏐建立，西元978年，錢弘俶向北宋獻土。至此，歷時七十二年的吳越政權覆滅。

西元909年，後梁封王審知為閩王，在其統治下，閩國獲得迅速發展，國力明顯提升。在他去世後，閩國經歷了一系列政權更迭。最終，在西元945年，南唐軍隊攻陷福州，閩國滅亡。

荊南政權由朱溫部下高季興所創，在後梁滅亡後，高季興向後唐稱臣，並被封為南平王。後唐明宗曾起兵征討荊南，但是因為江南雨季而

「十國」興亡

沒有成功，荊南政權得以延續。

　　為了能夠延續政權，荊南幾乎向所有政權稱臣，但是同時還會搶奪其他政權的物品。西元963年，高繼衝投降於宋，荊南政權就此覆滅。

　　西元951年，北漢由後漢高祖劉知遠的弟弟劉崇創立。在「十國」之中，北漢國力相對較弱，但是其始終堅持依靠遼國，所以雖然幾經政權更迭，國力下降，卻依然沒有滅國。

　　西元969年，宋太祖趙匡胤親征北漢，卻久攻不下，只得退兵。西元979年，宋太宗趙光義繼續征討北漢，北漢雖然有遼國的援軍，但是仍然被宋軍所攻滅。

　　五代十國可以說是中國歷史上最為混亂的時代之一，「十國」的建立及滅亡軌跡正印證了「打江山容易，守江山難」這句話。

第九章　五代十國：輝煌之後的衰落

附錄：第九章主要參考文獻

[1] 司馬光·資治通鑑 [M]·北京：北京聯合出版公司，2016·

[2] 呂思勉·隋唐五代史 [M]·武漢：華中科技大學出版社，2016·

[3] 本刊·講透五代十國 [J]·國家人文歷史，2018(13)·

[4] 李婍·五代十國那些皇帝 [M]·北京：北京言實出版社，2014·

[5] 黃仁宇·中國大歷史 [M]·北京：生活·讀書·新知三聯書店，2014·

第十章
宋元鼎革：燦爛文化和鐵血征伐

宋元時期是中國封建社會民族融合加強、社會經濟發展的一個重要階段。宋朝的建立結束了五代十國的分裂局面，元朝的建立則帶來多民族融合的發展。這段時期的歷史雖然不如隋唐時期輝煌燦爛，卻是中國封建社會的重要階段。無論是社會經濟，還是科技文化，都呈現出了高度繁榮的景象。

第十章　宋元鼎革：燦爛文化和鐵血征伐

陳橋兵變和黃袍加身

西元 960 年，後周朝廷剛剛經過年前的大喪，政局開始步入正軌。當時，後周朝廷中樞由符太后和宰相範質、王溥等人操控，然而軍權卻由殿前都點檢趙匡胤等人掌握。

這年春天，北方邊境鎮州和定州上報朝廷，稱北漢和遼國聯軍南下，企圖入侵後周領土，請求朝廷派軍支援。

匆忙中，符太后和執政大臣未查明情況便派澶州節度使慕容延釗帶兵抵抗，又派出禁軍最高長官兼宋州歸德軍節度使趙匡胤領兵增援。

朝廷眾臣於當年正月初三送趙匡胤出征，當天傍晚，趙匡胤率軍行至陳橋驛休息。第二日清晨，趙匡胤的弟弟趙光義和多位將領鼓動士兵發動兵變，將黃袍覆於趙匡胤的身上，擁立他為皇帝。

宋太祖像

事情發生得太過突然，趙匡胤還沒反應過來，就已經被將士推上了馬，轉而回京。此時，趙匡胤勒住韁繩，在馬背上對將士們說道：「你們

陳橋兵變和黃袍加身

為了榮華富貴而擁立我當皇帝。如果你們聽從我的話，我便同意當這個皇帝，否則，我絕不當這個天子。」

將士們聽罷，下馬跪在趙匡胤面前，說道：「願意聽從您的指令！」

趙匡胤接著說道：「第一，我尊敬符太后，不要驚擾她。第二，諸位公卿大臣與我平起平坐，你們不得侵犯他們的權利。第三，禁止劫掠國庫、市場和朝廷的財物。聽命者有賞，違反者全族斬首！」

眾將士聽罷，齊聲喊道：「從命！」

就這樣，趙匡胤帶著軍隊回到了京都，後周符太后看到大勢已去，也只好讓後周恭帝將皇位禪讓給趙匡胤。

趙匡胤以和平的方式取得了皇位，建國號為宋，史稱宋太祖。

第十章　宋元鼎革：燦爛文化和鐵血征伐

杯酒釋兵權

趙匡胤以武力逼迫後周恭帝禪位，如果他不採取一些策略的話，那麼沒人敢保證宋不會成為下一個後周。

為了結束這種武將坐大就威逼朝廷的局面，趙匡胤想了很多辦法。

有一天，趙匡胤召見丞相趙普，提出了一個問題：「從唐末以來，短短的數十年竟更替了八姓十二君，戰亂就沒有停止過。如今朕當了皇帝，想要讓國家強盛和平，愛卿有什麼好辦法嗎？」

趙普高居丞相之位，精通治國之道，已經思考這個問題很久了。

他回答道：「唐末戰亂紛紛的症結在於藩鎮權力太重，地方將領擁兵自重，稍有不臣之心便可反叛。要想讓天下安定和諧，就要削奪地方將領的權力，收其兵權，這樣天下自然太平。」

趙普的話深得趙匡胤之心，身為以前的重臣，他深知地方官員擁兵自重的危害。於是，一個削奪兵權的計畫就在趙匡胤的心中生根發芽。

其實，在宋朝建立之初，趙匡胤就已經吸取了前朝滅亡的經驗，開始加強對禁軍的控制。為了加強中央集權，太祖又採取了一些削權的措施。

建隆二年（西元961年）的七月初九，宋太祖邀石守信等高級將領共進晚宴。三巡酒過，眾人酒酣之際，宋太祖示意侍從退下。

侍從退下之後，宋太祖長嘆一聲。眾人不解，紛紛詢問太祖有何苦惱。太祖說道：「朕之所以能坐到皇帝的位置，都是因為你們的扶持，我的心中一直掛念著你們的功勞。但是，即位之後，我發現做一個皇帝太難了，反而不如節度使來得痛快。我夜夜都無法安心入睡。」

石守信等人不知何故，便連忙詢問。太祖繼續說道：「天下人誰不想坐上皇位，我能心安嗎？」石守信聽出了太祖話中有話，連忙叩頭說：「如今陛下天命所歸，誰還敢有異心，微臣請願領兵討伐！」

太祖說道：「朕知道你們都是我出生入死的愛將，都沒有二心。但是如果你們的部下貪圖富貴，把黃袍加到你們的身上。就算你們不想當皇帝，恐怕也是身不由己了！」

此時，眾將領已知皇帝有所猜忌，搞不好會招來殺身之禍，全都大哭起來，跪在地上一邊表忠心，一邊懇請皇帝給他們指一條明路。

太祖看罷說道：「人生如白駒過隙，十分短暫。人們之所以想要得到財富，無非是為了個人享受和使後代免於貧困而已。你們若是能放棄兵權，我會給你們多置良田美宅，讓你們的生活無憂無慮。同時，朕再與你們結姻，我們互不猜忌，上下相安，不是很好嗎？」

雖然有些將領稍有異議，但是禁衛兵權完全掌控在太祖手中，反抗無異於雞蛋碰石頭，只好俯首聽命，感謝太祖的恩德。

第二天，石守信等人便上書朝廷，稱身患重病，請求解除兵權。宋太祖欣然接受，另選出一些資歷淺、容易控制的將領管理禁軍。禁軍領兵權被一分為三，由此，大大加強了皇權對軍隊的控制。

此事之後，宋太祖又藉機對兵制、官職和財稅制度實行了很多改革，其目的只有一個，將權力統一到中央，從而徹底消滅藩鎮割據的隱患。

宋太祖的改革是卓有成效的，但是因為權力都統一到了中央，大大降低了地方的自主權，從而為後來困擾宋朝百年的冗官冗兵問題埋下了伏筆。

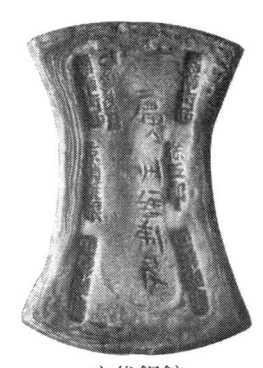

宋代銀錠

第十章　宋元鼎革：燦爛文化和鐵血征伐

宋太祖改革

北宋建立初期，政權並不穩固，契丹、北漢、南唐等政權的存在，始終威脅著北宋的統治。宋太祖趙匡胤透過「先南後北、先易後難」的策略逐步消滅了南唐、北漢等政權，北宋也由此進入穩定發展時期。

剛剛結束亂世的宋太祖需要做的事情還有很多，在杯酒釋兵權的同時，他還需要整頓五代以來的積弊，不斷加強中央集權統治，實行政治、經濟、文化等多方面的改革。

在政治方面，宋太祖主要立足於加強中央集權、革新科舉制度兩方面。

為了讓地方權力逐步集中到中央，中央權力更好地集中在皇帝手中，宋太祖在中央設立了參知政事、樞密使、三司使，用來分割宰相的權力。而在地方，則安排知州和通判共同管理政事，相互制衡。

除此之外，北宋還沿襲唐制設立了御史臺，作為最高監察機構。

在革新科舉制度方面，宋太祖充分了解唐朝和五代時期科舉制度的積弊，做出了一些革新舉措。主要包括鎖院制度、彌封制度、謄錄制度等內容。

鎖院制度是指在確定主副考官之後，將他們鎖於貢院之中，防止他們對外洩漏考試內容。

彌封制度是指在考生考完試之後，將其姓名、籍貫用紙封起來，在最後統計成績的時候，才能拆封來看。

謄錄制度則是為了防止考生在試卷中留下記號，所以朝廷會選擇一些人來將考生試卷謄錄一遍，再交由考官評判。

> 宋太祖改革

　　在經濟方面，宋太祖除了減輕徭役，重視農業生產外，還十分注重對黃河水患的治理。在五代時期及宋朝初年，黃河水災不斷，西元962年，宋太祖下令沿河修築堤壩，並種植樹木，防止水患復發。除了治理黃河，宋太祖還疏濬修正了運河、汴河等河道，大大促進了農業生產的發展。

　　在文化方面，宋太祖非常注重「文以靖國」的理念，反對由武官治理國家，在完善科舉、創設殿試的同時，他還任用了一批名士賢才，使得宋朝的政治文化空前繁盛。

　　正是透過在這些方面的改革舉措，北宋擺脫了五代時期的積弊，不僅政治開明，經濟文化繁榮，科學技術也得以迅速發展。

　　宋太祖統治時期的北宋，造就了「建隆之治」的盛世，這個時期也是北宋歷史上最為強盛的時期。

第十章　宋元鼎革：燦爛文化和鐵血征伐

遼朝的強盛

宋朝時期，北方游牧民族的威脅始終是最嚴重的困擾，威脅宋北方邊境的始作俑者就是契丹族建立的遼國。

西元 907 年，耶律阿保機正式成為契丹部落首領，西元 916 年定都上京臨潢府。遼朝全盛時期的疆域，東面可到日本海，西面到達阿爾泰山，北面到額爾古納河、大興安嶺一帶，南面則到河南南部的白溝河。

西元 936 年，河東節度使石敬瑭以自稱兒皇帝、割讓燕雲十六州為條件，請求耶律德光（遼太宗）發兵攻打後唐。隨後，耶律德光（遼太宗）率契丹鐵騎擊敗後唐軍隊。在契丹的協助下，石敬瑭建立了後晉，而契丹則得到了燕雲十六州。

契丹人

西元 944 年，因後晉出帝不肯臣服，耶律德光（遼太宗）藉機南下，西元 947 年，耶律德光攻占東京開封府，登基稱帝，將國號改為遼，史稱遼太宗。稱帝之後，因為縱兵掠奪財物和不讓節度使返回鎮地，招致

反抗，被迫重返北方。

遼太宗在引軍北返途中病逝，西元 947 年，耶律阮被擁立為帝，即遼世宗。遼世宗繼承先輩遺志，多次對中原用兵。西元 951 年，遼世宗在協助北漢攻打後周的過程中，由於縱酒打人，引起將士不滿，被耶律察割殺死。

耶律察割在發動政變之後自行稱帝，卻又被遼太宗長子耶律璟和耶律屋質率兵所殺。平定叛亂之後，耶律璟被立為帝，是為遼穆宗。遼穆宗時期是遼朝最為混亂的時代，由於政局動盪，遼穆宗不得不放棄繼續出征中原的政策。

與常年不理朝政的遼穆宗不同，隨後即位的遼景宗不僅勤於政事，在軍事方面也有所建樹。遼景宗時期依然採取不主動南伐中原的方針，在其統治初期，遼朝還與北宋聘使往來。但是在宋太宗親征北漢之際，遼朝派出數萬兵士支援北漢。在北漢戰敗之後，遼景宗將主要軍事力量集中在幽州和薊州。在與宋軍的高梁河之戰中，成功擊敗宋軍。

遼景宗去世後，遼朝進入到蕭太后攝政階段。攝政期間，蕭太后勵精圖治，讓遼朝進入了全盛時期。這個時期，遼朝在與宋朝的戰爭中屢戰屢勝，更在陳家谷擒獲了被稱為「楊無敵」的北宋名將楊業。而北宋時期著名的楊家將，正是楊業的子孫。

第十章　宋元鼎革：燦爛文化和鐵血征伐

楊家將抗遼

北宋建立後，宋太祖趙匡胤用了十餘年的時間平定了荊南、後蜀、南唐、吳越、南漢等江南地區。但是燕雲十六州一直在遼國的統治之下，收復燕雲十六州一直是宋太祖的心願，但是直到其死時也沒能實現。

西元976年宋太祖去世，宋太宗即位。從西元979年開始，宋太宗用七年的時間對遼國發動了多次戰爭，有一個忠心為國抗擊遼軍的英雄世家，便是後來被人們廣為傳頌的楊家將。

楊家將中最為主要的人物是楊業，當時因為他作戰勇猛，屢戰不敗而被稱為「楊無敵」。

楊業雕像

青年時期的楊業曾在後漢劉知遠弟弟劉崇的手下擔任副手。宋太宗時期，楊業被任命為代州刺史，負責戍邊御遼的重要任務。在代州北面四十里的地方，有一個被稱為雁門關的天險，想要通過這裡，必須要從

山間的崎嶇小路通行，自古就是兵家必爭之地。在楊業剛剛繼任時，就帶著幾百名宋軍與十萬遼軍於此打過一仗。當時楊業採取了出奇制勝的策略，帶著軍隊從羊腸小道繞到敵人後方，襲擊遼軍的老巢。結果遼軍見楊業的軍旗紛紛大驚，不戰而退，楊業由此威震雁門關。

西元 986 年，宋太宗以曹彬為主將，率領三路宋軍攻擊大遼，同時以潘美為主將、楊業為副將，從雁門關出擊。楊業戰功纍纍，一路大捷，收復了四個州。而曹彬則打了不少敗仗，吃了大虧。於是，宋太宗便下令讓潘美和楊業帶兵掩護四州官兵撤退。

這時，遼軍派出了十萬大軍浩浩蕩蕩而來，宋軍情勢十分危急。楊業為了完成掩護任務，很快便制定出了一套作戰計劃，即自己帶兵進攻應州，從而分散敵軍的兵力，進而消滅敵方的精銳部隊，掩護主力撤退。

然而，此時潘美的一個監軍卻堅持讓楊業出兵雁門北川。楊業深知這種戰法很可能失敗，但是他想到了一個敗中求勝的方法，請求潘美帶精銳部隊埋伏在陳家谷，等他引來敵軍大部隊，再轟然而出，一舉包圍敵軍。

結果，萬萬沒想到的是，等楊業把遼軍引到陳家谷時，潘美竟然已經帶走了伏兵。無奈之下，楊業只好英勇突圍，身負重傷的楊業戰到完全不能動彈，終於被遼軍所俘虜。他的兒子楊延玉和部將王貴等人陣亡。楊業被帶到敵營之後，絕食三日，殉國。

第十章　宋元鼎革：燦爛文化和鐵血征伐

澶淵之盟

西元997年，宋太宗去世，宋真宗即位。此時，宋朝國力雖與日俱增，在與遼的對抗上卻不占上風。

西元1004年，遼國派大軍入侵宋朝腹地，宋真宗聞訊後十分慌張，召集大臣商議對策。諸位大臣紛紛主張皇帝遷都逃跑，只有當時的宰相寇準非但不同意遷都，還以死力勸真宗親征。

寇準分析了當前的局面，認為皇帝御駕親征必能有大破賊寇的效果，如果棄掉都城逃亡蜀、楚等偏遠地區，遼軍趁機深入，大宋江山就有滅亡的風險。

怯戰的真宗聽罷，認為寇準的意見有一定道理，只好咬牙御駕親征。

在親征的途中，真宗再次出現了打退堂鼓的想法。此時，又是寇準留住了真宗，他說：「群臣懦弱無知，陛下不要聽信他們的話。如今敵寇已經迫近，危機四伏，當下只有迎戰，不可後退半步。宋軍將士看到陛下親征都士氣高漲，如今您要是向後撤退，士氣瞬間瓦解，敵軍趁勢而入，恐怕您連都城都回不去……」

在寇準的再次力勸下，宋真宗終於堅定了迎戰遼軍的決心。

宋真宗親臨前線督戰，大大激起了宋軍將士們的士氣。宋遼軍隊於澶淵相持了十多天，戰鬥一度陷入了僵局。就在這時，一場意外發生了，勇猛的遼國南院大王蕭撻凜帶著幾十輕騎到澶州城下巡視，此時他並不知道宋軍已經把先進的遠端武器「床子弩」送上了前線。

床子弩號稱九牛弩，據說要用九頭牛才能拉弓上弦，最遠射程達兩千餘米，在冷兵器時代，可以說非常恐怖了。

> 澶淵之盟

蕭撻凜進入射程範圍之後，宋軍便瞄準了其頭部，毫不留情地射了過去。這位征戰四方，曾打敗十幾個部族和國家，未逢對手的遼國名將，也是遼軍的精神領袖，就這樣倒在了澶州城之下。遼軍因此士氣大挫，遼國領導者蕭太后聽聞蕭撻凜死訊之後，痛哭不止，「輟朝五日」。

濮陽古城

禍不單行，痛失大將之後，遼軍的糧草也因為補給線拉得過長而供應不上了。在這種情況下，蕭太后不得不另作圖謀，聽從了降將王繼忠的建議，派出使者向宋軍傳達了和談的意願。

宋真宗本來就沒想和遼國打仗，如今得知和談的消息，更是欣然接受，馬上就派出了使者曹利用與遼國商議和談事項。

寇準和邊防大將楊延昭聽聞真宗議和的消息後，馬上上書力諫，都稱：「如今遼軍已是強弩之末，正是趁機剿滅的好時機。如果放虎歸山，十年之後，他們又會捲土重來。」但是畏敵如虎的宋真宗一心想著避戰求全，以不忍生靈塗炭為由，同意了議和。寇準無奈，只好同意。

宋朝與遼國達成了盟約：第一，宋朝繼續占有關南瀛、莫二州的國土，不必歸還；第二，宋遼兩國結為兄弟之國，永不交兵；第三，釋放兩方的罪犯，接受叛降；第四，宋朝每年要送給遼國二十萬匹絹、十萬兩白銀，稱為「歲賜」；第五，開通貿易。盟約簽訂之後，雙方各自退兵。

這便是歷史上著名的澶淵之盟。後來，遼又以出兵相威脅，勒索宋朝增加十萬兩銀、十萬匹絹。這成為人民長期的沉重負擔，一直到宋朝末年。

第十章　宋元鼎革：燦爛文化和鐵血征伐

王安石變法

西元 1022 年，宋真宗病逝，宋仁宗即位。宋仁宗在位期間，對內選賢任能，輕徭薄賦，崇尚簡樸，對外謀求和平，宋帝國一片繁榮景象。

然而在繁榮當中，冗兵冗官冗員和土地兼併等問題也開始成為帝國的隱憂。

西元 1063 年，宋仁宗去世，宋英宗即位。宋英宗在位五年，雖有所調整，但是依然沒有解決困擾帝國的大量問題。英宗晚年，國庫收入創歷史之最，但財政入不敷出，三冗現象可見一斑。

西元 1067 年，宋英宗去世，宋神宗即位。此時，社會問題已經迫在眉睫，加上宋神宗銳意進取，一場改革就這樣轟轟烈烈地開始了。

西元 1069 年，宋神宗任命王安石為參知政事，主持變法事宜。

為了讓宋朝的財政增收，實現人民溫飽，王安石創立了一個常設的改革機構。他帶頭重新建立起了一個新的財政體系，即制定了一套收入和支出的固定預算，任何官吏不能以任何原因超出這個預算。就這樣，國家的支出被削減了百分之四十。

農業上，為了能改善農民的貧困處境，王安石讓國家同意貸款給農民。這些貸款在春天交給農民，等到秋天豐收後，農民再把本金和利息一起償還給國家。

他還廢除了那些讓農民怨聲載道的強迫勞役，讓農民以歲捐取代被迫勞役，而這筆錢則用於公共工程的施工和建設。

此外，在土地方面，他於西元 1073 年把整個國家以類似現在的平方公尺為單位劃分，這是新土地稅定額的基本單位，每個人按照自己在整

個區域所占的比例交納稅金。

另外,王安石還加強了商業管制,一切日用品都由官吏定價,他們硬性規定了市場價格,由國家收購全部未售出的貨品,而且稅捐可以用實物來代替。那些由官吏們囤積的各種產品,在匱乏時期再重新分配出去。這些改革的目的,無非是為了穩定商業發展,打擊投機行為。

王安石

在選拔人才的制度上,科舉考試在中國古代由來已久,儘管王安石本人就是文人出身,但是他深知國家需要的是優秀的管理人才,而不是那些儒家學究。

西元1071年,王安石裁掉了文體比觀念更重要的詞賦考試,而把重點更多地放在考察個人觀點和實踐知識上。然而,就是這些文學上的改革讓王安石遭到了很多大官僚們的猛烈攻擊。

其中,被抨擊得最嚴重的是青苗錢制度。這項制度規定,國家以百分之二十的利率發放青苗錢,而私人出的利率則要高至百分之五十。但是在實際操作中,當遇到糟糕的收成時,農民們便無力償還本金和利息,不是被沒收財產,就是選擇逃跑。

另外,貧困的農民普遍很難抵制飛來橫財的誘惑,總是過早地揮霍

第十章　宋元鼎革：燦爛文化和鐵血征伐

掉這些種地錢。而地方政府也是無節制地把錢借給農民，主要是因為百分之二十的利率大大增加了地方政府的收益。這個改革後的政府，反而成了一個大規模放債的高利貸者。

雖然王安石的初衷是好的，但是實施的結果讓宋帝國的財政更加不堪，人民更加貧困。因此保守派對改革派的攻擊顯得遊刃有餘，只要對比青苗錢制和之前的更為穩妥的「常平倉」計劃，改革的弊端便顯現無疑了。

西元 1085 年，神宗皇帝去世，他的十五歲兒子宋哲宗即位。改革派開始失寵，以司馬光為代表的保守派重新掌權朝政。至此，王安石變法以失敗告終。

王安石變法宣告失敗，但更重要的是，自此以後，黨爭開始成為宋帝國的主要矛盾，這也直接導致了北宋的滅亡。

女真建金滅遼

在宋帝國改革的同時，遼帝國陷入了長時間的衰敗當中，此時，東北地區的另一個遊獵民族女真開始強大起來，最終建立了另一個強大的北方政權。

女真族是生活在中國東北地區的一個少數民族，到了宋朝，女真族成為了遼國的附庸。在遼國統治下，女真人受盡了壓迫，直到一位女真英雄的出現才逐漸改變了這種局面，他就是完顏阿骨打。

女真人兵器

完顏阿骨打出生在一個女真貴族家庭，他在父親和哥哥去世之後繼承了酋長之位。上任之後的阿骨打帶著強悍的族人用武力統一了其他女真部落，隨後，他到處招兵買馬，並發誓要推翻遼國的統治。

政和四年（西元1114年）六月，阿骨打僅帶領兩千五百人的小部隊就大敗了腐敗的遼國軍隊，使得女真人反遼的信心更加高漲。

當年十一月，遼國派出十萬大軍，企圖消滅女真反抗勢力。當遼軍正準備渡過鴨子河的時候，阿骨打帶著三千七百名女真勇士迎敵。這些祖祖輩輩以打獵、牧馬為生的女真人異常英勇，在他們凶猛的攻擊之

第十章 宋元鼎革：燦爛文化和鐵血征伐

下，遼軍士兵紛紛丟盔棄甲，四散奔逃。

勝利之後，女真人把俘虜的遼人收編到自己的軍隊中，至此女真軍隊首次突破了萬人。阿骨打率領軍隊乘勝追擊，占領了很多遼國的城鎮，於西元 1115 年建立了金國，阿骨打史稱金太祖。

遼國見女真人已經起勢，便想避其鋒芒，主動和談，但阿骨打並沒有同意。於是，氣急敗壞的遼國便動員傾國之力討伐大金，號稱百萬大軍。

阿骨打得知之後，召集了各部將領，哭著對他們說：「當初我發兵反抗遼國，是為了讓族人過上好日子，免遭壓迫。如今，遼國傾全國之力來襲，我們恐怕無法抵抗，不如你們砍下我的腦袋，拿去投降遼國。但是，現在遼國人已經恨我們入骨，就算投降也未必有活路，這可如何是好？」

眾部將聽罷，紛紛對阿骨打說道：「如今進退兩難，不如拚死一戰，我們一定聽從您的調遣！」

阿骨打隨後分析了局面，說道：「遼國的兵力遠遠超過我們，人多勢眾。我們就不能再分散兵力了，我看他們的中軍最為強大，而遼主一定就在中軍督戰。我們如果拚盡全力擊敗中軍，士氣必將大振，然後一鼓作氣，大事可成。」

於是，女真將領們按阿骨打的計畫包抄了遼國中軍，一舉獲勝。遼主驚慌萬分，馬上掉頭逃命。遼軍立即土崩瓦解，沒了士氣，在逃跑的途中還互相踩踏，大敗而歸。來不及帶走的牛馬、器械、財寶很快都被女真人繳獲。

此後，金國不斷侵蝕遼國土地，而腐敗的遼國完全沒有反抗的實力。西元 1123 年，金國隔海與北宋達成協議，聯合滅遼，於是遼國最終在雙重夾擊下亡國。

靖康之難

宋金聯合滅遼之後，宋本有機會收復燕雲十六州，從而走上統一中原的道路。然而，此時的宋帝國已經病入膏肓，遼被滅之後，正好讓金看到了宋的孱弱，於是，金又把刀尖轉而對準了宋帝國。

王安石變法失敗之後，宋帝國陷入了無休止的黨爭當中，政局混亂不堪，社會矛盾沸騰，經過宋哲宗庸碌的十五年，到了宋徽宗時期，宋帝國已經到了崩潰的邊緣。

清明上河圖

西元 1124 年，宋與金開始出現矛盾，此時，宋徽宗所做的就是不斷地息事寧人。而宋的息事寧人反而更助長了金的氣焰。

西元 1125 年，金軍第一次南侵，就在危急存亡之際，宋徽宗選擇的不是抵抗而是逃避。他急忙把皇位禪讓給兒子宋欽宗，自己帶著寵臣出都城避禍去了。

西元 1126 年，也就是靖康元年，在宋朝君臣還在朝中商議是否放棄在北方三鎮對金的談判中有所堅持的時候，金軍已經兵臨宋的都城開封了。

第十章 宋元鼎革：燦爛文化和鐵血征伐

此時，昏庸的宋欽宗竟然罷免了主戰派大臣李綱，轉而寄希望於一個名叫郭京的士兵。郭京自稱能夠施展法術，欽宗皇帝竟然信以為真，將郭京奉為神明，讓其操練所謂的「六甲神兵」。

郭京整日一副胸有成竹的樣子，卻毫無作為。這可急壞了朝中大臣，於是紛紛催促郭京出兵。結果等到郭京不得不出兵時，所謂的「神兵」完全沒有戰力，被金軍一擊而潰。郭京見大事不妙，馬上藉故逃跑了。鬧劇謝幕後，沒多久開封就被攻破了。

無奈的宋欽宗只好到金軍大營前請降。金太宗隨後下令把徽宗和欽宗貶為庶人，並向宋朝索取一千萬錠金子和兩千萬錠銀子、一千萬匹帛、一萬匹馬。

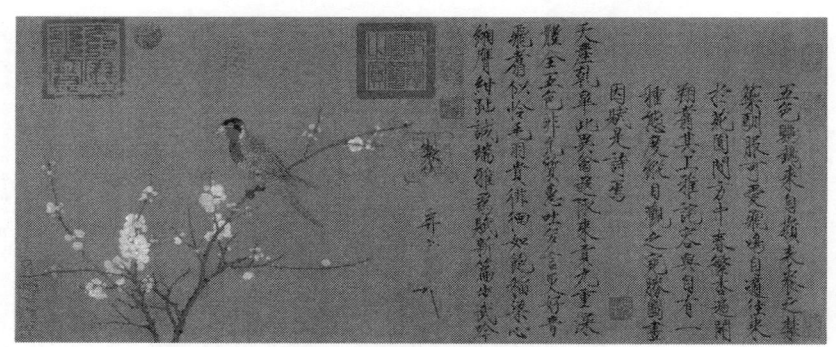

宋徽宗書法繪畫

金兵南下後感到水土不服，便準備撤回老家。在撤軍之前，任宋朝宰相張邦昌為帝，建號大楚。隨後還帶走了宋徽宗、宋欽宗等皇族三千餘人，大小官員和各種工匠十多萬人。數年之後，徽宗和欽宗死在了異國，還恥辱地被封為昏德公和重昏侯。

這次災難給宋朝留下了難以磨滅的恥辱，又因為發生在靖康年間，故史稱「靖康之難」。

南宋建立

在靖康之難時，宋朝主動向金國求和。金國提出的條件除了財物，還要割讓太原、中山、河間三鎮，並把親王和宰相作為人質，送進金營。

結果年僅十九歲的康王趙構勇敢地站了出來，主動請纓進入金營當人質。同趙構一同前往的還有少宰張邦昌。剛走到金營前，膽小如鼠的張邦昌已經被金兵強大的氣勢嚇得瑟瑟發抖、魂飛魄散。而趙構則表現得淡定從容，視死如歸。

有一天晚上，姚平仲帶著宋軍偷襲金營，以圖勤王，結果被金軍發現並擊潰。金軍元帥完顏宗望十分憤怒，帶著刀斧手問罪趙構和張邦昌。結果張邦昌一見這形勢，便嚇得不敢說話，癱軟在地上。而趙構則淡淡地答道：「宋國軍兵幾十萬，有幾十人沒看管好，跑了出來，也算正常。」

完顏宗望見趙構從容不迫，沒有絲毫慌亂，便懷疑其為假親王，乃將門之後冒充的，便叫宋欽宗換來一個新人質，於是肅王趙樞代替了趙構。肅王趙樞也是膽小之人，見到金兵的反應與張邦昌一樣，金人便認定此為真親王。

宋高宗趙構

議和後沒多久，金軍又發兵了。此時，完顏宗望已經知道趙構是真

第十章　宋元鼎革：燦爛文化和鐵血征伐

親王，並擔心其日後對金國不利，便提出要趙構親自前來議和。欽宗於是派出了趙構前往金營。當趙構走到磁州時，被當地的知州宗澤攔了下來。

宗澤認為，金兵圍困並攻破開封已成定局，在大宋宗親之中，只有趙構在外，其他人全被圍困在開封城內。如果出現宗親們被全部剿滅的局面，趙構則成了唯一的皇族後裔，也是凝聚人心、反抗金兵的一面旗幟。

於是，在宗澤和磁州人民的苦苦挽留之下，趙構留了下來。

不久，金軍攻破了開封，宋徽宗、宋欽宗等皇室成員全被俘虜北上。張邦昌被金國扶持為皇帝，但是他為人十分軟弱膽小，既沒有取代趙氏稱帝的野心，也沒有這方面的能力。金人讓他當這個中原地區皇帝，不過是設一個傀儡政權，以便後期操控。結果這個傀儡皇帝還沒坐穩，就被人轟了下來。

倖免於難的趙構很快就成了大臣們擁護的熱門即位人選。終於，趙構在廣泛支持下，於西元1127年在應天府登基稱帝，史稱宋高宗。他改年號為建炎，仍然使用大宋國號。

這位新上任的皇帝並沒有北伐的打算，反而希望能偏安於南方。於是，趙構採取了「棄淮守江」的策略，放棄兩淮地區，直接遷都於南方。

一系列遷都準備做好之後，西元1132年，趙構正式帶著重臣從商丘遷到了南方臨安，即今天的浙江杭州。為了與此前的宋朝相區分，歷史上稱趙構所建立的宋朝為南宋，而此前則為北宋。

岳飛之死

趙構登上皇位之後，首先想到的不是北伐，而是要保住自己的皇位。

一方面，他擔心金朝歸還自己的哥哥宋欽宗，那樣自己就要把皇位讓出來；另一方面，他又擔心因戰亂而爆發地方將領起義，發生類似「陳橋兵變」那樣的老故事，進而推翻自己的統治。

趙構內心的真實想法不能直接向大臣們袒露。此時，一個御史中丞看透了趙構的內心，這個人就是秦檜。

秦檜多次向皇帝進諫，要主動與金國和談，並暗示和談只是一種方式，真正的目的在於解除外界對皇帝位置的威脅。秦檜的意見完全符合趙構內心的真實意圖，於是秦檜成了趙構的紅人，一躍被提拔為南宋一人之下、萬人之上的宰相。

岳飛像

西元1137年，金國再次派大軍南下，英勇的愛國將士誓死抵抗外敵，給金軍造成了不小的打擊。其中，最為著名的便是岳飛，他所帶領的岳家軍驍勇善戰，打得金兵節節敗退，收復了不少北方城鎮。

岳飛越是努力拚殺，後方的趙構就越是不滿。因為，趙構想要的並不是雪恥，而是保住帝位。照秦檜的計畫向金國稱臣，那麼自己還能當個「藩王」，而隨著金兵因水土不服回到東北，趙構就依然是南方的帝王。

第十章　宋元鼎革：燦爛文化和鐵血征伐

西元 1138 年，金國派使者入宋，對趙構說：「如果宋朝願意向金朝稱臣，那麼金朝就同意返還徽宗的靈柩和欽宗本人。」

趙構聽罷大悅，回答道：「若金國能奉還我父皇徽宗的靈柩，我便願意稱臣。而我兄長欽宗從小就不適應江南的氣候，如今年事已高，就不必送回來了。」

大臣們聽聞趙構要議和稱臣，紛紛前來上書勸阻。但是趙構心意已決，誰也勸不動他。在議和的最後階段，岳飛仍在前線思考如何迎回二帝。氣得趙構在一天之中連發了十二道金牌，召回岳飛。

岳飛面對沉重的壓力，不敢違抗，在撤退的時候，流著熱淚對身邊的將士說：「準備了十年的反攻，我費盡心血。可是就在這一天，全部化為烏有。」

和議談妥後，金國向南宋發來詔書，將南宋降為金朝的藩屬國。宋朝皇帝要向金朝皇帝稱臣，並年年納貢。隨後，金朝按照約定歸還了宋徽宗的靈柩。這次充滿屈辱的和議被稱為「紹興和議」。

趙構和秦檜不但有感到恥辱，反而顯得十分高興。趙構還主動為百官加官晉爵，大赦天下。而那些主戰的將領們，如岳飛、韓世忠、張俊則拒絕接受這充滿屈辱的獎賞。趙構聽罷，十分生氣，立即解除了三人的兵權，還縱容秦檜以「莫須有」的罪名處死岳飛。

就這樣，趙構達成自己的心願，鞏固了自己的皇位，而南宋也徹底轉變為偏安一隅的地方政權。

鐵木真統一蒙古

西元 1162 年，鐵木真出生在一個蒙古貴族的家庭中，他的父親是蒙古乞顏部的酋長。

鐵木真九歲時，他的父親就被世仇塔塔爾人所殺。隨後他與家人過了很多年顛沛流離的生活，多次死裡逃生。

成年後的鐵木真穿著黑貂皮斗篷，朝見了當時克烈部的強大首領脫斡鄰勒，並表示效忠意願。早先，鐵木真父親曾有助於脫斡鄰勒，因此，脫斡鄰勒欣然接受了鐵木真的效忠，並把他納入自己的屬臣之中。

成吉思汗像

鐵木真作為克烈王的忠誠屬臣，多次協助克烈王出征討伐其他部落。西元 1198 年，貝加爾湖的塔塔爾人受到了來自東南方金軍、西北方克烈人和鐵木真聯軍的攻擊，在這次夾擊下，塔塔爾人慘敗。隨後，克烈王趁乃蠻人內訌的時機，與鐵木真一同打敗了乃蠻人。

但是鐵木真的效忠並沒有換來克烈王的信任。在克烈王兒子塔陽的挑撥下，鐵木真與克烈王徹底決裂。從此之後，鐵木真不再依附於他人，而是成為自己部落的主人。

當時，克烈王聯合了其他多個部落一起對抗鐵木真。就在鐵木真難以抵擋的時候，轉機出現了，反鐵木真聯盟內出現了矛盾，幾位部落領袖分成了兩派，還有一位名叫塔力臺的首領歸順了鐵木真。

第十章 宋元鼎革：燦爛文化和鐵血征伐

　　形勢大大好轉之後，鐵木真於西元1203年秋天向克烈王軍隊發起了突襲。這場突襲使鐵木真獲得決定性優勢，不久之後，克烈人便歸降了鐵木真，而昔日的克烈王則逃到乃蠻境內被殺。

　　征服克烈人之後，蒙古草原上只剩下一個擁有獨立政權的部族了，那就是塔陽所統治的乃蠻族。西元1203年，鐵木真採取了弟弟鐵木哥和叔叔答力臺的策略，於春季出發，打得對方措手不及。春季時，馬往往比較瘦弱，蒙古人一般在秋季出發打仗，那時馬匹比較肥壯。

　　這場慘烈的遭遇戰於杭愛山爆發了，鐵木真的部隊十分勇猛，就像惡狼驅羊一般攻擊追趕乃蠻軍。乃蠻首領塔陽被打得身負重傷，但塔陽手下的將士們依然一批又一批地死戰不屈。鐵木真十分讚賞他們的勇氣和忠誠，有心赦免他們，但是遭到了拒絕。最後，這些忠誠的戰士全部以死效忠。

　　鐵木真統一了蒙古各部之後，於西元1206年春在斡難河河源附近召開大會。蒙古貴族們一致推選鐵木真為至高無上的汗，即成吉思汗。

蒙宋聯合滅金

　　成吉思汗統一蒙古之後，開始對歐亞大陸發起了大規模的征服戰爭。戎馬一生的成吉思汗橫掃了歐亞大陸，建立起了一個巨大的蒙古帝國。但是在其準備攻打金朝的時候，六十六歲的成吉思汗去世了。

　　成吉思汗臨終之前曾留下遺言，要自己的子孫利用宋金的世仇借道於宋，進而聯宋滅金。成吉思汗三子窩闊臺遵循父親的遺囑，與宋朝聯合，開始了對金朝的進攻。

蒙古騎兵

　　西元 1231 年，窩闊臺兵分三路進軍金國。先拿下了寶雞，進逼開封。當年五月，開封城內暴發了一場大瘟疫，九十萬人因病而死，蒙古軍馬上趁機發起進攻。

　　但是汴京久攻不破，蒙古只好同意和談。結果蒙古的使者在返回大營途中，被金人所殺。蒙古軍氣急敗壞，放棄了和談的打算，再度以更為猛烈的攻勢發起進攻。金哀宗見情況危急，只好逃出了汴京，留元帥崔立守城。

第十章　宋元鼎革：燦爛文化和鐵血征伐

　　金哀宗剛走不久，崔立便發動了政變，進而掌管了開封大權。蒙軍攻城後，崔立立即投降。

　　逃到歸德的金哀宗派使者向宋朝求援，並陳述了唇亡齒寒的道理。但是宋朝不但不予理睬，反而與蒙古人商議，等消滅金朝之後，宋要求占有洛陽、開封和歸德。

　　西元 1234 年，金哀宗完顏守緒見無力回天，便把皇位傳給了元帥完顏承麟，自己則上吊自殺了。沒過多久，蒙古人便攻破了金朝最後的防線，殺死了完顏承麟，至此，金朝在蒙宋的聯合之下滅亡了。

元軍征日

西元 1241 年，窩闊臺去世，蒙哥即位，不久之後蒙哥在征途中去世，其弟忽必烈即位成為蒙古大汗。

西元 1271 年，忽必烈仿效中原帝王建國稱帝，國號大元。不久之後，高麗國派出使者向元朝稱臣，高麗成為元朝的東藩。

在高麗之外，元朝還多次派遣使者以武力威脅日本稱臣，不料遭到日本政權的拒絕。當時，日本正值鎌倉時代中期，實權掌控在大臣北條氏手中。北條時宗不但堅決不投降，反而著手加強九州地區的防禦。

西元 1274 年，氣急敗壞的忽必烈發起了第一次對日本的遠征。當年十月初三，忽必烈任忻都為元帥、洪茶丘和劉復亨為左右副帥，統領蒙漢聯軍兩萬人、高麗士兵五千人、水手六千七百人從高麗合浦出發，兩日之後抵達日本，發起了進攻。十六日，元軍直逼肥前沿海諸島，守衛的幾百名日本武士戰死。

元日戰爭

十九日，元軍大船開進了博多灣，第二天登陸作戰。在元軍先進戰術和火藥武器的攻擊下，日本軍隊戰況十分不利。據相關史書記載，當時蒙古軍隊鼓聲震天，驚得日本戰馬慌亂打轉，還沒等到日本士兵調整馬首，就已被蒙古人的弓箭射中。在蒙古人的短兵和弓箭之上，還塗抹

第十章 宋元鼎革：燦爛文化和鐵血征伐

了毒液，萬箭齊發之下無處可藏。那些勇猛的蒙古騎兵不僅力氣極大，並且十分英勇，不惜命，在戰場上進退自如。鐵炮中的彈丸隨著火焰從炮管中射出，一時間，很多日本士兵都被擊斃。激戰到夜幕降臨，日軍節節敗退，只好撤到太宰府水城。

雖然元軍在平原戰場上完勝日軍，但是他們不擅長山地作戰。九州島崎嶇的山路，阻擋著元軍繼續前行。再加上，日本軍兵意志頑強，元軍吃了不少苦頭後，只好退到船上。結果萬萬沒想到的是，當天夜裡，一場巨大的颱風襲擊了兩百多艘元軍兵船，忻都只好帶著所剩無幾的船隻撤回國內。

元軍雖然退了，但是日本幕府知道蒙古人還會再來，於是從西元1275年起，日本政府繼續加強戰備。一方面組織起了九州的武士；另一方面還努力學習中原作戰戰術，在沿海敵人可能登陸的區域建築堡壘和防禦設施。

高麗也不想再牽扯到戰爭之中，便多次派使者與元朝談判，反對再次出擊日本。元朝再次派出使者，希望日本稱臣，但是日本政府十分強硬，先後兩次斬了元朝使者。這讓元世祖忽必烈十分憤怒，於是開始了第二次遠征籌備。

西元1281年春天，元朝發動了第二次對日本的遠征。這次的軍隊規模更大，其中由範文虎、李庭等人指揮的江南軍就有十多萬人。勢在必得的元軍派出了高麗盟軍先行出發，結果在馬島地區慘敗而歸。隨後，元軍主力帶著高麗軍隊奪取了壹岐島，接著向日本九州發起攻擊。登陸之後，與日本守軍發生了一些小規模戰鬥，隨後，元軍被日軍趕回到船上。似曾相識的一幕再次發生了，一場持續兩天的巨大颱風席捲了元軍船隊，大部分船隻在颱風和海浪的襲擊下被摧毀。

這場颱風後來被日本人稱為「神風」，他們認為是他們虔誠的活動感

動了上天，進而在兩場颱風的幫助下大挫了強敵。颱風平息之後，海面上的船隻已經被捲得支離破碎，很多士兵溺死其中，大量物資損失，更為嚴重的是元軍的士氣一落千丈。日本將領馬上帶著數萬名九州士兵，採取水陸結合的方式，發動猛烈的反擊。最終，元軍除了範文虎、忻都等人率領少量士卒逃回之外，大多戰死或被俘虜。

第十章 宋元鼎革：燦爛文化和鐵血征伐

崖山之戰和南宋滅亡

金朝覆滅之後，南宋也沒有了北方的保護屏障，野心勃勃的蒙古人開始向南宋發起進攻。

第一次攻宋是在西元 1235 年，由於宋軍頑強抵抗，蒙古軍被擊退了。但隨後的幾年，蒙古接連發動了多次戰爭，一度占據了長江北岸一帶。南宋軍隊奮力抵抗，使得蒙古人始終無法渡江而過，蒙古人只好選擇迂迴路線。

西元 1259 年，蒙古帝國的蒙哥汗被流矢射中死亡，其弟忽必烈聽聞阿里不哥準備稱汗，便馬上撤軍去奪取汗位。南宋趁機與蒙古人議和，以求太平。

西元 1267 年，即位大汗的忽必烈再次帶兵南犯，攻打南宋重鎮襄陽，發起了襄陽之戰。南宋軍兵堅守襄陽城，並依靠漢水來運送資源，勉強維持。西元 1273 年，被困六年的襄陽城終於失守。西元 1276 年，元軍繼續南下攻占了宋都臨安，年僅五歲的宋恭帝被俘，此時的南宋已經基本滅亡了。

但是還有一些南宋忠將仍然在苦苦堅持，如陸秀夫、文天祥和張世傑等人就先後扶持了兩位小皇帝成立了南宋流亡政權。

西元 1279 年，愛國將領文天祥戰敗被俘，寫下了流傳千古的《過零丁洋》。

與此同時，張世傑和陸秀夫帶著小皇帝跑到了崖山，即如今的廣東珠海一帶。元朝將領張弘範則帶著軍隊窮追不捨。

崖山之戰和南宋滅亡

陸秀夫雕像

　　南宋祥興二年（西元 1279 年）三月十九日，陸秀夫見大勢已去，又怕小皇帝被元軍俘虜受辱，便勸說小皇帝投海殉國。他先是讓自己的家人跳海自盡，隨後背著年僅八歲的小皇帝也跳了下去。崖山之戰的失敗，代表著南宋政權徹底滅亡了。

第十章　宋元鼎革：燦爛文化和鐵血征伐

元朝建立與擴張

　　西元 1206 年，成吉思汗統一漠北，建立起強大的蒙古帝國。在持續不斷的擴張戰爭中，蒙古國先後滅了西遼、西夏、東夏和金等國。但在成吉思汗鐵木真去世之後，蒙古國開始進入分裂階段。

　　直到西元 1260 年，忽必烈在與阿里不哥的汗位之爭中勝出，建元「中統」。經過數年累積，忽必烈在西元 1271 年改國號為「大元」，第二年遷都燕京，忽必烈也從大蒙古皇帝轉變為大元皇帝。

　　在遷都之後，忽必烈著力實行各種改革。在政治方面，忽必烈廢除了尚書省和門下省，保留了中書省、樞密院和御史臺，這三個機構分別掌控著政治、軍事和監督職權。

元大都遺址

　　在經濟方面，元朝商品經濟和海外貿易較為繁榮，但是整體的社會生產力卻不如宋朝。文化方面，元雜劇和散曲流行，並且創新、發展、興盛。

　　在消滅南宋之前，忽必烈廣泛採用漢法管理，建立了一套中央集權

的政治體制。同時，元朝還恢復了科舉制度，推崇孔子思想。元朝並沒有較為統一的代表思想，但是統治者更信奉薩滿教和佛教。

元代的軍事體系主要由戍衛京師的宿衛系統和鎮守全國各地的鎮戍系統組成。保留了四怯薛輪番入侍的制度，所以宿衛軍主要由怯薛軍和侍衛親軍構成。鎮戍諸軍在北部地區主要由蒙古軍和探馬赤軍戍守，南部則以蒙古軍、漢軍和新附軍相參駐戍。

在建立元朝之後，忽必烈還對臨近各國發動了一系列戰爭。前已講述，西元1274年和1281年，元軍兩次進攻日本遭遇颱風，無功而返。西元1282年，元軍進攻占城。西元1285年，鎮南王脫歡發兵安南，因瘟疫被迫退師。

西元1283年和1285年，元軍兩次出兵緬國（緬甸），到西元1287年，已進攻到蒲甘地區。西元1292年，元軍出兵爪哇，爪哇統治者投降，並邀請元軍進攻敵國葛郎。在打敗葛郎之後，爪哇軍再次反元，元軍因兵力不足退師。

連年的擴張戰爭不僅讓元軍士氣大傷，同時也影響了元朝社會經濟的發展。到了元朝後期，社會矛盾尖銳，內亂叢生，腐敗嚴重，這些因素最終導致了元朝的滅亡。

第十章 宋元鼎革：燦爛文化和鐵血征伐

元的內亂與滅亡

在消滅南宋政權之後，元朝統治者並沒有停下繼續擴張的腳步，依然東征西討，雖然帝國疆域不斷擴大，但內部矛盾愈演愈烈。

連年戰爭加重了元朝的社會經濟負擔，為此，元朝政府開始利用各種方式增加國家的收入。但由於吏治腐敗，很多舉措都變成了橫徵暴斂，嚴重阻礙了社會經濟的發展，加重了人民的負擔。

西元1294年，忽必烈駕崩，元成宗鐵穆耳即位。即位之後，元成宗停止對外戰爭，大力整頓軍政，減輕部分稅賦，暫時緩和了社會矛盾。元成宗在位期間，基本上結束了整個帝國的動亂局面。

然而，好景不長，元帝國又很快地陷入了無休止的內鬥當中。

元仁宗像

元成宗死後，元武宗即位，同時立自己的弟弟（元仁宗）作為儲君，並約定弟弟去世之後，再將皇位傳給武宗的子嗣。但是元仁宗卻將皇位傳給了自己的後代，這也導致元朝中期一系列血腥政變的發生。

元的內亂與滅亡

南坡之變就是這些政變的開始。西元 1323 年，鐵木迭兒的義子鐵失趁元英宗去上都避暑之機，在南坡刺殺了元英宗等人。

西元 1328 年，圖帖睦爾在大都自立為帝，是為元文宗。隨後，和世㻋在和林宣布即位，是為元明宗。為了解決稱帝事宜，二人約見於上都之南。元文宗在毒死元明宗後稱帝。元文宗時期丞相燕帖木兒居功自傲，擾亂朝政，大大增加了元朝政府的腐敗和政局的動盪。

元朝統治階級內部的爭權鬥爭加速了元朝的衰落，朝廷內亂導致民間動亂四起。統治階級相互爭權，使得無法有效抑制民間起義，最終很小一部分起義軍逐漸發展壯大。元帝國正是在這種內外憂困的形勢下，走向了毀滅。

第十章 宋元鼎革：燦爛文化和鐵血征伐

元末農民起義

從西元 1271 年建立，到西元 1368 年滅亡，這個由蒙古人建立的中原王朝只存活了九十八年。

元朝末期，統治階級上層內鬥不止，民間則生靈塗炭，百姓走投無路，被迫加入各種反抗活動。最終，一場聲勢浩大的農民起義，加速了元朝滅亡。

這場起義最早是在河北永年白鹿莊起事，全體義軍以頭裹紅巾為號，被人們稱為「紅巾軍」。

起義爆發之時，社會矛盾十分緊張，以蒙古貴族為主的統治階層肆意壓榨以漢人為主的勞動人民。他們不但瘋狂兼併土地，還把大量的肥沃良田變成了牧場，使得很多農民無地可種，只能淪為奴婢。

官府為了壓榨人民，設立了各種苛捐雜稅，全國的稅額已經比元初高出了二十倍。

統治階層根本不顧下層人民的死活，整日過著揮霍無度、驕奢淫逸的生活。他們到處蒐羅民間美女，還把大量的勞動成果用在了宗教活動上，僅供佛飲食一項，每年就要用掉四十多萬斤麵粉、七萬斤油。加之黃河連年失修，時有天災發生，下層人民反抗的怒火逐漸在心中燃燒起來。

就在這種矛盾日益激化的時刻，韓山童和劉福通帶著三千人發動了起義。但是這次起義走漏了風聲，沒過多久韓山童就在戰鬥中犧牲了。劉福通突破敵人的包圍後，組織起勞苦群眾，一鼓作氣攻占了潁州、羅山、上蔡等地。

元末起義軍錢幣

由於百姓早已無法忍受元朝統治，十分歡迎這種起義部隊。相應地，紅巾軍也十分慷慨，每攻下一個城鎮都會開倉散糧、賑濟貧民，深得百姓擁護。因此，很多受苦的百姓都加入了起義隊伍，這支隊伍很快就壯大到幾十萬人之眾。

為了推翻元朝的黑暗統治，起義軍提出了以「明」鬥「暗」的口號，鼓勵全國人民加入與封建官員鬥爭的活動中。

西元1355年，劉福通攻占了亳州，將韓林兒立為「小明王」，建國號為「大宋」，年號為「龍鳳」，一個與元朝分庭抗禮的農民政權正式成立。

隨後劉福通兵分三路向北進軍，一路上披荊斬棘，起義形勢大好。西元1358年，劉福通成功攻破了汴梁，並在此建都。

此時的元朝統治者猶如熱鍋上的螞蟻，胡亂派遣軍隊迎敵。先是派出了回軍，後派出了漢軍，最後御史大夫也親自帶兵上陣，結果全是大敗而歸。

元朝統治者只好蒐羅天下一切可以抵擋反抗力量的勢力向紅巾軍發起攻擊。就在雙方在最後的殊死搏鬥時，義軍的領袖劉福通遇難身亡。龐大的起義軍群龍無首，很快就被地主武裝鎮壓下來。西元1366年，紅巾軍所建立的韓宋政權徹底滅亡。

但是此時反抗元朝的浪潮已經掀起，各路義軍紛紛揭竿而起，這座由蒙古人建立的統治「大廈」馬上就要傾倒了。

第十章 宋元鼎革：燦爛文化和鐵血征伐

附錄：第十章主要參考文獻

[1] 鄧廣銘·宋史十講 [M]·北京：中華書局，2017·

[2] 顧頡剛·國史講話：宋蒙三百年 [M]·上海：上海人民出版社，2015·

[3] 王立群·王立群讀宋史 [M]·鄭州：大象出版社，2013·

[4] 張程·脆弱的繁華：南宋的一百五十年 [M]·北京：群言出版社，2015·

[5] 黎東方·細說元朝 [M]·北京：商務印書館，2015·

[6] 王菊·從分裂走向統一：宋元歷史地圖之解讀 [J]·中學政史地，2007(4)·

[7] 翦伯贊·中外歷史年表 [M]·北京：中華書局，2008·

[8] 姜越·漫話宋元：一本書讀懂宋元文明 [M]·北京：群言出版社，2015·

[9] 黃仁宇·中國大歷史 [M]·北京：生活·讀書·新知三聯書店，2014·

[10] 李治安·元至明前期的江南政策與社會發展 [J]·歷史研究，2016(1)·

第十一章
大明王朝：封建王朝的強盛時代

明朝是中國歷史進程中的一個重要朝代，有人認為明朝時期，中國的封建社會已經由盛轉衰，也有人認為明朝時期的中國依然非常強大。在這個時期，中國封建社會中央集權統治達到了前所未有的高度，封建經濟進一步發展，封建文化也極為繁盛。同時，這個時期也是中國封建社會的重要轉型時期，明朝的一些政策舉措對清朝產生了一定的影響，也影響到了中國封建社會的歷史進程。因此，了解明朝時期的歷史發展是學習中國歷史的重要環節。

第十一章 大明王朝：封建王朝的強盛時代

朱元璋建大明

西元 1328 年，在濠州鍾離孤莊村中，即今安徽鳳陽境內，一個即將改變中國歷史的孩子出生了。這個孩子因為在家族兄弟中排行第八，因此父親就給他起名朱重八。

朱重八的祖祖輩輩都是典型的貧農，因為無法償還稅款而在淮河流域到處流竄。後來找到了一個小地方做起了佃戶，過起了勉強餬口的生活。因為家庭條件實在艱苦，除了最大的哥哥和自己，其他的所有孩子都因為無法撫養，或送人，或出嫁。

這個連飯都吃不上的家庭，更沒有多餘的財力送孩子去讀書，於是朱重八從小就為地主放牛，沒讀過書。官府嚴苛的賦稅加上連年的旱災、蝗災和瘟疫，朱重八的父親、大哥、母親都先後去世了，只剩下自己和二哥。貧窮的朱家甚至連一口棺材都買不起，只好用幾件破爛衣服草草包裹了父母的屍體，借鄰居家的墳地入葬。

朱元璋像

走投無路的朱重八只好出家做了和尚，在寺院能勉強吃上一口飯。可是不久之後，當地因為鬧饑荒，連寺廟也沒飯了，主持便打發小沙彌們四處雲遊化緣，以乞討為生。十七歲的朱重八隻只好再度過上了流浪的生活。

他邊走邊乞討，輾轉於中原多個地區，接觸了不少風土人情，同時也造就了堅強、果敢的性格。貧窮動盪的生活也讓他變得十分殘忍、好猜忌。

朱元璋建大明

在紅巾軍的影響下，全國各地紛紛爆發了起義。二十五歲的朱重八在兒時好友湯和的邀請下，加入了郭子興的義軍，開始了軍旅生活。朱重八在戰場上表現得十分勇敢，而且為人機靈聰明，又粗懂些文墨，很快就引起了郭子興的注意。隨後朱重八漸漸成為了郭子興的心腹，郭子興還把自己的一名養女嫁給了朱重八。從此，軍中就不再叫他朱重八，而改叫體面的朱公子，同時，朱重八也改名為朱元璋，字國瑞。

得到郭子興的信任後，朱元璋又迎來了多位好友名士的輔佐，如徐達、周德興、郭英、李善長等人，朱元璋一路帶兵攻下了滁州、和縣等地區。在擴充軍力的同時，也因為軍紀嚴明得到了民眾的擁護。

西元 1355 年，郭子興因病去世，韓林兒任命郭子興的兒子郭天敘為都元帥，妻弟張天佑為右副元帥，朱元璋為左副元帥。雖然說都元帥是軍中最高統帥，但是軍中滁州和和州的軍隊，多是由朱元璋招募收編的，而且朱元璋有勇有謀，手下又有人才，所以，朱元璋成為了這支隊伍事實上的主帥。西元 1356 年，朱元璋占領了集慶，改集慶為應天府。西元 1364 年元旦，朱元璋被推舉為吳王，並以「皇帝聖旨，吳王令旨」的名義釋出命令，此時的朱元璋已經在南方建立起了一個獨立政權。

西元 1366 年，朱元璋派廖永忠去滁州接小明王韓林兒來應天，但在瓜洲渡江時，卻又命人悄悄將船底鑿漏，小明王因此沉於江底。接著，朱元璋不再以龍鳳紀年，改次年為吳元年（即 1367 年）。

至正二十八年（西元 1368 年）七月，朱元璋派徐達為主帥，指揮北伐大軍長驅北上。元順帝及其妃嬪、太子等皇族只好向漠北逃遁。八月，北伐軍攻破了元朝大都，結束了元朝的統治。隨後朱元璋建國號為明，改元洪武，定都於南京。他就是歷史上著名的明太祖。

第十一章　大明王朝：封建王朝的強盛時代

明太祖改革

洪武通寶

朱元璋稱帝後，採取了一系列舉措，從而消除了開國元勛們起兵反叛的隱患。他還吸取了宋元兩朝失敗的教訓，開始加強皇室的勢力，分封自己的兒子們為藩王，執掌地方兵權。

其中，被封的晉王和燕王因為戰功卓著而頗得朱元璋的器重。特許二王可以自行裁決軍中小事，而大事則上報朝廷。這個舉措使得兩位藩王的權勢逐漸坐大，最終威脅到了中央政府的統治。

除了分封藩王，加強中央集權外，明太祖在開國之初還採取了一系列其他舉措來恢復社會生產，進而創造了明朝初年的「洪武之治」。

在政治方面，明太祖改革了官僚機構，廢除中書省，並不再設立丞相。西元1382年，明太祖設立錦衣衛，主管偵察、緝捕、審判和處置罪犯等事宜，實際上，這是一個掌握在皇帝手中，監察官員行為的軍事特務機構。

錦衣衛的設立對維護政權穩固有著一定的作用，但是隨著其特權逐漸膨脹，也製造了一系列冤假錯案。朱元璋在晚年時逐漸廢除了錦衣衛

的一些特權，同時也廢除了明朝初年訂立的一些嚴酷刑法。

在地方上，明太祖改革廢除了行省制度，設立承宣布政使司、都指揮使司和提刑按察使司，共行中書省職責。三者相互分立，又彼此關聯，可以有效防止地方權力過重，威脅到中央政權的穩定。

明太祖在政治方面的改革，一個重要方面就在於對貪官的懲處上。無論是中央的，還是地方的，只要有官吏貪贓枉法，就會受到極為嚴厲的制裁，貪汙六十兩以上銀子就會被判處死刑。

為了更好地推動打擊貪官的行動，明太祖制定並頒布了《大誥》和《醒貪簡要錄》。其中《大誥》是朱元璋親自審訊、判決案例的記錄，同時書中還介紹了朱元璋對懲治貪官的態度，以及一些具體的處置措施。這些內容不僅為各級官員查處貪官提供了依據，同時也警示了朝廷官員，讓官員學會自律。

在經濟方面，明太祖改革主要表現為輕徭薄賦，與民休息。同時，明太祖還注重興修水利，賑濟災荒。為了進一步發展農業生產，朱元璋還將山西地區的居民大規模轉移到中原地區，歷史上將這次人口遷移稱為「洪武大移民」。

身為中國歷史上傑出的君王之一，朱元璋的改革為明朝近三百年的發展打下堅實基礎。他創設的很多典章制度，都成為此後各時期重要的管理制度，很多制度文化甚至還影響到了清朝。

明太祖改革最為直接的影響就是促進了明初社會經濟文化的發展，維護了政權的穩定，以及社會的安定。其後幾代皇帝正是在他的政策綱領的基礎上，才使明朝延續發展了近三百年。

第十一章　大明王朝：封建王朝的強盛時代

燕王稱帝

西元1392年，太子朱標因病去世，朱元璋立朱標嫡子朱允炆為皇太孫。西元1398年，朱元璋去世，溫文爾雅的朱允炆即位稱帝。當時地方的諸王都是朱允炆的叔叔，手中還都掌握著重兵，一直沒把這個皇帝姪子放在眼裡。

明成祖朱棣

特別是朱元璋的四子燕王朱棣，他早有謀反篡權的打算，一直在私底下製造兵器，印刷錢幣，招兵買馬，擴張勢力。朱允炆召集大臣，商議應對之策。大臣們認為應該馬上削藩，削弱諸王的兵權。朱棣知道朝廷的意圖後，並沒有急著造反，而是等待更好的反叛時機。

朱棣派自己的三個兒子進京，為先祖祭祀。隨後又假傳自己病重的消息，讓朱允炆放鬆警惕，打消了皇帝扣留人質的想法。接著，他又開始裝瘋，跑到集市上大喊大叫。就這樣，朱允炆放鬆了對朱棣的警惕，等他下定決心殲滅時，朱棣已經羽翼豐滿，迫不及待地發起了主動進攻。

朱棣是個文武雙全的人。他先以尊祖訓，誅「奸臣」齊泰、黃子澄，為國「靖難」為藉口起兵，迅速奪取了大部分城鎮。隨後，沉穩精明的朱棣開始補充兵力，進一步集中力量對付朝廷。反觀朝廷方面，皇帝手下幾乎沒有什麼有能力的將領，只好派膏粱子弟李景隆迎敵。

朱棣利用李景隆好大喜功、極易驕傲的特點，假裝帶兵離開了北平，造成一種城中虛弱的假象。李景隆一看，果然以為北平無重兵把守，貿然攻城。朱棣帶主力突然返回，與城中將士內外夾擊，打得李景隆潰不成軍，大敗而逃。

此外，朱棣還十分擅長收買人心。一位士兵在行軍的路上病倒在路旁，朱棣見狀，馬上叫人把自己的馬拉去讓這個士兵騎乘，並說道：「壯士是為了我才得的病！」眾將士聞罷，紛紛感動得流下熱淚。作戰結束後，朱棣從來不獨享收繳的戰利品，而是把大部分分給作戰的士兵，那些得到戰利品的士兵全都感恩戴德，願意為他死戰。

建文四年（西元1402年），朱棣一路勢如破竹，直逼南京城。此時，朝廷大臣慌作一團，為了保命，有些大臣甚至暗中為朱棣做內應，獻攻城計策。

六月初三，燕王軍隊揮師渡江，兵臨南京城下，守將李景隆見毫無勝算，只好開門投降。

朱棣進城，文武百官紛紛跪拜在道路兩旁。此時宮中突然起火，建文皇帝不知去向。

七月十七日，在拒絕了他的支持者們反覆幾天的勸進之後，朱棣終於廢除建文年號，登上皇帝寶座。

朱棣就是著名的明成祖，年號永樂，也被尊為永樂大帝。

第十一章 大明王朝：封建王朝的強盛時代

鄭和下西洋

燕王朱棣稱帝之後，將北平改名為北京，此後又遷都於此，從此，大明王朝便有了南北兩個國都。

北京城門箭樓

在明成祖朱棣的統治下，明朝度過了二十餘年的太平發展時期，無論是在農業、商業水準上，還是在人民的生活水準上都有了很大的改善，特別是東南沿海地區已經湧現了很多繁榮的都市。

取得經濟上的良好發展之後，擴展海外的貿易和外交也被提上日程。此外，在對外交流的同時，還能彰顯本國的實力，提高國際聲望。因此，朱棣於西元1405年，任命精明能幹的三寶太監鄭和首次帶艦隊向西洋遠航。

鄭和是元末色目人，西元1371年生於雲南，小名為三寶，雖然正史沒有記載鄭和的身世，但據相關歷史學者考證，鄭和應該是明軍攻打雲南時，作為元朝官員的家屬被俘虜之後，遭受宮刑進入朱棣的燕王府成為侍從的。

西元1404年，鄭和因功升至內官監太監，官至四品。鄭和因為機智聰慧又知兵習戰，深得明成祖的信賴，於是朱棣把下西洋這個十分艱鉅的任務交給了鄭和。

鄭和下西洋

鄭和像

鄭和先後共下西洋七次，第一次是在永樂三年（西元1405年）七月十一日，鄭和與副使王景弘帶著兩萬八千餘人，乘六十二艘大船從蘇州劉家河出發，經福建五虎門，先後到達占城（即今越南中南部）、爪哇、蘇門答臘、馬六甲等地。

自西元1407年起至西元1430年，鄭和又相繼出海了六次，每次船上都裝載著大量金銀珠寶、布帛絲綢、陶瓷器具，用來與西洋各國通商，交換各種寶石、香料、異獸等。

經過七次遠航後，鄭和到訪過的國家和城市達到數十個，包括占城、爪哇、真臘、舊港、暹羅、古里等。鄭和第七次，也是最後一次下西洋時已是花甲老人了，儘管年邁，但是他依然具備著充沛的體力和精力，成功完成了朝廷給他的航海任務。

鄭和下西洋宣揚了大明國威，但是也損耗了不少國家的財力和人力，據記載，建造和修補一艘巨大艦船平均需要一千六百兩銀子，每次出航大約要配備二百六十多艘這樣的大船，加之明朝還要應付北方的區域性叛亂和敵寇入侵，終於在鄭和完成第七次下西洋後，此項工作被叫停了。

西元1433年，六十四歲的鄭和在返航回國的途中，因為長年積勞成疾，於古里（今印度科澤科德）去世。當年七月，船隊成功回國，鄭和的骨灰被葬到南京弘覺寺地宮。

第十一章　大明王朝：封建王朝的強盛時代

土木堡之變

蒙古貴族自從離開大都回到草原之後，就進入了分裂混戰時期。朱棣在位時期，還分派使臣與韃靼、瓦剌通好。經過長期征戰，韃靼勢力逐漸被蠶食，瓦剌逐漸強大起來。

明英宗時期，瓦剌部再次崛起，其首領脫歡統一了瓦剌和韃靼兩部。脫歡死後，他的兒子即位，進而統一了蒙古北方各部，勢力逐漸壯大，開始侵犯明北部邊境地區。

明英宗

明英宗十分寵信宦官王振，甚至稱之為「先生」，得寵之後的王振開始結黨營私，殘害忠良，明朝政治逐漸腐敗。

按照當時約定，蒙古每年可以派使團出使明朝，並與明朝貿易，不過每年派出的人數不能超過五十人。但是，蒙古往往擅自增加人數，以獲取豐厚的貿易利潤，以至最後甚至派出兩千餘人的團隊。

正統十四年（西元1449年）二月，蒙古又派兩千餘人前來，並謊稱三千人，向明朝索要賞賜。結果王振不願多給，只按照實際人數封賞，還減去了一部分馬價。瓦剌首領也先十分不滿，於是在當年的七月率軍分四路向明朝國境出發。

當時，有一路瓦剌軍正好要經過大同，大同距離王振的老家蔚州不遠，王振在老家置了大片田產，為了防止田產被瓦剌軍破壞，王振開始竭力慫恿英宗親征。

土木堡之變

在王振的慫恿之下，年僅二十來歲的明英宗決定親自帶兵迎戰。儘管朝中忠良大臣紛紛進諫勸阻，但是依然沒能改變英宗的決定，英宗把自己的弟弟朱祁鈺留在北京鎮守，他帶著王振和臨時拼湊的二十萬大軍匆忙從北京出發了。

軍隊還沒到大同的時候，軍糧就出現了嚴重的短缺。加上風雨兼程的行軍，軍隊士氣低落，很多官員都勸皇帝早日回京，但英宗依然硬著頭皮繼續前進。

結果英宗親征的明軍被瓦剌軍擊敗，英宗只好一邊抵抗，一邊撤退，一直撤到了土木堡。

實際上，當軍隊走到土木堡時，天還沒有黑，完全可以繼續趕路，直到懷來城再休息，那樣也能更好地抵抗進攻。但是當時王振很多裝運財寶的車子還沒有跟上，便命大軍停下來。結果，瓦剌軍很快就追上來了，把明軍圍困起來。

明英宗和王振帶著禁軍多次突圍都未能成功。昔日作威作福的王振如今見大軍來襲，嚇得雙腿發抖無法站立。禁軍將領樊忠早就對禍國殃民的王振深惡痛絕。於是，他掄起大鐵錘，毫不猶豫地向王振的腦袋砸去，瞬間結束了王振的生命。隨後，樊忠帶著士兵拚命衝向瓦剌軍隊，被亂箭射死。

明英宗眼看無路逃生，乾脆從馬上跳了下來，坐在地上盤起腿等死，瓦剌士兵將英宗俘虜。這就是著名的「土木堡之變」，明朝在這屈辱的一戰後，開始由盛轉衰。

第十一章　大明王朝：封建王朝的強盛時代

北京城保衛戰

　　土木堡之變的消息傳到明朝宮廷之後，眾大臣都亂作一團，皇太后和監國朱祁鈺緊急召集大臣商議對策。

　　慌亂之中，有些大臣甚至建議遷都應天，不過兵部侍郎于謙斬釘截鐵地堅持留在北京與瓦剌對戰。

　　于謙的意見得到了禮部尚書王直和內閣學士陳循等人的支持，朱祁鈺和皇太后也決心同瓦剌對抗到底。

　　八月二十三日，針對當時的危急局面，明廷採取了一系列措施，譬如誅除宦黨、平息民憤，傳檄天下率兵勤王。

　　此時，明英宗朱祁鎮已經成為瓦剌的一張政治牌，瓦剌帶著他到處威脅明朝將領。在這種情況下，明帝國緊急商議對策，決定奉朱祁鎮為太上皇，讓監國朱祁鈺即位稱帝，年號景泰，是為明代宗。

　　明代宗專門下令，授予于謙「提督各營軍馬」之權，命在京各營將領受其節制，于謙有先斬後奏之權。

于謙墓

北京城保衛戰

　　于謙肩負指揮北京保衛戰的重任，他從各地調來兵力，日夜趕造武器裝備軍隊，在北京周圍布置兵力，嚴把九門。

　　正統十四年（西元1449年）十月，瓦剌分兵三路南下，直逼北京城。于謙親率二十三萬大軍迎敵。明朝官兵們都被主帥的堅定意志所感動，鬥志昂揚、士氣高漲。

　　十月十三日，也先率兵攻打德勝門。于謙提前派石亨帶精銳部隊埋伏於道路兩側，一旦敵軍突破而入，便左右夾擊。結果瓦剌軍大敗，也先的弟弟孛羅被火炮炸死。也先見德勝門難以攻下，便猛攻其他城門，但是同樣受到了明軍的頑強抵抗，經過五天的戰鬥，未取得戰果的也先只好帶兵西撤。

　　也先被逼到塞外之後，並不甘於無功而返，謊稱送還英宗議和，卻繼續對明軍發動攻擊。多次騷擾都被明軍果斷回擊，瓦剌無奈之下只好撤軍。

　　景泰元年（西元1450年）八月，也先被迫把英宗送回了北京。至此，北京保衛戰以于謙的完勝而結束。

第十一章 大明王朝：封建王朝的強盛時代

南宮之變

雖然瓦剌戰敗並送還了明英宗，但是隨著英宗的返朝，難題也隨之而來。因為此時已經有了新皇帝朱祁鈺，又該置英宗於何位呢？

本來朝廷眾臣應該遵循君臣之禮，以熱烈的歡迎儀式迎接英宗的到來，但是朱祁鈺顯然不想這樣做。他不僅力主儀式從簡，而且還遲遲不肯派出大臣接駕。

但是在群臣的不斷請求下，朱祁鈺只好勉強派出「一轎二馬」的小排場歡迎英宗。等英宗回到北京之後，朱祁鈺乾脆直接把他幽禁在南宮裡，不允許他與外臣接觸，連他身邊要好的宦官也全部替換掉。

景泰八年（1457年）正月，朱祁鈺病重，將石亨召到病榻前囑咐身後事。

石亨雖然一切都答應下來，但退出後立即派人找到了前府右都督張軏和宦官曹吉祥，商議要為自己謀後路。

幾人商議，與其再立太子，不如請太上皇英宗復位，還能立下擁立之功。石亨和張軏又連夜去找左副都御史徐有貞。徐有貞大為興奮，於是連夜通知英宗，並作好復位準備。

正月十六日晚，徐有貞、石亨等人順利地到達了幽禁英宗的南宮。眾人從牆洞中魚貫而入，見朱祁鎮後一齊俯伏稱萬歲。

其後，在朱祁鎮的帶領下，眾人兵不血刃地進入了皇宮，並迅速將朱祁鎮扶上了奉天殿寶座。徐有貞等人一起叩拜，高呼「萬歲」。石亨敲響鐘鼓，召集群臣到來。

景泰藍

群臣到來之後,朱祁鎮對百官宣布道:「景泰皇帝病重,群臣迎朕復位,你們各人仍然擔任原來的官職。」眾朝臣跪倒參拜。

此時朱祁鈺正在西暖閣梳洗,準備臨朝,突然聽到前面撞鐘擂鼓,立即問左右,左右驚愕萬分。不久,宦官興安回奏說是太上皇復位了,朱祁鈺連喘了幾口氣,重新回到床上,面朝牆壁睡下。

朱祁鎮復位後,改元天順。當天,天順皇帝傳旨逮捕兵部尚書于謙、吏部尚書王文,以謀逆罪殺了于謙、王文等人,並迫害于謙所薦之文武官員。

二月初一,朱祁鎮廢朱祁鈺仍為郕王,遷於西內永安宮。二月十九日,朱祁鈺暴斃,以親王禮葬於西山,其妃嬪也都被賜死殉葬。

明英宗以太上皇身分復辟,並在八年後去世,其後即位的明憲宗成化皇帝也算不上一個好皇帝。在父子二人執政的三十年裡,大明帝國江河日下,國勢一點一點地衰落了,直到明憲宗死後,大明王朝迎來了另一位明君——明孝宗弘治皇帝。

第十一章 大明王朝：封建王朝的強盛時代

弘治中興

縱觀明朝統治近三百年的歷史，雖然出現了幾個昏君，但是也有一些賢能明君，明孝宗就是其中之一。

明憲宗在位之時不僅沉溺於長生仙術，並且寵信奸佞小人，使得朝綱大亂，很多忠臣良將遭到打壓，整個政壇烏煙瘴氣。

西元 1487 年，明憲宗去世，明孝宗即位，年號弘治。

當孝宗還是太子時，就把小人亂政看在眼裡。等他上臺之後，便開始積極地實行改革，這個為人恭儉溫和的君主首先從改革內政開始。

當時朝中有一大批善於阿諛奉承、貪汙腐敗的官員，特別是以外戚萬安為首的「紙糊三閣老」。孝宗率先罷免了這些無用之輩，以一批正直有為的士人代替。

孝宗嚴於律己，不僅勤於政事，早朝必到，而且還增設了午朝。大臣們因此有了更多的時間和皇帝商議國家大事，提高了行政效率。

此外，孝宗還開設了文華殿議政和經筵，其目的就是能有更多的時間與大臣們探討治國之道。

在經濟上，孝宗十分體恤百姓的疾苦，經常減免地方的賦稅，分發給那些生活困難的百姓麥種和公牛。一旦出現險情洪災，孝宗往往第一時間派大臣親臨現場抗災救援。蘇松河道就是在孝宗的努力下消除了水患，再度成了魚米之鄉的。

弘治中興

明孝宗朱祐樘

　　孝宗在位的十八年裡，選賢舉能，抑制宦官，勤於國政，使得明朝出現了一片祥和氣象，再度走向了繁榮富強。後世的史學家往往把這個時期稱為「弘治中興」。

第十一章 大明王朝：封建王朝的強盛時代

名相張居正改革

　　明孝宗的勵精圖治讓明朝有了中興的跡象，然而，其後即位的明武宗正德皇帝堪稱中國歷史上最能折騰的皇帝之一，而在明武宗之後的明世宗嘉靖皇帝又任用奸臣嚴嵩，讓明孝宗好不容易開創的局面急轉直下。

　　明世宗之後，懦弱的明穆宗隆慶皇帝即位，其執政後期，一位著名的文官登上歷史舞臺，正是他主持的一次改革，拯救了大明王朝的命運，讓已經漸漸衰落的大明王朝重現曙光，他就是張居正。

　　張居正是湖廣江陵人，他從小天資聰慧，十二歲便考中了秀才，十六歲中舉，二十三歲中進士，從此走上輝煌的仕途。

　　在翰林院任職期間，張居正目睹了京師的腐化之風，立志要成為一名改變政局的復興良臣。懷著這樣遠大的抱負，張居正透過六年的韜光養晦，以國子監祭酒步入政壇。

　　西元1568年，張居正把自己所看到的國家時弊總結寫成一封奏摺，進諫給了穆宗，表達了他想為國家改革的迫切願望，然而沒有受到重視。

　　明神宗即位，張居正出任內閣首輔，開始了一場轟轟烈烈的改革。這場改革行動涉及政治、經濟、軍事等國家管理的各方面。

　　張居正認為，國家改革要想成功，其首要措施就是整頓吏治。在此方面，他主要做出了三項整頓。

　　第一，集權於首輔，使內閣的權力得以提高；第二，對官吏們的功過要賞罰分明，從而提高官員們的行政效率；第三，必須整頓冗雜的官

僚機構,做到唯才是用,清除無用官吏。

張居正在經濟方面所做的貢獻最為出色,施行了著名的「一條鞭法」。

張居正像

「一條鞭法」主要包含兩項內容:一為「攤丁入畝」,二為「計畝徵銀」。具體來說,「攤丁入畝」指的是把各項徭役攤到土地上,一律以徵收銀兩代替勞役。而「計畝徵銀」則指按照土地的面積大小來制定收取徭役的數量。那些廣泛占有土地的地主貴族們,要支付大量的稅賦,而少地的貧窮百姓則只需繳納少量賦稅,這樣大大緩解了百姓的生活壓力,進而緩解了階級矛盾。

此外,這種以金錢抵付徭役的方法使得農民獲得更大的生產自由,用白銀交納賦稅,還大大促進了貨幣的流通。

在軍事方面,張居正注重邊防的守備。同時還要求士兵們在守衛的同時開展屯田,緩解國家糧食壓力。在訓練士兵的同時,鼓勵修建邊防要塞。此外,張居正還是個知人善任的「伯樂」,由他所重用的戚繼光和李成梁都在保衛國家安全和邊境穩定等方面做出了非常傑出的貢獻。

與歷史上的那些著名改革一樣,張居正的改革在緩解社會矛盾的同時,也觸犯了很多貴族、地主們的利益。

早在張居正剛剛實施改革的時候,那些懷恨在心的權貴們就以張居正不為父守孝為由抨擊他。如果當時張居正按照傳統守孝三年,那麼改革的大業將無法貫徹實施。於是張居正頂住了巨大的壓力,堅持改革,他的堅定和忠心也獲得了當朝皇帝和太后的支持。

張居正在世之時,反對派們一直沒能得手。張居正一去世,這些反

對者就想盡辦法打擊報復。西元 1582 年，明神宗朱翊鈞便宣布了張居正的罪行，將其家產全部沒收。

　　雖然張居正出色的改革重振了明朝國力，但是這並不能改變明朝深層的弊病，因此明朝還是沒能避免衰敗的命運。

戚繼光抗倭

　　倭寇之患早在明初時期就已經存在，朱元璋剛剛建立明帝國時，日本剛好進入南北朝分裂時期，那些日本的割據勢力經常支持和勾結海盜商人騷擾劫掠中國沿海地區，大大影響了中國沿海地區人民的生活。

　　朱元璋即位之後，曾多次派遣使者出使日本，目的就是消除倭患。但是因為當時日本處於四分五裂的狀態，沒有強勢的政府來協助明朝，因此使者均無果而回。

　　西元 1392 年，北朝統一了日本，那些失敗的南朝武士們便流亡當了海盜，經常侵擾中國沿海地區，使得洪武末年的倭患更加嚴重。

　　後來，隨著大明帝國的強盛和日本國內局勢的改善，倭寇問題有所緩解，但是，到了明中後期，倭寇再次開始騷擾明帝國海疆。

倭寇圖卷

　　嘉靖年間，中國東南沿海地區的經濟水準有了進一步發展，對外貿易也相當發達。很多非法海商為了牟取暴利，開始成群結黨，逐漸形成了海上武裝走私集團，甚至還逃亡海外，聯合日本諸島上的倭寇沿海搶劫，使得這個時期倭患越來越嚴重。

　　明朝政府多次派遣軍隊抗擊倭寇的騷擾，期間湧現了很多愛國將領和軍隊，其中最為優秀的要數抗倭英雄戚繼光和令倭寇聞風喪膽的戚家軍。

　　戚繼光出生在山東蓬萊的一個將軍家庭。他從小就目睹了倭寇對沿

第十一章 大明王朝：封建王朝的強盛時代

海人民的殘害，很早就在幼小的心靈中立下了蕩平倭寇的志向。

長大之後，他加入山東抗倭的隊伍，因為作戰有功，被調到了倭患最為嚴重的東南沿海地區，主要負責寧波、紹興、臺州一帶的抗倭事宜。

戚繼光到浙江赴任後發現衛所的將士戰力較弱，而金華、義烏人則比較彪悍，於是戚繼光前往招募。

在戚繼光的指導訓練下，他招募的浙江兵將成為一支精銳的部隊，被稱為戚家軍。

戚繼光根據南方多沼澤的地理特徵設計戰陣，又為部隊配備火器、兵械、戰艦等裝備，並研究創立了一種將長短兵器結合的「鴛鴦陣」。這種陣法不但靈活多變、機動性強，而且能夠發揮出士兵們近身搏鬥的勇敢精神。戚家軍因此名聞天下。

同時，戚繼光要求士兵們向岳家軍學習，對百姓秋毫無犯，只做保衛國家的子弟兵。因此，戚家軍廣受百姓們的擁戴，在戰鬥和生活中經常能得到百姓的配合。

西元 1561 年，倭寇大軍進攻臺州沿海一帶，戚繼光帶著這支日夜操練的士兵前往抵抗，不到兩個月的時間，就消滅了五千多名倭寇，帶給了敵人非常沉重的打擊。

第二年，倭寇又大舉來犯，戚繼光再次帶著戚家軍參與了戰鬥，最終消滅了全部來犯倭寇。

西元 1562 年七月，戚繼光帶著軍隊轉戰福建，第一仗就收復了被倭寇侵占三年之久的橫嶼。隨後戚繼光一鼓作氣，使用巧妙的「鴛鴦陣」一舉殲滅了福建境內的所有倭寇。

豐臣秀吉入侵朝鮮

豐臣秀吉出生在動盪不安的日本戰國時期，是個典型的貧窮農家孩子。此時的日本天皇已經失去實際統治權，對日益壯大的地方勢力毫無辦法。後來，青年時期的豐臣秀吉投身到了織田信長的帳下，成為一名底層的武士。

隨著積年累月的南征北戰，豐臣秀吉靠著赫赫戰功一直升到了將軍之職，成為織田信長最重要的心腹之一。就在即將實現統一日本的偉大夢想之時，織田信長在一次暗殺中遇刺身亡。於是，統一日本的重任就落到了豐臣秀吉的頭上。他不負眾望，消滅了割據一方的北條氏一族，實現了日本的統一，成了當時日本的最高統治者。

但是野心勃勃的豐臣秀吉並沒有因此感到滿足，他的最終夢想是征服世界。為了實現這個遠大抱負，他首先要消滅日本「一衣帶水」的近鄰——明朝。在豐臣秀吉的眼中，明朝雖然國土廣闊，但是並不能稱得上強大。

豐臣秀吉深知此時大明朝廷國政腐敗，軍隊戰鬥力低下，加之此時日本國內的武士們正因為封地不均而憤憤不平，豐臣秀吉急需一個「受害者」來轉移國內矛盾，於是這個目標最終鎖定在了大明王朝身上。

西元 1591 年，豐臣秀吉派出使者聯繫當時的朝鮮國王李昖，稱自己將於次年的春天借道朝鮮攻打明朝，請求協助。

雖然語句中透露著請求之意，但是實際上豐臣秀吉早已做好了兩手準備：朝鮮要是答應，便可兵不血刃占領朝鮮半島；若是不答應，便可以用蔑視日本的名義出兵討伐。

第十一章　大明王朝：封建王朝的強盛時代

豐臣秀吉像

作為明朝附屬國的朝鮮雖然國力衰微，但是並沒有被嚇到，很快就把此消息告知了明朝政府，請求援助。

還沒等到朝鮮做出明確答覆，萬曆二十年（西元1592年）三月，日本的十幾萬大軍就浩浩蕩蕩地開進了朝鮮。這十餘萬人被豐臣秀吉分成了九個戰鬥支隊，由自己統一指揮。

武器和戰法的落後使朝鮮軍隊一觸即潰。日本軍隊沒遇到任何阻力就輕鬆攻下了朝鮮都城。李昖見此情形逃到了平壤，派人快馬加鞭向明政府求救。

與此同時，日本加快了進攻的腳步，很快地又攻下了平壤，至此朝鮮的絕大部分領土都已落入日本人的手中。

但讓豐臣秀吉沒想到的是，雖然朝鮮陸軍不堪一擊，但是朝鮮海軍卻非常善戰。其中由朝鮮海軍將領李舜臣所帶領的海軍部隊多次擊敗了日本海軍，值得一提的是李舜臣還發明了一種艦形如龜的「龜艦」。

這種艦船是專門為了對付日本的鳥槍和弓箭而設計的，在艦身的四周包裹了一層厚厚的鐵板，日本的火藥和弓箭根本無法射穿，藏身龜艦中的朝鮮海軍可以隨心所欲地打擊敵人。

就在日朝兩軍相持不下時，明朝終於接到了朝鮮的支援請求，並作出了最後決定。儘管主戰派和主和派就是否出兵問題吵得不可開交，但是明神宗還是力排眾議決定出戰。

壬辰明日戰爭

　　在明朝援助朝鮮的軍隊中，最先抵達前線的是遼東副總兵祖承訓率領的五千明軍。

　　祖承訓十分自負，根本沒把日軍放在眼裡，當他得知日軍平壤守軍調回京都的消息後，便帶著以騎兵為主的五千部隊衝進了平壤城，與日軍展開了巷戰。

　　如果是在開闊的曠野，騎兵則占據優勢，但在平壤城中明騎兵吃盡了苦頭。日本士兵不與之正面對抗，反而東躲西藏、暗放冷槍，使得明朝軍隊有力使不出，結果五千明軍被七百日軍打得落花流水。

　　首戰失利後，明將李如松率四萬明軍主力部隊再次趕赴平壤前線。

　　雖然日軍擅長使用射程遠、威力大的鳥槍，但是明軍也有攻城用的強力大砲，雙方你來我往，打得激烈膠著。在打到白熱化階段時，連主將李如松都親自上陣督戰了，各個前線的將軍們更是堅守戰場，大大鼓舞了明軍的士氣，如潮水一般不斷湧向日軍，日軍終於無法阻擋，敗逃朝鮮都城。

　　占領平壤後，李如松派出遼東副總兵查大受帶著三千明軍到前方偵察敵情。結果，被勝利衝昏頭腦的查大受冒進深入，在離朝鮮都城五十里的碧蹄館被日軍包圍。

　　為了營救查大受，李如松親帶一千輕騎深入敵營，雖然救出了查大受，但是也付出了慘痛代價，連李如松本人也險些被俘。

　　銳氣大大受挫的李如松放棄收復朝鮮都城的作戰計劃，他退回平壤，決定與日本和談。

第十一章 大明王朝：封建王朝的強盛時代

此時日本方面的處境也十分艱難，當時朝鮮各地爆發起義，堅決抵抗日軍，日軍士兵厭戰情緒蔓延。加之天氣寒冷和水土不服，日本也急需一段喘息時間。

李舜臣像

於是明朝派出了精通日語的商人沈唯敬為談判使節，與日本的小西行長在朝鮮都城舉行了會談。此次和談達成了四點協議：

一、明朝派使臣去名古屋會見豐臣秀吉；二、明軍撤出朝鮮；三、日本撤出朝鮮都城；四、交還俘虜的官吏。

協議生效後，日軍撤到了朝鮮沿海地區，而明軍也班師回朝。同時遵照合約第一條，沈唯敬也前往日本名古屋會見了豐臣秀吉，商議中日友好之事。

第二次明日戰爭

其實,合約之所以能如此順利地進行,沈唯敬和小西行長在其中有著非常重要的作用。日方代表小西行長是沈唯敬的舊交,為了議和,兩人瞞天過海,私下改動有爭議條款,使得明廷和豐臣秀吉都以為對方答應了自己的要求。

結果紙包不住火,當日本使臣向豐臣秀吉宣讀明朝的詔書時,讀到「冊封爾為日本國王」一句時,豐臣秀吉意識到自己被騙了。震怒之下,豐臣秀吉奪過詔書,一把摔在地上,把明朝冊封的衣冠全部撕毀。隨後驅逐了沈唯敬,還險些殺死小西行長。而沈唯敬自知犯下欺君之罪,不敢回朝。不過後來還是被抓獲,並被處以棄市之刑。一場由明日使臣自導自演的和談鬧劇就此宣告結束。

朝鮮戰爭

怒火中燒的豐臣秀吉決定發起第二次遠征。西元1597年,豐臣秀吉率領十四萬大軍再次殺到朝鮮。但是這次戰鬥雙方的心態出現很大變化,首次遠征時的日軍可謂雄心勃勃,有股「初生之犢不畏虎」的勁頭,結果遭到抵抗後無功而返讓他們士氣低落,再次遠征則已毫無鬥志。反

第十一章 大明王朝：封建王朝的強盛時代

觀明、朝鮮方面，則吸取了先前受挫的教訓，不敢再對日軍放鬆警惕，而是積極開展軍備工作。

日軍在朝鮮的推進十分艱難，被迫將戰線停止在朝鮮沿海一帶。更為致命的是，此時的豐臣秀吉已經是年過六旬的老人，長年的征戰早已耗盡了豐臣秀吉的精力，加之戰鬥失利的打擊和指揮的操勞，豐臣秀吉在遠征中途病倒了。

相較能否征服亞洲，此時豐臣秀吉更關心的，是兒子豐臣秀賴能否順利繼承自己的偉業。萬曆二十六年（西元 1598 年）三月，第二次遠征朝鮮剛剛過了半年，意識到自己時日不多的豐臣秀吉躺在病榻上向大臣們託孤，希望眾臣們能像效忠自己那樣效忠於兒子豐臣秀賴。

但是後來的形勢完全與豐臣秀吉的希望背道而馳。豐臣秀吉死後，早已無心征戰的日本軍隊很快就投降了，如日中天的豐臣家族也被德川家康領導的德川家族所取代。豐臣秀吉的兒子豐臣秀賴在與德川家族的戰鬥中失敗，最後被迫切腹自殺，終年只有二十三歲。

「萬曆三大征」

「萬曆三大征」是在明神宗萬曆年間開展的三次大規模軍事行動，包括前面提到的朝鮮戰爭，以及平定哱拜叛變的寧夏之役，還有平定播州土司楊應龍叛變的播州之役。從結果上來看，這三場戰役都以明朝獲勝結束，明朝中央透過三場戰役有力地維護了自己的統治。但是從深遠影響來看，這三場戰役也耗盡了大明朝的國力。

《明史》有載：「二十年。寧夏用兵，費帑金二百餘萬。其冬，朝鮮用兵，首尾八年，費帑金七百餘萬。二十七年，播州用兵，又費帑金二三百萬，三大徵踵接，國用大匱。」

這裡說的「帑金」就是大明朝國庫中的錢，這三場戰爭大約花費了一千二百多萬國庫款。雖然此前在張居正的改革下，明朝國庫充盈，累積了不少錢糧，但是經過這番折騰，基本上也就被揮霍殆盡了。

更為要命的是，這三場戰爭雖然解決了明朝的邊疆矛盾，卻並沒有從根本上解除大明朝周邊的危機。接下來，大明王朝還需要面對努爾哈赤所率領的女真族的進攻，這才是大明朝最為致命的威脅。

另一方面，在三場戰爭中，大明王朝贏得都不容易。可以說，每一場戰爭都是勉強贏下來的。此時雖然有戚繼光、李成梁訓練的軍隊，但是從整體上來看，明朝的軍事作戰能力已經出現了問題。

除了三大征外，萬曆年間還發生了另外兩次戰爭：一次是西元1583年到1606年的明緬戰爭，一次是西元1619年的薩爾滸之戰。這兩次戰爭最後都以明朝的失敗而告終。

萬曆三大征可以看作是大明王朝最後的輝煌時刻，在此之後，明朝很難再拿出如此亮眼的成績了。

第十一章　大明王朝：封建王朝的強盛時代

努爾哈赤統一女真

　　結束援朝戰爭之後，大明王朝進入了短暫的安寧。但是此時東北的白山黑水之間，另一股勢力正在慢慢強大起來，那就是努爾哈赤率領的女真後金勢力。

　　努爾哈赤出生於赫圖阿拉的一個女真族小酋長家。

　　十歲時，努爾哈赤的母親便去世了，父親漸漸寵愛繼母，對努爾哈赤的關注越來越少。隨後努爾哈赤帶著弟弟舒爾哈齊投奔了建州衛都指揮王杲。後來王杲因為造反而被明朝將領李成梁征討，努爾哈赤與弟弟被當成了王杲的家奴而被俘虜。

　　此時，努爾哈赤開始為明軍做事，由於為人勇敢機智，漸漸得到了李成梁的賞識，後來還被李成梁當成養子一樣對待。

　　但是努爾哈赤本人卻不甘心一直生活在李成梁的家中。西元1577年，努爾哈赤脫離了李成梁，回到建州自立門戶。

　　西元1583年，李成梁在攻打古勒寨時，殺死了做客寨中的努爾哈赤的父親和祖父。為了安撫努爾哈赤，明朝不僅為兩人平反，還送給了努爾哈赤不少馬匹、財物，並讓其獲得了建州左衛都指揮使之位。

　　明朝的封賞雖然讓努爾哈赤的實力有所增強，但是他知道，自己此時的實力還遠不足以報仇雪恨。為了增強實力，同時也為了報仇，努爾哈赤開始帶領部隊攻打自己的仇敵尼堪外蘭。

　　尼堪外蘭為了躲避努爾哈赤的追殺，開始四處逃亡。此舉正中努爾哈赤下懷，他以追殺仇敵為藉口，攻打了尼堪外蘭所潛藏的所有地區。

　　隨著努爾哈赤不斷地征戰，他的勢力和領土也在不斷擴大，短短幾

年，已經相繼征服了董鄂部、渾河部、蘇克蘇滸部等，進一步統一了建州女真。

在努爾哈赤逐漸壯大的同時，他一直盡可能地維護與明朝的關係，避免明朝干涉他的軍事行動。明朝也絲毫沒有察覺到努爾哈赤的勃勃壯志，竟然還在其統一了女真之後，任命其為建州衛都督僉事。西元1591年，明朝任命努爾哈赤為建州左都督，與此同時，努爾哈赤已經征服了長白山地區的鴨綠江部。

八旗服飾

西元1616年，努爾哈赤透過連年的征戰和苦心經營，已經統一了大部分女真部落。努爾哈赤認為起事的時機到了，便在赫圖阿拉稱汗，建立「大金」，史稱後金。

天命三年（西元1618年）四月十三日，努爾哈赤在盛京「告天」誓師，宣讀了討明檄文，同時率兩萬步騎向撫順發起進攻。撫順城以東諸堡，大都為努爾哈赤所攻占，當得知明王朝決定增援遼東後，努爾哈赤選擇在九月主動撤退。

撫順等地接連失陷，明政府已經意識到必須對努爾哈赤採取行動，便發十四萬大軍討伐，結果能征善戰的努爾哈赤帶著凶悍的女真士兵殲滅了六萬明軍，取得了決定性勝利。

西元1625年，努爾哈赤把後金都城遷到了盛京。此時，整個遼東都受到了女真八旗的威脅，明朝最強大的敵人真正到來了。

第十一章 大明王朝：封建王朝的強盛時代

魏忠賢亂政

西元1620年，明朝第十四任皇帝明光宗即位，他因為每日沉溺於酒色導致身體虛弱，後因服用「紅丸」而死。去世時，明光宗只有三十八歲，在位時間僅一個月。明光宗的長子朱由校隨即即位，年號天啟，史稱明熹宗。

當時明朝正值內憂外患之際，內有地方起義，外有金兵騷擾，但是即位的熹宗不顧政事，反而將全部政務委託給了宦官魏忠賢。

相傳，天啟皇帝是一個出色的木器藝術師。他不但喜歡製造木器，而且還十分有天賦，這個心靈手巧的「木匠」皇帝曾自己繪圖設計出一款先進的輕便摺疊床，比當時要十幾個人才能抬動的床輕便得多。

熹宗對自己的木匠技術十分得意，並且沉迷於此，經常會因為做木工活而廢寢忘食、通宵達旦。

就在熹宗沉迷木工不理政事之時，宦官魏忠賢逐漸擴展了自己的勢力，把朝政大權攬入手中。很多對魏忠賢感到不滿的忠臣良將都被迫害致死，而那些只懂得阿諛奉承的無恥小人則紛紛依附於魏忠賢。

當時，諂媚之徒紛紛為魏忠賢修建生祠，消耗了大量財力、勞力。魏忠賢的氣焰最為囂張的時候，竟自稱「九千歲」，排除異己，專斷國家大事。一時間，民間竟流傳著「只知有忠賢，而不知有皇上」的說法，可見魏忠賢的勢力一度多麼強大。

西元1624年，副都御使楊漣實在無法容忍魏忠賢的醜惡行徑，上書列舉了魏忠賢的二十四條罪狀。結果，昏庸的熹宗不但沒有治罪魏忠賢，反而下旨痛斥了楊漣。

明熹宗

大難不死的魏忠賢當然不會放過以楊漣為首的「反魏派」，西元1625年，魏忠賢誣告楊漣等六名東林黨人。結果，此六人除一人自殺死亡外，其餘五人均在牢獄中飽受酷刑折磨，最終慘死。

西元1626年，魏忠賢繼續以同樣的手段進一步陷害了七名東林黨人。後世人們為了紀念這些勇敢正直的忠臣，將前六人稱為「前六君子」，後七人稱為「後七君子」。

魏忠賢除去心腹大患之後，並沒能逍遙多久。西元1627年，明熹宗因病去世，其異母兄弟朱由檢即位，改元崇禎，史稱明思宗。

朱由檢素來厭惡魏忠賢的醜惡嘴臉，奈何因熹宗的袒護而無法清除。如今他即位，東林黨和眾多忠良之臣一同上奏彈劾魏忠賢，朱由檢便趁機一舉將魏忠賢及其所有黨羽全部抓捕治罪。

魏忠賢自知末日臨頭，提前畏罪自殺了。明朝的宦官政治結束了，但大明王朝早已病入膏肓，在內憂外患之下只剩下苟延殘喘。

第十一章　大明王朝：封建王朝的強盛時代

袁崇煥鎮守寧遠

在明朝內部政治鬥爭的同時，在東北迅速崛起的努爾哈赤很快就成了明朝邊境的心頭大患。

在努爾哈赤的打擊下，明朝所管轄的東北地區已經大部分淪喪在後金軍之手，只有寧遠城依然有明軍駐守，這時戍守寧遠的就是著名將領袁崇煥。

當時，因為不敵後金軍，在明朝政府下令關外軍民全部撤退時，袁崇煥卻決定堅守孤城。

袁崇煥說：「我身為寧遠城的官吏，要與寧遠城共存亡，我絕不會離開寧遠城半步，就算死，我也在所不辭。」結果在關外的廣闊地域中，只有這一座孤城在堅守。

寧遠古城

袁崇煥深知寧遠城是通往關內地區的咽喉要道，寧遠城一旦失守，就只剩下山海關可守，那樣關內便十分危險。於是，袁崇煥在城內外做了一番周密的部署，後來還向全軍下拜，用慷慨激昂之詞激勵全軍的鬥

志。在袁崇煥的努力下，所有將士深受感動，一時間士氣大振。

在兵力方面，袁崇煥所帶領的兩萬守軍遠遠少於後金的二十萬軍隊。為了增強戰力，袁崇煥努力團結當地百姓，鼓勵他們加入守衛的隊伍中，很多商人和武生都頗受感動，紛紛加入其中。

天命十一年（西元1626年）一月二十三日，努爾哈赤親率二十萬大軍開進寧遠城城郊，對寧遠發動了攻擊。雙方在寧遠城下鏖戰，結果是後金紈褲子弟不敵明軍大炮，連努爾哈赤也被炮石擊中，不久便去世了。

袁崇煥墓

袁崇煥憑藉出色的軍事才能，多次擊敗了來勢洶洶的後金軍，立下了汗馬功勞。但是這位明朝最後的戍邊大將，卻遭到了明朝朝臣讒言的抨擊，又中了努爾哈赤的繼任者皇太極的離間之計，最終崇禎皇帝認定袁崇煥勾結後金軍企圖造反，將其處以殘酷的凌遲之刑。

袁崇煥死後，他的部隊依然守衛著明帝國的遼東，其繼任者祖大壽、吳三桂等人，一直堅守在抗擊後金的第一線，最終也沒有讓八旗軍用武力攻破山海關。

第十一章 大明王朝：封建王朝的強盛時代

李自成攻入京城

　　明朝末期，政治腐敗，貪官汙吏對人民的搜刮可謂深入骨髓，再加上頻繁的對外戰爭，讓百姓背上了沉重的負擔。

　　崇禎時期，又遭逢百年不遇的天災，無力生存的貧苦農民還需要背負沉重的稅賦，走投無路的人們紛紛起義，就這樣，大明王朝在此起彼伏的農民起義中，終於走到了盡頭。

　　明末起義軍多如牛毛，李自成所帶領的起義軍是其中非常重要的一支。西元1629年，出身銀川驛卒的李自成因為殺了貪官而加入闖王高迎祥的起義隊伍中，成為軍中的「闖將」。

　　西元1635年，明朝派出兩路大軍到陝西、山東地區夾擊義軍，戰敗的義軍意識到單槍匹馬很難推翻腐敗但是十分龐大的明王朝，必須聯合一切可以聯合的力量。於是，各路起義軍紛紛會師於河南滎陽，聯合壯大的義軍有十三家、七十二營，他們很快就擊敗了寧州和真寧等地的明朝政府軍。

　　西元1636年，闖王高迎祥被明軍俘虜殺害，李自成被一致推選為闖王，成為義軍新的領袖。

　　李自成帶領這支軍隊，輾轉於全國多地，攻下了不少城池重鎮。在行軍路上，李自成打著「均田免賦」的口號，獲得了廣大民眾的支持，一時間，全國上下都散布著「迎闖王，不納糧」的歌謠。

大順通寶

　　深得民心的李自成迅速壯大了自己的隊伍，將兵力發展到了百萬之眾，成為農民起義中的主力軍，並逐漸建立組織發行貨幣，政權已初見雛型。

　　崇禎十六年（西元 1643 年）一月，李自成在襄陽自封為「新順王」。同年十月，李自成攻破了重要關隘潼關，控制了陝西省。

　　次年一月，李自成在西安稱帝，國號「大順」。隨後，手握重兵的李自成向北京出發，一路上攻下了寧武關、太原、大同等重要地區。明朝官吏要麼投降，要麼望風而逃，李自成軍隊一路勢如破竹連續攻下了居庸關和昌平。

　　崇禎十七年（西元 1644 年）三月，起義軍包圍了北京，守城太監開啟外城西側的廣寧門之後，大軍湧入復興門。

　　十八日，李自成派出投降的太監與崇禎皇帝談判，結果談判破裂。十九日清晨，當起義軍徹底殺進北京城時，發現崇禎皇帝已經在煤山自縊而死。就這樣，統治中華大地近三個世紀的大明王朝滅亡了。

第十一章 大明王朝：封建王朝的強盛時代

附錄：第十一章主要參考文獻

[1] 孟森·明史講義 [M]·北京：中華書局，2006·

[2] 吳晗·吳晗論明史 [M]·北京：北京理工大學出版社，2016·

[3] 陳梧桐·明史十講 [M]·北京：中華書局，2016·

[4] 黃仁宇·中國大歷史 [M]·北京：生活·讀書·新知三聯書店，2014·

[5] 張宏傑·大明王朝的七張面孔 [M]·廣州：廣東人民出版社，2016·

[6] 陳俱·明代倭寇禍患及其終結 [J]·炎黃縱橫，2014(11)·

[7] 樊樹志·萬曆年間的朝鮮戰爭 [J]·明清史，2004(2)·

[8] 李金明·論明初的海禁與朝貢貿易 [J]·福建論壇（人文社會科學版），2006(7)·

第十二章
清王朝：天朝上國的謝幕

清朝作為中國封建社會最後一個王朝，從初期經歷的康乾盛世到末期簽訂喪權辱國條約，清朝從繁盛走向衰敗的過程值得後世深思。政治上的閉關鎖國讓清朝的發展大大落後於同期世界上其他國家，這也是清政府在戰爭中不斷落敗的主要原因。當然，封建制度發展有其自身缺陷，這也成為清朝落後捱打的另一個原因。在了解清朝歷史時，應該以客觀全面的眼光去看待歷史事件，這對於理解中國近代史發展進程具有重要意義。

第十二章　清王朝：天朝上國的謝幕

清兵入關

李自成起義軍進入北京，大明王朝滅亡，看似又一次農民革命式的王朝更迭，最終卻在一個人的作用下改變了方向，這個人就是山海關總兵吳三桂。

吳三桂祖籍為江南高郵，其父吳襄在明末任遼東總兵，崇禎皇帝時期，遼東抗清重將祖大壽是吳三桂的舅舅，吳三桂因此被委以重任。祖大壽被俘降清之後，吳三桂率領剩餘的關寧鐵騎依然鎮守山海關，直到北京城破。

李自成進攻北京時，崇禎皇帝曾派人招吳三桂調兵勤王，但是吳三桂故意拖延，目的就是儲存實力，靜觀其變。

等到吳三桂帶兵走到河北豐潤時，已經傳來李自成進京，崇禎帝自殺的消息。於是，吳三桂馬上帶著大軍回到了山海關，其最初的打算就是接受大順政權的招撫。

吳三桂回到山海關不久，李自成便派來使者，送來了四萬兩白銀，並勸其投降進京，吳三桂收了白銀準備進京。

在帶兵進京的路上，吳三桂接到了家人的密報，稱李自成將自己的家產全部沒收，父親吳襄遭到監禁，連自己的愛妾陳圓圓也被李自成擄走。

受此奇恥大辱，吳三桂怒火中燒，同時也意識到李自成一定容不下自己，因此決定借清兵之手報國仇家恨。

回到山海關之後，吳三桂派使者趕赴遼東請求清軍入關，當時清廷主政的是攝政王多爾袞。在多爾袞的主持下，清軍於山海關外駐紮。

山海關

此時，李自成剛好親率大軍討伐吳三桂，兩軍在九門口大戰，戰爭膠著之際，多爾袞引清兵加入戰團，李自成軍潰敗。

此戰之後，吳三桂攜清兵一路追殺李自成軍，吳清聯軍連戰連捷，李自成軍節節敗退。

吳三桂向清軍投降後，與多爾袞一起擊敗了李自成。西元1645年，奔逃一年之久的李自成終於山窮水盡，在湖北被殺。

吳三桂引清軍入關之後，眼見清軍一路奪城占關，自知大勢已去，於是便徹底投降清朝，成為清朝藩王。

清廷入關之後，在多爾袞和之前降清的大學士洪承疇的主政下，逐漸站穩了腳跟，尤其是洪承疇幕後指揮，讓很多明朝大臣將領都歸到了清廷的麾下。

西元1661年，南明永曆皇帝在緬甸被絞殺，於是明朝社稷宣告終結。

第十二章 清王朝：天朝上國的謝幕

順治帝提前親政，康熙帝勇鬥鰲拜

清兵入關之後，第一任皇帝是順治帝愛新覺羅‧福臨，然而此時大權全由攝政王多爾袞把持，順治皇帝只是名義上的皇帝。

西元1650年，多爾袞在外出打獵的途中病死。次年，十三歲的福臨親臨朝政。順治帝在位期間，採取了「以漢制漢」的方針，任用漢人為官，提高了官吏的素養和工作效率。此外還頒布了「緩剃髮」之令，獎勵農耕、安頓民生，大大穩定了國家局勢。

西元1661年，順治帝病逝，時年僅二十四歲。儘管順治帝早亡，但是他為鞏固清王朝的各種政策，還是為此後的康乾盛世打下了基礎。

順治帝死後，皇位由順治帝第三子，年僅八歲的愛新覺羅‧玄燁繼承，也就是康熙帝。康熙帝即位之初，朝政由索尼、蘇克薩哈、遏必隆和鰲拜四個輔政大臣共同執掌。

索尼是四朝元老，但是已年老多病，畏事避禍，在很多事情上往往不多過問；蘇克薩哈因為受到順治重用，在四輔臣中名列第二；遏必隆雖位在第三，但是為人庸懦，遇事無主見，又屬鑲黃旗，常常附和鰲拜；鰲拜雖居四輔臣之末位，但是由於資格老、軍功高，常常以氣勢奪人，又擅權自重、無比驕橫，最終慢慢走上了專權的道路。

西元1667年，鰲拜欲將戶部尚書蘇納海以「藐視上命、撥地遲誤」，直隸總督朱昌祚、巡撫王登聯以「紛更妄奏」的罪名處死。

康熙帝心知蘇納海等三人並無大罪，意圖保全，但是鰲拜無所顧忌，竟矯旨處死三人。這件事讓康熙帝意識到，鰲拜不除，他的皇位永遠不安。

康熙帝

當時，朝中大臣多是鰲拜親信，康熙帝不敢公然對鰲拜下手，於是他物色了一批十幾歲的貴族子弟，讓他們擔任侍衛，每天操練摔跤。鰲拜進宮看到這些孩子打打鬧鬧，只覺得是在玩遊戲，沒當一回事。

康熙八年（西元1669年）五月，康熙帝召見鰲拜進宮商議國事。鰲拜不知有詐，隻身前往，結果剛一進殿，就被這些少年侍衛團團圍住。

儘管鰲拜力壯，但寡不敵眾，最終還是被擒入獄。之後，康熙帝讓群臣調查鰲拜的罪行，大臣們羅列了三十條罪狀，每一條都能處以死刑。不過，康熙帝最終網開一面，判鰲拜終身監禁。同年，鰲拜身死獄中。

經過此事，滿朝文武沒人敢再小覷康熙皇帝的權威。

第十二章　清王朝：天朝上國的謝幕

康熙帝平定三藩

康熙帝親政之後，他主要做了這樣幾件事：停止圈地，給予貧困農民土地；發還八旗奴隸，讓人民恢復生產；大量開科取士，獲得漢族士人的擁戴；修明陵，修明史，收攬明朝遺老遺少人心。但是除此之外，擺在康熙皇帝面前最棘手的問題就是帝國安全，而帝國安全最大的威脅就是三藩。

所謂三藩，就是清初封的三位手握重兵的藩王，即平西王吳三桂、靖南王耿精忠和平南王尚可喜。

當年為了解決紈褲子弟人數不足的問題，清王朝開始廣泛接受明朝降將。後來經順治所分封的這三位藩王日益坐大。他們各個手握重兵，互相扶持，多年的苦心經營使他們的「封地」成了「國中之國」，讓康熙皇帝感到十分不安。

此三藩中，吳三桂的勢力最為強大，他不僅手握雲貴大權，還被賦予了「便宜行事」的特權，因此雲貴地區的督撫都要受他的限制，他還可以隨意替補官員，私自鑄錢、開礦，設立稅卡更是不在話下。康熙帝親政後，曾嘆息道：「朕聽政以來，以三藩及河務、漕運為三大事，夙夜廑念，曾書之宮中柱上。」可見三藩問題造成了皇帝多大的困擾。

西元1673年，康熙皇帝作裁撤三藩的試探，結果遭到三藩共同抵制。

康熙十三年（西元1674年）一月，吳三桂公然叛亂，他殺死了雲南巡撫朱國治，打著「反清復明」的旗號，聯合全國各地的反清勢力一同反抗清廷。

在吳三桂的號召下，耿精忠、尚可喜的兒子尚之信也響應了叛亂，

起兵反清。短短的一年時間，叛軍就控制了雲、貴、川、湘、粵五省，戰亂漸漸擴大，發展到了贛、陝、甘等省。

地方叛亂未平，北京城內也「暗潮湧動」，自稱「朱三太子」的楊起隆、蒙古察哈爾部王子布林尼等人也趁機作亂。此時的清政府面臨著巨大的內憂外患，形勢十分緊急。

但是沉穩的康熙帝並沒有慌亂，他有條不紊地派兵阻擊了湘、川一帶的叛軍，從而固守江西。隨後又派出精銳部隊攻打耿精忠，迫使其在康熙十五年（西元1676年）十月投降。

吳三桂墓

西元1677年，清政府所面臨的局勢已經明顯好轉。清軍又將主力部隊派往湖南，收復了大片被占領的地區。在此期間，尚可喜一直力圖自保，採取觀望的態度，後也被康熙帝賜死。

局面一直朝著對吳三桂不利的方向發展。康熙十七年（西元1678年）三月，不安的吳三桂在湖南衡州匆忙稱帝，建號為「大周」。結果不到半年，吳三桂就因憂憤而死，他的孫子吳世璠繼承帝位。在清軍的攻擊下，吳世璠退居到雲南昆明，後於1681年城破自殺。

至此，三藩問題得到有效解決。此時，康熙帝依然沒有結束征戰，擺在他面前的還有臺灣問題，以及西北叛亂問題。

第十二章 清王朝：天朝上國的謝幕

施琅收臺灣

在明朝名將鄭成功收復臺灣後，大部分清朝官員對臺灣的重要地位沒有明確的了解。在朝廷裡，就連大部分朝廷要員，都認為臺灣不過是個「彈丸之地」。的確，相比幅員遼闊的清朝大陸，臺灣要小了許多，但是這片小土地上，卻有著當時最好的水師。

隨著三藩相繼被平定，康熙帝也開始重視起臺灣問題。福建水師提督施琅看準時機，向康熙帝詳細陳述了臺灣與東南海防的問題，並將臺灣水師屢犯福建邊境之事著重上奏一番。

在施琅的諫言下，康熙帝對臺灣的態度開始強硬起來，他命令施琅整飭軍隊，徹底解決臺灣問題。

施琅字尊侯，號琢公，幼時雖家境貧寒，但是對武藝情有獨鍾。少年時期，他便跟隨黃道周在關外抗清。後來追隨鄭成功抗清，由於戰功卓著，他被鄭成功提拔為將軍，也成為在臺鄭氏家族器重的中流砥柱。

然而世事無常，施琅為人狂傲，這正好觸犯了鄭成功。1652年，施琅手下親兵曾德觸犯法律，理應被斬。但是曾德投奔鄭成功，企圖逃過懲罰。施琅疾惡如仇，立刻命人將曾德抓回斬首。鄭成功認為施琅對自己不敬，於是下令殺掉施琅全家。

事先得到消息的施琅僥倖逃脫，為了報仇，施琅轉而投降康熙帝，準備一舉收復臺灣。

1662年，鄭成功去世，為了爭奪大位，鄭氏產生內亂，後鄭成功長子鄭經結束內亂，並打出「國復大明，光復華夏為己任」的大旗，準備自立為王。等鄭經去世後，鄭氏再度出現內亂，康熙帝看準時機，命施琅

出任福建水師提督，負責操練福建水師。

　　1683 年夏天，施琅在澎湖痛殲劉國軒部隊，並在明面上打出「招降鄭氏」的旗號，令其掉以輕心，暗地裡加緊操練福建水師。面對施琅的進攻，已經腐朽的鄭氏集團無力抵抗，只好讓施琅入駐臺灣，並向清政府投降。

　　入駐臺灣後，人人都認定施琅要斬殺鄭氏集團，為自己的家人們報仇。可是他並沒有大開殺戒，反而來到鄭成功墓前親自祭拜。這舉動不僅表示了施琅的個人胸襟，也表達了清政府對臺灣的重視。

　　平定臺灣後，施琅被封為「靖海侯」，世襲罔替。自此，施琅替清朝鎮守臺灣，克己奉公，鞠躬盡瘁。1696 年，施琅逝世，終年 76 歲。

第十二章 清王朝：天朝上國的謝幕

康熙帝平定準噶爾

　　準噶爾部，原本是厄魯特蒙古的一支分部，在明末清初時，準噶爾部興起於巴爾喀什湖以東，伊犁河一帶，其部族首領為噶爾丹。

　　噶爾丹是準噶爾首領巴圖爾琿台吉的兒子，也是僧格的弟弟，即「可汗」位後，噶爾丹雖然表面向清朝稱臣，暗地裡卻是野心勃勃。

　　西元1679年，噶爾丹先後降服葉爾羌汗國、布魯特、費爾干納，最後又擊敗了哈薩克部落，野心也進一步膨脹。

　　康熙二十九年（西元1690年）五月，噶爾丹率領大軍直逼京城，他打著「追擊喀爾喀部」的旗號，從庫楞湖一路奔襲而來。清朝本就是馬上得天下，又怎麼能看不出噶爾丹的狼子野心。

　　收到軍報後，康熙帝決定御駕親征，並進駐博洛和屯，準備在烏珠穆沁與噶爾丹決一死戰。可出師不利，清軍糧草不符合大軍需求，清軍在沒有準備的情況下，被準噶爾軍打得一敗塗地。康熙帝見準噶爾軍來勢洶洶，忙令人修書給康親王愛新覺羅・傑書，令他速帶兵去往歸化，阻斷準噶爾軍退路，而自己則整軍，轉身掩殺準噶爾軍。

　　八月初一，準噶爾軍因為承受不住清軍密集的炮火，放棄了「駝城」。噶爾丹見形勢不利，於是表面向康熙帝送去一封求和信，私下趁夜色率軍渡過沙拉木倫河，往北逃去。見噶爾丹敗退，清軍將領福全也因為糧草問題，沒有步步緊逼，自作主張班師回朝。

　　康熙雖然不滿福全自作主張，但是奈何噶爾丹已經逃往北境，只能就此罷手。

　　不料，噶爾丹逃往北境後仍然賊心不死，他召集舊部，向沙俄求

援,準備再次向清軍宣戰。

為了防備噶爾丹的再次進攻,康熙帝加強了邊境部署,同時訓練了火器營。西元1694年,康熙帝為了試探噶爾丹,特意召他前來會盟。結果噶爾丹不但沒來,反而舉兵攻伐喀爾喀草原。

康熙帝大怒,決定再次出征噶爾丹。康熙三十四年(西元1695年)九月,噶爾丹揚言沙俄提供自己六萬鳥槍兵,同時率騎兵三萬,準備與喀爾喀蒙古車臣汗部決戰。次年,康熙帝及時把握時機,向噶爾丹發兵十萬,企圖一舉將其殲滅。

康熙帝將清軍分為三路,在克魯倫河一帶包圍準噶爾軍,並一舉將其殲滅。噶爾丹遙望清軍勢眾,只能率軍退至特勒爾濟。康熙帝知道,只有將噶爾丹誘出,才有可能徹底消滅心腹大患。於是,他命令納蘭明珠將糧草全部運出,又令費揚古將大軍藏入林中。噶爾丹求勝心切,終於掉入康熙帝布下的陷阱。

在這場戰役中,噶爾丹的妻子被清軍擊斃,但是噶爾丹率領幾十名殘兵再次逃脫。

經過這兩次戰役,噶爾丹與準噶爾部均元氣大傷。西元1697年,康熙帝令噶爾丹率部投降,但是噶爾丹仍然負嵎頑抗。康熙帝決定將其徹底剿殺,於是親率大軍前往北境。

面對浩浩蕩蕩的清軍,噶爾丹自知末路已到,於是含恨服毒自殺。康熙帝三征噶爾丹,終於大獲全勝。

康熙帝平定準噶爾勢力,不僅解決了北部的邊患問題,也對西藏地區有著「敲山震虎」的作用,維護了清朝的安定。

第十二章　清王朝：天朝上國的謝幕

雍正帝改革

　　康熙帝性格仁厚，待人寬和，因此導致晚年帝國官場出現了嚴重的腐敗問題，而與腐敗問題同在的，是對帝國繼承權的爭奪。

　　其實，最早在康熙十四年（西元1675年），康熙帝就立二兒子胤礽為太子，當時胤礽只有兩歲。

　　但是康熙帝在位時間實在是太長了，太子黨們急於奪權，做了不少出格的事情，使康熙帝很不滿意，於是在康熙四十七年（西元1708年）以「不法祖德，不遵朕訓，唯肆惡虐眾，暴戾淫亂」為由廢黜了皇太子胤礽。

雍和宮

　　皇太子胤礽被廢，使得其他皇子們都覬覦起皇位來。

　　大阿哥胤禔雖然在順位上十分靠前，但是自小就不受父皇的喜愛，深知自己即位無望，便站到了老八胤禩的隊伍中。

　　大阿哥以相面大師曾說胤禩面相富貴為由，主動向康熙帝提出立老八為太子的建議。還聲稱要為父親殺掉前太子胤礽，以示忠心。

　　結果，康熙皇帝非但沒有聽從老大的建議，反而對胤禩也心生疑

寶。後來，老三胤祉揭發老大加害胤礽之事，隨後老大胤禔被康熙帝關押起來。老八也因此遭到牽連，徹底失去了爭奪儲位的希望。

此後，康熙皇帝復立了前太子胤礽，但是仍然在太子胤礽、老八胤禩和皇十四子胤禵之間搖擺。

任誰也沒有想到的是，在這三人爭得頭破血流之際，皇四子最終獲得康熙皇帝青睞，並一步步被預設為皇位繼承人。

西元 1722 年，康熙帝病逝，遺詔命皇四子胤禛即位，是為雍正帝。

即位後的雍正皇帝果然沒有讓康熙皇帝失望，雖然他在處置政敵上過於心狠手辣，但是在嚴懲貪汙腐敗、打擊不法官僚、恢復農業生產、充實國庫、治理黃河等方面都做得十分出色。

雍正皇帝還是歷史上有名的勤政皇帝，他在位十三年，平均每天工作超過十六個小時，正是在他的勤奮工作下，大清官場一改康熙帝晚年的懈怠，重新恢復了朝氣。

雍正皇帝是康乾盛世承前啟後的角色，正是因為他的存在，才讓康乾盛世變成了現實。

第十二章　清王朝：天朝上國的謝幕

乾隆盛世

若論統治時長，乾隆帝可謂前無古人，雖然他的祖父康熙帝在位六十一年，比乾隆帝多一年，但是乾隆帝退位之後還當了三年太上皇，實際掌握最高權力長達六十三年四個月之久。

此外，乾隆帝還是一位長壽的皇帝，他生於西元1711年9月25日，去世於西元1799年2月7日，活了八十九歲，在中國皇帝長壽排行榜上名列前茅。

在他苦心經營的六十餘載，清朝延續了康熙、雍正兩朝所創下的輝煌成就，被並稱為康乾盛世。

西元1735年，一場意外發生了。勤政能幹的雍正帝在他執政的第十三年，離奇暴斃了，享年五十八歲。

關於雍正的真實死亡原因可謂眾說紛紜，有「呂四娘刺殺」說、「宮女謀害」說、「丹藥中毒」說等各種版本。雖然真相很難考證，但總而言之，二十五歲，風華正茂的愛新覺羅・弘曆即位了，史稱乾隆皇帝。

乾隆皇帝即位之後，實行了「寬嚴相濟」的治國方略。

他調節與官員之間的矛盾，改善政壇各方面的關係，大大緩解了雍正年間緊張的政治氣氛。

在經濟方面，乾隆帝實行了獎勵墾荒、興修水利、減免賦稅等利國利民的政策，大大提高國家經濟水準，經濟總量居世界第一。

在軍事方面，乾隆帝多次用兵邊疆，平定了多次叛亂，譬如平定西北地區的大小和卓叛亂，阻擊了廓爾喀對西藏的入侵，加強了對邊疆地區的控制和管理，使得多民族組成的大清帝國得以穩定發展。

乾隆帝

在文化方面，乾隆皇帝親自組織大臣，合力編修了中國歷史上規模最大的一套叢書——《四庫全書》。

《四庫全書》雖然堪稱一場文化盛事，但是乾隆皇帝以「稽古右文」為名，推行文化專制政策，借編撰《四庫全書》之名向全國徵集圖書，全毀、抽毀和刪改不利於清朝統治的書籍，銷毀和竄改了大批文獻，也可以稱得上是一場文化浩劫。

在乾隆皇帝的統治之下，大清朝無論是人口、土地、經濟、文化，還是軍事實力，都達到了中國封建歷史的鼎盛水準。康乾盛世更是能與「文景之治」、「貞觀之治」和「開元盛世」相媲美。

當然，乾隆皇帝也做過一些不利社會發展的錯事。大興文字獄可以說是乾隆執政生涯的一大汙點，這種恐怖的文化壓制雖然樹立了清王朝的權威，但是也造成了社會恐怖，禁錮了思想，迫害了不少無辜文人。而且乾隆皇帝在統治後期，寵信並縱容大貪官和珅，也推波助瀾了朝政綱紀的敗壞。

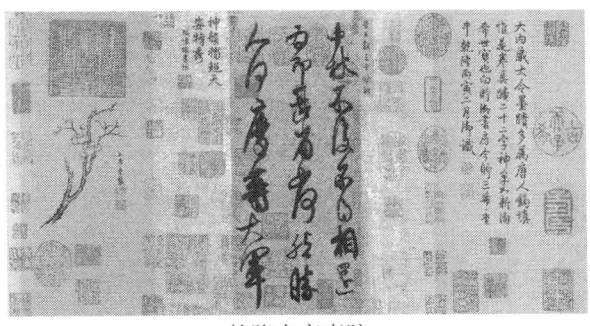

乾隆皇帝真跡

第十二章 清王朝：天朝上國的謝幕

「嘉道」中衰

經歷了康乾盛世之後，到嘉慶和道光年間，清朝開始逐漸走向腐朽和沒落。此時，清政府財政極度匱乏，土地高度集中，吏治腐敗，軍備廢弛。在這些因素的共同影響之下，社會矛盾和民族矛盾被迅速激化，一系列社會危機隨之產生，帝國面臨著嚴重的內外危機，史稱「嘉道」中衰。

西元 1820 年，嘉慶皇帝去世，道光皇帝即位，此時朝廷中樞已經發現了這些危機，也為此採取了一系列措施，企圖重振清王朝的繁榮。

雖然道光皇帝厲行節儉，事必躬親，但是社會危機依然沒有得到解決。

清政府的貪汙腐化問題，早在乾隆年間就已經出現。乾隆時期六度南巡，耗資巨大，在慶祝皇太后八十壽辰和自己的六十壽辰時，舉辦了繁盛的慶典。這些奢靡行為在嘉慶、道光時期愈演愈烈。

除了皇室生活奢靡，官場之中的奢靡之風也越來越盛行。據史料記載，清朝河督的奢侈程度與帝王不相上下，為了燒一碗豬肉，需要宰殺五十餘頭豬，取其背肉一臠，剩下的部位全部丟棄。

道光通寶

與貪汙腐化並肩而行的就是吏治敗壞，相比於貪汙腐化，清王朝吏治敗壞的時間更長，破壞性也更大。

清朝中期，由於大批官員昏聵無能，龐大的封建官僚機構無法正常運轉。嘉慶時期，廣東英德縣知縣陳寅怠忽職守，使得一件案件持續數年時間，導致數十名人犯在押病斃。

貪汙腐敗和吏治敗壞的直接後果就是軍務廢弛、起義不斷。清王朝的軍隊自乾隆後便失去了強大的戰力。嘉慶年間八旗和綠營都已腐敗，失去了作戰能力。在平定白蓮教的過程中，八旗兵更成了四處搶劫的主力。

清朝中期的沒落和腐朽，讓清政府根本無力鎮壓民間起義，更沒有辦法去應對外敵的船堅炮利。當已經步入資本主義社會的西方人叩響中國國門時，腐朽的清帝國最終就只能成為西方列強「刀俎下的魚肉」了。

第十二章 清王朝：天朝上國的謝幕

虎門銷煙

　　清中後期，有鑒於明倭寇問題和外貿的錢荒問題，政府開始閉關鎖國。

　　就在清帝國閉關鎖國，做著天朝美夢時，歐洲眾多資本主義國家已悄然崛起。

　　1820到1830年代，英國已經基本上完成了工業革命，代表了當時最先進的生產水準。當時，英國有大批工業品急待傾銷，而中國可以說是最理想的出口市場，因為不僅擁有龐大的人口資源，還有大量的財物可以掠奪。

　　但中國自給自足的自然經濟，加上奉行的閉關鎖國政策，使中國一直在處在貿易順差的地位。

　　英國人試圖以正當方式開啟中國國門失敗之後，便想到另一個方法，那就是向中國走私鴉片，用毒品開啟中國大門。

　　具體來說，英國人先是把紡織品運送到印度，再把印度種植的鴉片運送到中國，最後再把中國的茶葉、生絲等產品運回英國，這種三角式的貿易讓英國商人馬上扭轉了不利的貿易局面，大獲暴利。

　　中國方面則完全相反，大量白銀流向外國，徹底擾亂了清政府經濟的發展和貨幣的流通，隨時都有崩潰的可能。

　　肆意氾濫的鴉片還嚴重損害了人民的身心健康，無數的「癮君子」耗盡家財，過上了行屍走肉般的生活。

　　西元1839年4月，湖廣總督林則徐被道光皇帝委任為欽差大臣，入廣州禁菸。

林則徐

廣州地區是當時煙患最為嚴重的地區，因為這裡是當時清朝政府唯一開通的通商口岸。抵達廣州之後，林則徐看到這裡的煙患遠比想像中嚴重。他明白想徹底改變這種局面，就要先查處懲治那些走私鴉片的官員。

一番調查後，林則徐懲處了二十多位以販煙牟取暴利的貪官，並抓捕、處死了部分販煙的奸商。隨後，林則徐下令限外國商人們在三天之內上交所有鴉片。

時年6月3日，林則徐帶領廣州文武官員們，將徵繳的鴉片全部銷毀於虎門海灘。此舉不僅打擊了外國殖民者的氣焰，還大大鼓舞了民眾的士氣。

然而，英國殖民者馬上為了報復林則徐的銷煙行為，發動了對清帝國的戰爭，史稱「鴉片戰爭」。

腐敗的晚清政府完全無法抵擋船堅炮利的英國殖民者，無奈之下，道光皇帝只好與英國議和，簽訂了中國近代歷史上第一個不平等條約《南京條約》。從此，中國開始走上了半殖民地、半封建社會的艱苦旅程。

第十二章 清王朝：天朝上國的謝幕

外敵入侵

鴉片戰爭以後，清帝國更加衰落。

西元1856年，為了進一步開啟中國市場，英法聯軍再次向清帝國發起進攻。在這場戰爭中，被迫逃跑的皇帝和大臣、付諸一炬的圓明園，都表明了清王朝的衰敗和無能。

西元1883年至西元1885年，法國在進攻越南之後，又發起了對清政府的戰爭。在戰爭初期，清政府成功抵擋了法國的進攻，並在鎮南關戰役中取得了勝利。

但是由於清政府的腐朽懦弱，戰後主動向法國求和，與法國簽訂了《中法新約》，嚴重損害了中國的利益。這對於法國來說，是一場不勝而勝的戰役。

外敵入侵讓清王朝的統治逐漸陷入危局，一份份不平等條約的簽訂也讓清政府的財政越來越入不敷出。

為了滿足西方列強的侵略要求，清政府只能繼續加大對人民的掠奪和剝削。這又進一步加深了清朝的社會危機，讓清王朝一步步走向衰敗和滅亡。

太平天國運動

為了支付戰爭賠款,腐朽的清政府越來越加重了對人民的搜刮,加之自然災害,水深火熱之中的窮苦百姓更加絕望。在此情形下,全國多地爆發農民起義,其中影響最大的莫過於太平天國運動。

太平天國的領導者是一個名叫洪秀全的讀書人,他出生在廣東花縣的一個耕讀世家,成年後屢試不第,於是走上了另一條道路。

西元 1836 年,洪秀全在前往廣州應試期間,收到了基督徒梁發的《勸世良言》,這本書中所描述的基督教教義觸動了洪秀全。1843 年,洪秀全重讀《勸世良言》,把書中的內容和此前生病時所看到的幻覺相比較,認定自己便是上帝派到凡間的「救世主」。

洪秀全

第十二章　清王朝：天朝上國的謝幕

於是，洪秀全回到家中後，根據自己的理解和想像，向人們宣傳基督教教義，還成立了所謂的「拜上帝會」，自稱為上帝的次子、耶穌的弟弟。

經過一番宣傳，不少追隨者加入他的隊伍當中，其中包括了日後太平天國的重要成員馮雲山、楊秀清、蕭朝貴、韋昌輝等人。在這些人的努力之下，「拜上帝會」日漸壯大，人數與日俱增。

西元 1851 年，廣西暴發了有史以來最為嚴重的一場旱災，很多饑民餓死在乞討的途中。敏銳的洪秀全很快就意識到了「革命的良機」，他帶著自己的追隨者們在廣西桂平縣金田村聚眾起義，建立了「太平天國」，這場起義史稱「金田起義」。

從此，一場浩浩蕩蕩、改變清王朝命運的農民起義運動拉開序幕。

太平天國的目標十分明確，就是要推翻清政府的統治。憑藉太平軍旺盛的鬥志，西元 1851 年 3 月就攻下了廣西永安州。

隨後，太平軍用了半年時間休整，洪秀全正式封王，制定軍紀，並使用了自創的曆法——《太平天曆》。

休整之後，太平軍整裝出發，於西元 1852 年 4 月 5 日北上圍攻桂林，但是並未成功，隨後轉攻全州。5 月 19 日，太平軍攻入湖南，9 月攻打長沙，經過三個月的攻堅戰未能取勝，被迫撤出長沙。

第二年 1 月，太平軍攻陷武昌。此時，太平軍的兵力已經迅速增加到了五十萬。武昌是太平軍攻下的第一座省城，士氣由此大受鼓舞。接著，太平軍一鼓作氣攻下了南京，並定都於此，改名為「天京」。

拿下南京是洪秀全始料未及的，成功的喜悅矇蔽了太平軍，南京的花花世界更讓太平軍陷入腐化當中。

此時，清政府再也不敢輕視這支農民起義軍，命令各地組織鄉勇團

練，圍剿太平軍。

在漢人士大夫如曾國藩、左宗棠、胡林翼等人的夾攻下，太平軍接連慘敗，傷亡慘重。

就在這危難之際，太平天國又爆發嚴重內訌。東王楊秀清居功自傲，結果被北王韋昌輝殺害。沒過多久，洪秀全又殺死了韋昌輝，連翼王石達開也遭到了猜忌。於是，石達開憤而率部隊逃離天朝，遠赴外地獨立作戰，在西元 1863 年 6 月覆滅於四川大渡河。

內訌平息後，太平軍也因此士氣低落、元氣大傷。西元 1864 年 6 月，清軍趁太平天國內訌之際，集中攻打南京。

就在太平天國搖搖欲墜之時，洪秀全因病去世，而南京也很快在清軍的圍攻下失守了，這個公開與清政府為敵的農民革命政權，就此宣告滅亡。

第十二章 清王朝：天朝上國的謝幕

洋務運動

　　太平天國運動讓腐朽的清政府開始有所覺醒，尤其是朝廷內部一些開明派，紛紛提出改革主張。主張的內容是學習西洋，因此改革派又被稱為洋務派，改革派的首腦是當時權傾朝野的恭親王奕訢。

李鴻章

　　辛酉政變之後，慈禧太后登上清王朝的統治中心，為了能夠穩固自己的地位，對奕訢等人發起的洋務運動，採取扶植的態度，這在相當程度上確保了洋務運動的開展和順利進行。

　　洋務運動前期主要以「自強」為口號，創辦了一批近代軍事工業。江南機器製造總局、金陵機器局、福州船政局等一批近代軍事工業相繼問世，只用了短短幾年時間，中國就已經具備了生產各種軍工品的能力。

　　為了裝備軍隊，洋務派還創辦了天津北洋水師學堂、廣州魚雷學堂、威海水師學堂、江南陸軍學堂、上海操炮學堂等軍事學校，為清朝

的國防做出重要貢獻。

在一系列改革措施中，北洋海軍的建立可以算是洋務運動最為顯著的成就之一。在北洋海軍的建立過程中，中國的近代軍事工業也隨之發展起來。

洋務運動後期，為了解決資金、燃料和運輸方面的困難，洋務派打出了「求富」的口號，開始創辦一些民用工業。

上海輪船招商局是洋務派興建的第一個民用企業。招商局創辦僅三年，就為清政府收回了一千三百多萬兩白銀，同時還將業務發展到了國外。此後，中國近代礦業、電報、鐵路、郵政和一些輕工業也相繼發展起來。

在洋務運動的推動下，民用工業飛速發展。洋務運動中的一系列舉措為近代化工業奠定了堅實基礎。

除了促進近代工業發展外，洋務運動還促進了教育、醫療等事業的發展。在洋務運動期間，洋務派一共創辦了二十四所新式學堂，培養了翻譯、通訊、醫療等不同類型的人才。洋務派向海外派遣了兩百多位留學生，培養了一批新式知識分子，同時也促進了教育的近代化。

作為一場清政府的自救運動，洋務運動以甲午戰爭失敗、北洋艦隊的全軍覆沒而告終。

正如前面提到的一樣，洋務運動雖然失敗了，卻留下了許多優秀的成果。洋務運動為當時封閉的社會注入了新的風氣，對打破封建思想提供了重要幫助，從這些方面來看，洋務運動的意義依舊非常重大。

第十二章 清王朝：天朝上國的謝幕

甲午戰爭

洋務運動讓中國總算開始了邁向現代化的腳步，然而，在日本，改革卻要比中國的更加徹底。

甲午戰前北洋水師軍艦

19世紀末，當完成改革的日本向外張望時，孱弱的中國自然就成了日本眼中的「必取之地」。西元1894年，日本悍然發動對清帝國的戰爭。

西元1894年按照中國干支紀年為甲午年，因此這場戰爭常被稱為中日甲午戰爭。

其實早在1872年，日本便開始進攻中國附屬國琉球，打算以此為跳板進攻臺灣。此後日本又借琉球漁民被臺灣原住民殺死事件，大舉進攻臺灣，但當時的日本在軍事實力上並不如中國，加之水土不服，日軍進攻屢屢失利。

最終，在美英等國的「調停」下，日本在勒索了中國五十萬兩白銀後，撤出臺灣。

西元 1879 年，捲土重來的日本完全吞併了琉球王國，並將其改設為沖繩縣。在進攻琉球的過程中，日本在西元 1876 年以武力開啟了朝鮮國門，並強迫朝鮮簽訂了《江華條約》。這個條約將朝鮮的宗主國——清朝排除在外，引發了中日之間的衝突，也為中日甲午戰爭埋下了伏筆。

西元 1894 年 7 月 23 日，日軍突然襲擊漢城王宮，挾持朝鮮國王李熙，扶植國王生父興宣大院君李昰應上臺。

控制朝鮮之後，日本不宣而戰，於西元 1894 年 7 月 25 日，在豐島海面襲擊了清朝軍艦「濟遠」號和「廣乙」號，豐島海戰由此爆發。

在海戰中，日本聯合艦隊第一游擊隊的「浪速」艦擊沉了清軍運兵船「高升」號。至此，中日戰爭的引線已經被點燃。西元 1894 年 8 月 1 日，中日雙方正式宣戰。

甲午戰爭可以分為三個主要階段。第一個階段主要是陸地上的平壤戰役，以及海上的黃海戰役。平壤之戰是雙方陸軍第一次大規模作戰，雙方士兵數量不相上下，但是由於清軍主帥葉志超的指揮失誤和臨陣脫逃，導致清軍全線潰敗，朝鮮全境淪陷。這場戰役也影響了整個甲午戰爭的戰局。

在平壤陷落第二天，黃海海戰爆發，這是繼豐島海戰後的第二次海戰，也是雙方海軍主力的強強對話。

黃海海戰歷時五個多小時，北洋艦隊損失了包括「致遠」艦在內的五艘軍艦，死傷官兵數千人。日本艦隊「松島」艦等五艘軍艦受到重創，死傷官兵六百餘人。

清軍在黃海海戰中的失敗讓日本取得了黃海的制海權，北洋艦隊雖然沒有完全戰敗，卻因為李鴻章的命令躲入威海港內，最終在威海衛之戰中全軍覆沒。

第十二章　清王朝：天朝上國的謝幕

甲午戰爭第二階段發生在遼東半島上，主要有鴨綠江江防之戰和金旅之戰。在鴨綠江江防之戰中，清軍三萬駐軍布防的鴨綠江防線被突破。金旅之戰中，在攻陷旅順之後，日本「旅順大屠殺」，四天內屠殺中國居民兩萬餘人。

甲午戰爭第三階段，日軍繼續在海上和陸地推進。在威海衛之戰中，北洋艦隊全軍覆沒。而在遼東之戰中，日軍也僅用十天時間，就攻破了六萬清軍固守的防線。

戰爭到這一步，清政府被迫與日本議和，簽訂了屈辱的《馬關條約》。

甲午戰爭的失敗代表著洋務運動徹底破裂。此後，列強掀起了瓜分中國的狂潮，也進一步加深中國的半殖民地化程度。甲午戰爭後，中國人民救亡圖存運動進入高潮，反對外來侵略的鬥爭也日益高漲。

戊戌變法

晚清時期的中國可謂「破鼓萬人捶」，先是兩次鴉片戰爭，隨後是中法戰爭、中日甲午戰爭。經過洋槍大炮的摧殘，苟延殘喘的清政府以出賣國家主權來續命，簽訂了各種不平等條約，賠款、割地更是司空見慣。

在中華民族陷入危難之際，無數愛國志士日思夜想，苦尋救國之策，而統治階層內部的開明派也希望透過變革來挽救政權，於是一場救亡圖存的戊戌變法拉開了序幕。

西元1895年，清政府簽訂《馬關條約》的消息傳到北京時，正好趕上全國舉子到北京應試。

聽到這個消息，以康有為、梁啟超為首的一千三百多名舉人聯合上書光緒皇帝，以慷慨激昂之詞痛批了當前現狀，提出了「拒和、遷都、練兵、變法」的主張，史稱「公車上書」。

此次上書雖然未能從根本上觸動清政府，卻在全國上下引起了不小轟動。隨後，在這些維新志士的積極宣傳之下，全國議論時政的風氣已經形成。

而在清政府中央，不甘受制於慈禧太后的光緒皇帝也想要透過政治行為，樹立自己的權威。於是，西元1898年6月11日，光緒皇帝在徵得慈禧同意之後，頒布了《明定國是詔》，正式宣布變法。

這次變法的涉及範圍非常廣泛：在經濟上，提倡創辦實業，設農工商局、路礦總局，修建鐵路，組織商會；在政治上，廣開言路，允許士民上書提議；在文化上，廢八股，興西學，創辦京師大學堂，派遣留學生……

第十二章 清王朝：天朝上國的謝幕

總而言之，這些改革措施的主要目的就是向西方先進國家學習，發展資本主義，建立君主立憲制，實現國家富強。

康有為、梁啟超像

如同歷史上的那些改革變法一樣，戊戌變法損害了封建頑固勢力的利益，尤其是讓原本支持變法的慈禧也轉而變成了觀望，最終更是站到了變法的對立面。

當慈禧不支持變法之後，年少的光緒皇帝根本不是權貴顯宦的對手，這些維新黨人把希望完全寄託在光緒帝一個人身上，注定了變法的失敗。

西元1898年9月21日凌晨，慈禧太后突然從頤和園回到了紫禁城發動政變，直闖光緒帝寢宮，將光緒帝囚禁起來。隨後釋出詔書，宣布臨朝訓政。戊戌變法前後僅持續了一百零三天，就以失敗告終了，故此人們又稱之為「百日維新」。

慈禧臨朝後第一件事，就是向全國釋出通緝令，抓捕維新變法的始作俑者康有為、梁啟超等人。二人聽到風聲後，立刻逃到了日本。以譚嗣同為首的六位維新志士不惜付出生命，以喚起人民的覺醒，被斬首於北京菜市口刑場。

義和團運動

每當一個封建王朝進入末期之後，各種祕密組織就會在民間此起彼伏地出現，清帝國也不例外。

甲午戰爭之後，西方列強再次掀起瓜分中國的熱潮，讓民間組織又披上了反抗外敵的外衣，於是一場自下而上的「義和團運動」就這樣爆發了。

義和團前身為義和拳，它和白蓮教同宗同源，都是在鄉間由農民自行組織的互助組織。在有些地方能夠有保護鄉民的作用，但是在有些地方則成為地痞、流氓敲詐勒索平民的幫會。因此，義和拳也是泥沙俱下、魚龍混雜，幫會中有熱血鄉民，但也有流氓無賴。

西元1897年11月，山東發生「曹州教案」，兩名德國傳教士被村民打死，德國乘機占領了膠州灣，引起山東人民的極大憤慨。

德國人的到來導致大量的矛盾，義和拳藉此機會迅速發展壯大，手段是替鄉民針對洋人出氣。

在這件事情上，山東巡撫張汝梅認為義和拳本屬鄉團，因此將其稱為「義和團」，這正是義和團名稱的由來。

有了政府的支持之後，義和團開始廣招團民。其招募的團民身分十分複雜，既有農民、手工業者和小商販，同時也有軍官、富紳和王公貴族。這種複雜的成員構成，也使得義和團的組織結構十分鬆散，沒有真正可執行的綱領，沒有統一的指揮，難以集中力量打擊敵人。

西元1899年，袁世凱就任山東巡撫，此時山東義和團的活動已經影響到政府正常運作，於是他開始嚴格限制和鎮壓義和團活動，這使得義

第十二章 清王朝：天朝上國的謝幕

和團轉移向直隸等地區。

在直隸，義和團仍然是善惡難分，他們一方面為當地鄉民出頭，但另一方面卻又經常勒索地主大戶，甚至直接對抗政府。

義和團拳民

西元1900年5月，清軍直隸練軍分統楊福同被義和團成員設伏擊殺，這讓清政府大為震驚。隨著義和團規模越來越大，清政府內部開始出現另一種聲音：透過招安義和團來對抗洋人。

西元1900年，慈禧不顧西方列強反對，釋出詔令維護義和團，清政府從鎮壓義和團轉向扶助義和團。在這種形勢下，義和團進入北京，開始大肆破壞教堂和鐵路等「洋物」，為北京工商界帶來極大的損失。此外，有團民居然悍然進攻外國駐清使館，結果招致世界各國對清政府的抗議和敵視，在抗議無效，且義和團毫無收斂的情況下，一場民族性的悲劇終於到來。英美等八國組成聯軍入侵清帝國，中華民族帶著屈辱的記憶進入了20世紀。

八國聯軍侵華戰爭

隨著甲午戰爭清朝的戰敗,及其後簽訂的《馬關條約》,本已非常不體面的清朝政府,在國際上更是顏面掃地,19世紀末期,一場瓜分中國的熱潮開始了。

「覆巢之下,安有完卵」,最為悲慘的是那些生活在社會底層的窮苦百姓。在西方列強的侵略之下,他們的生活每況愈下,因此全國上下普遍產生了仇外的情緒。

八國聯軍

正是在這種仇外情緒下,打著「扶清滅洋」旗號的義和團組織興起了,他們殺洋人、毀教堂、拆鐵路、割電線,甚至在北京攻擊使館,這自然招致各國不滿。

面對義和團的破壞,各國大使紛紛向清政府抗議,要求取締義和團。但清政府當時實在太過昏庸,加之早已恨透了外國人,一些所謂的「清流派」也想藉此機會出氣,非但沒有阻止義和團行動,反而加入義和團的破壞行列當中。

西元1900年6月,昏庸的慈禧太后釋出《對萬國宣戰詔書》,向世界各

第十二章 清王朝：天朝上國的謝幕

國宣戰。而此時，英美等八個國家的聯軍實際上已經集結，朝北京開來了。

6月中旬，一支由八國組成的聯軍部隊企圖從天津大沽登陸，十餘艘軍艦向大沽炮臺發起了猛烈的轟擊。儘管天津總兵羅榮光率領三千兵勇頑強抵抗，但還是因為寡不敵眾，在六小時的激戰之後，大沽被攻破。

大沽口失陷之後，俄、英、德、美數千名士兵對天津城發起了猛攻，很快便攻下了天津。

8月中旬，兩萬餘名聯軍士兵從天津出發，向北京發起進攻，次日攻占了北倉。13日，聯軍闖入北京城門，大舉消滅城中的守軍和義和團士兵。14日，北京城淪陷，慈禧太后與光緒皇帝倉皇逃走。在逃跑的過程中，慈禧太后任命李鴻章全權負責與列強的議和事宜。在得知了侵略者只是想消滅義和團之後，清政府於9月25日下令徹底剿除義和團。

皇帝、太后逃跑了，北京城內卻遭受了空前的浩劫。進城後的八國聯軍無惡不作，公開展開了為期三天的搶劫。他們不但席捲了國庫，還把大量珍寶文物帶回了本國，帶不走的就想辦法破壞，在大火的焚燒下，無數著名建築和珍貴文物毀於一旦。

12月24日，列強草擬了「議和大綱十二條」，李鴻章立刻電告逃至西安的慈禧太后，在得知能夠維持清政府的統治後，慈禧欣然同意了列強的要求。

西元1901年9月7日，清政府與英美等十一國簽訂了喪權辱國的《辛丑條約》。自此之後，清政府已經完全淪為「西方列強」統治中國的工具。

辛亥革命

喪權辱國的《辛丑條約》一經簽訂，清政府就徹底失去了民心，人們也看清了清王朝懦弱自私的真實嘴臉，加上國庫空虛，列強又在外虎視眈眈，清王朝的統治可謂岌岌可危。

在這種大環境下，以孫中山為代表的革命力量走上了歷史舞臺。

西元1894年，孫中山在美國檀香山創立了革命團體「興中會」，以「驅除韃虜，恢復中華」為宗旨，展開革命鬥爭。

西元1905年，孫中山在日本東京成立了同盟會，建立了一個全國性的革命團體。成立後的同盟會在中國多個地區發起了武裝起義，在推進革命進程的同時，也強烈撼動了清王朝的統治。

孫中山像

西元1911年10月10日，革命黨人在武昌打響了辛亥革命的第一槍，發動了武昌起義。這支起義軍先是攻下了駐軍的軍械庫，隨後得到了文學社和共進會等革命團體的積極支持和響應。很快，吳兆麟和熊秉

第十二章 清王朝：天朝上國的謝幕

坤等人帶領的起義部隊開始攻打湖廣總督府。

次日凌晨，總督衙門被攻陷，湖廣總督逃亡。隨後，起義軍一鼓作氣，以最快的速度攻下了漢陽、漢口，成功控制了武漢三鎮，武昌起義取得了成功。

隨後不久，全國各地紛紛響應起義，不到兩個月的時間，全國就有十四個省宣布獨立，脫離了清政府的統治。11月30日，各省代表參加了在漢口英租界召開的會議，共同議定在臨時政府未成立之前，先由湖北軍政府代行中央政府職權，由黎元洪出任總督。此外還通過了《中華民國臨時政府組織大綱》，將臨時政府設在南京，隨後的總統選舉會也在南京召開。

12月29日，十七省代表在南京投票選舉臨時大總統。剛從海外歸國的孫中山以十六票當選臨時大總統，黎元洪被選為副總統。因為1911年是農曆辛亥年，因此人們都把這次轟轟烈烈的革命運動稱為「辛亥革命」。

武昌起義浮雕

1912年2月12日，北洋軍閥袁世凱逼迫清朝末代皇帝——剛剛六歲的溥儀退位，溥儀頒布了退位詔書。至此，統治中國二百六十七年的大清王朝結束了，同時也宣告了帝王專制在華夏大地的終結。

附錄：第十二章主要參考文獻

[1] 趙爾巽·清史稿 [M]·北京：中華書局，2015·

[2] 孟森·清史講義 [M]·武漢：華中科技大學出版社，2017·

[3] 人民教育出版社課程教材研究所歷史課程教材研究開發中心·普通高中課程標準歷史讀本：中國近現代史 [M]·北京：人民教育出版社，2017·

[4] 孟森·清朝簡史 [M]·北京：臺海出版社，2018·

[5] 魏斐德·洪業：清朝開國史 [M]·北京：新星出版社，2017：95-139·

[6] 閻崇年·正說清朝十二帝 [M]·北京：中華書局，2018·

[7] 馬勇·從歷史因果鏈條中分析甲午戰爭失與得 [J]·文史天地，2014（9）·

[8] 唐德剛·從晚清到民國 [M]·北京：中國文史出版社，2015·

[9] 蔣廷黻·中國近代史 [M]·武漢：武漢出版社，2012·

[10] 李國榮·千年科舉的功勞與罪過 [J]·北京檔案，2012(10)·

[11] 宗澤亞·清日戰爭 [M]·北京：北京聯合出版公司，2014·

浩蕩五千年，文明的脈動！華夏神話到帝國的興衰榮辱：

從開天闢地到八國聯軍，驚嘆連連，精彩跌宕的中國史

作　　　者：	路吉善
責任編輯：	高惠娟
發 行 人：	黃振庭
出 版 者：	樂律文化事業有限公司
發 行 者：	崧博出版事業有限公司
E-mail：	sonbookservice@gmail.com
粉 絲 頁：	https://www.facebook.com/sonbookss/
網　　　址：	https://sonbook.net/
地　　　址：	台北市中正區重慶南路一段61號8樓

8F., No.61, Sec. 1, Chongqing S. Rd., Zhongzheng Dist., Taipei City 100, Taiwan

電　　　話：	(02)2370-3310
傳　　　真：	(02)2388-1990
律師顧問：	廣華律師事務所 張珮琦律師
定　　　價：	550元
發行日期：	2024年09月第一版

◎本書以POD印製

Design Assets from Freepik.com

國家圖書館出版品預行編目資料

浩蕩五千年，文明的脈動！華夏神話到帝國的興衰榮辱：從開天闢地到八國聯軍，驚嘆連連，精彩跌宕的中國史 / 路吉善 著. -- 第一版. -- 臺北市：樂律文化事業有限公司，2024.09
面；　公分
POD版
ISBN 978-626-7552-29-2(平裝)
1.CST: 中國史 2.CST: 通俗史話
610.9　　113013310

電子書購買

爽讀APP　　臉書